ＡＩの急速な進化、不登校の子ども約３０万人

今、

学校とは？　授業とは？　教師とは？

学ぶとは？　生きるとは？

が問われている

子どもとともに「主体的に学ぶ場」を創る

熱中・没頭の中で紡がれる

学びの「ものがたり」

令和５年度卒業生が卒業に際して３年間の学びを
振り返って書いた自己の「ものがたり」の例

　私はこの3年間で「学びは楽しい」ということを実感した。それはある教科から実感したわけではなく、全授業共通の「正解のない問いに対して独自の解を出す」というテーマから教えてもらった。その中でも印象に残っているのは「数学」「語り合いの時間」「CAN」だ。

　まず数学は単元学習後のレポート課題。これは一単元終えると毎回出される課題だ。「私にとって○○（単元名）とは〜である」という一文から始まり、学んだ意味や価値、学習前後での自己変容について書き記す。正解のない問いに対して独自の解が出るまでの時間は苦しいが、頭を抱えている時間も楽しく、独自の解が出た時の爽快感は唯一無二で最高だ。だから私はこの課題が大好きだった。日々の振り返りを読み返し、自分は何に心を動かされたのか、この単元では単元の内容以外に何を学んできたのかを考え言葉にする。ここでは考えるだけでなく「言葉にする」ことの大切さも学んだ。曖昧な考えを誰かに伝える「言葉」にすることは難しいため自分自身でその考えを必然的に深掘りをしなければいけない。言葉にすることは誰かに伝えることもできるし考えが深まるという一石二鳥の素晴らしいものだ。

　正解のない問いに対して出した独自の解を共有し合う。それが「語り合いの時間」だった。二択問題で立場を選び話し合う時も「○○ってなんだろう？」という漠然としたテーマの時も人の数だけ解があり面白い時間だ。時には先生方も語り合いに参加され、中学生には出てこないような大人ならではの意見が聞けることもあり、良い刺激となった。また、先生方がより考えの深まるような質問を問いかけてくださることも多々あり、クラスメイトと一緒に悩みながら意見交換をした時間は掛け替えのない大切なものだ。語り合いで話した内容について家族とも考えたことがあるがクラスメイトとも、先生方とも違う新しい視点を得ることができ、それも楽しかった。

最後の"CAN"は附坂中の中で最も正解のない問いに向き合う授業だ。私が附坂中の授業の中で一番好きなものでもある。CANは"本物の学び"。自らの疑問に自らが仮説を考え実験し、自らの力で解を出す。これは生きていくうえでもとても大切なプロセスだと思う。私の尊敬する先生は"なぜそうなるのかを考える思考力があるのが人間。答えを知っているだけでは意味がないし何の学びにもならない。知識はAIに勝てない。"と言う。これは正にその通りだと思うし、だからこそ本物の学びが出来るのは人間しかいないのだ。出来るのも人間しかないし、それらを楽しめるのも苦しめるのも私達人間だ。CANはそんな贅沢をしていると教えてくれた。CANに出会えて良かったと心から思う。そして、私の中学校生活一番の頑張りを表すのがCANで使用した"CANログ"だ。CANログには日々の振り返りをはじめ、実験結果や考察、一年間の己の軌跡の物語"CAN物語"などを書くものだ。私は3年連続でログが評価されCANログ賞を受賞した。正直1年生の時に受賞できたのは偶然だと思う。しかし2年時は1年時よりも、3年時はその2年時よりも良いログとなるよう日々心がけて記述をしてきたので、その努力を認めてもらえたことは本当に嬉しかった。

　私は主にこれら3つから正解の無い問いに対して独自の解を出す本物の学びの楽しさを教えてもらった。附坂中でなければこの楽しさを知らなかったかもしれないと思うと、私はこの附属坂出中学校に通うことができ本当に良かった。3年間の学びの中で先述したレポート課題、CANログであったり今書いているこの"学びの振り返り"などから、私は"書くこと"が好きで私の書く力は武器にもなることに気付くことができた。私は中学卒業後の進学先に正解の無い問いに対してたくさん向き合うことのできる、附坂中で学んだ"本物の学び"を継続できそうな学校を選んだ。そこでも本物の学びを最高に楽しみつつ、自分の"書く力"を活かしていきたい。

**実感・自己理解につながる学びの経験が
生涯にわたり学び続ける生徒を育てる**

「自立した学習者」とは、生涯にわたって自ら課題を見つけその課題解決に向けて考え続けることができる学習者のことである。そのため、一人ひとりの疑問やこだわりを大切にし、自分なりの考えを持ち、語り合う過程をどのカリキュラムでも重視している。語り合い、探究する学びの経験が、子どもたちを少しずつ「自立した学習者」の木に成長させていく。

木は成長にともない、葉（教科の見方・考え方や探究スキル）をつけ、葉を通して生成された養分（学び）をもとに、さまざまな色の花（「語り」）を咲かせる。花はやがて結実し、実（「自己に引きつけた語り」）をむすぶ。実った実には、その実にしかない味や形があるように、その個にしかない学びの意味や価値の実感と自己理解が生まれる。

このような営みを繰り返す中で、大木として育った木は、厳しい自然環境の中でも自らの力でたくさんの多様な実をつけていく。

自立した学習者

実
自己に
引きつけた
語り

葉
探究
スキル

葉
教科の
見方・考え方

光
情報・
経験

問いを持ち考え続ける集団

共創型探究学習
シャトル
CAN

ものがたり
の授業
共通学習
Ⅰ・Ⅱ

特別の教科道徳
特別活動
語り合いの時間

「ものがたりの授業」づくり（p9〜）

「ものがたり」の考え方を取り入れた授業のこと。

他者との語り合いの中で、学んだことを過去の経験と関係づけ、

学ぶことの意味や価値を実感し、未来につながる自己のよりよい生き方を見いだしていく。

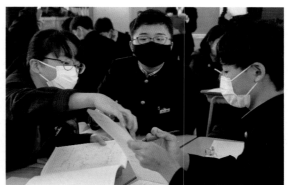

「共創型探究学習ＣＡＮ・シャトル」の取り組み（p18〜）

　本校では、平成30年に文部科学省の研究開発学校指定を受け、これまでの総合学習ＣＡＮの実践をベースに「共創型探究学習（ＣＡＮ）」を創設した場合の教育課程や系統的な支援の研究開発に取り組んできた。また、教科の学習や共創型探究学習ＣＡＮでの探究において活用することができる探究スキルを身につけることを目的とした共創型探究学習シャトルの学習を行っている。

「語り合いの時間」の取り組み（p35〜）

　自ら問い、考え、生涯学び続ける生徒を育てるために、「こども哲学」における哲学対話の手法を参考に、答えのない問いに対し、参加者全員で問い、考え、語り、聴き合う「語り合いの時間」を行っている。

特別活動における取り組み（p41〜）

　生徒の立候補によって組織されたプロジェクトのメンバーが中心になって語り合い、探究する中で、学園運動会、送別芸能祭をはじめとするさまざまな学校行事が生徒主体で企画・運営されている。

令和6年度 教育研究発表会

＊研究主題＊

生涯にわたって
学び続ける
生徒の育成

― 実感・自己理解としての
「語り」が生まれる
情意へのアプローチ ―

令和6年6月7日（金）
8時30分 ～ 16時35分

香川大学教育学部附属坂出中学校

＊後援＊

香川県教育委員会 坂出市教育委員会 宇多津町教育委員会
綾川町教育委員会 香川県中学校長会 坂出市中学校長会
綾歌郡中学校長会 香川県中学校教育研究会
香川県中学校教育研究会坂出・綾歌支部

目　　　　次

　　　　演　　題　　　授業づくりを語る
　　　　　　　　　～子どもとともに主体的な学びの場を創る～
　　　　講　　師　　　慶應義塾大学　教職課程センター
　　　　　　　　　　　　　教授　鹿毛　雅治

● あとがき

ま え が き

　初夏の季節が訪れ、緑豊かな風景が目に映える６月です。本日はご多用の中、本校の教育研究発表会にお越しいただき、心より御礼申し上げます。

　前回・前々回の教育研究発表会は、コロナウイルスの影響で遠隔での開催となりました。そのため、対面での開催は実に６年ぶりとなります。この間も、本校では流れを止めることなく、着実に教育実践及び研究を進めてまいりました。

　近年、様々なところで、「ものがたり」（ストーリー、ナラティヴ、語る・語り）の重要性が話題となっています。「ものがたり」という言葉を聞くと、根拠のない「夢物語」を想像される方もいらっしゃるかもしれません。しかし、変化の激しい現代社会、そして近未来での社会では、かつて「夢物語」と思われていたことが現実のものとなっていきます。例えば、今から３０年前に、子どもからお年寄りに至る人々がスマートフォンを使って会話、情報検索、買い物、予約、金融などを自在に行えるようになることを想像していた人がどれほどいたでしょうか。経済界・産業界では、新たな商品の開発やイノベーションの喚起、人工知能（AI）の進化には、「ものがたり」が必要不可欠な要素となっています。そして何よりも、「ものがたり」をつむぐ力は、予測不可能な社会に生きる私たち人間にとって、「生きる力」を生み出す源泉となります。

　本校では、長年にわたって「ものがたり」に着目し、ナラティヴ・アプローチにもとづく授業づくりに取り組んでまいりました。「ものがたり」の授業は、個々の学習者が主体として「ものがたり」をつむぎ、それぞれの「ものがたり」の可能性を仲間とともに広げていくものです。その根底には、「ものがたり」の授業に取り組む教師たちの専門性はもちろんのこと、成長する主体としての子どもたちへの深い愛情と信頼があります。

　本年度の研究テーマは、＜生涯にわたって学び続ける生徒の育成—実感・自己理解としての「語り」が生まれる情意へのアプローチ—＞です。人の在り方・生き方は、その時々の選択・判断・意思決定の積み重ねであり、単線的な「ものがたり」に見えても、そこには可能性に開かれた複線的な「ものがたり」が潜んでいます。生涯にわたって学び続けることで、新たな「ものがたり」がつむがれていきます。各教科、「共創型探究学習 CAN」、「語り合いの時間」において、「ものがたり」のもつ力を活かし、生涯にわたって学び続ける意欲が湧き出た「熱中・没頭する学びの場」を現出できれば幸いです。

　本日ご講演いただきます、慶応大学教職課程センター教授、鹿毛雅治先生におかれましては、ご多忙な中にもかかわらず、快くご講演をお引き受けいただきました。この場を借りまして厚く御礼申し上げます。

　最後になりましたが、本教育研究発表会の開催にあたり、多大なご支援を賜りました、香川県教育委員会、坂出市教育委員会、宇多津町教育委員会、綾川町教育委員会、香川県中学校長会、綾歌郡中学校長会、香川県中学校教育研究会、香川県中学校教育研究会坂出・綾歌支部、ならびに関係各位に厚く御礼申し上げます。

令和６年６月７日

香川大学教育学部附属坂出中学校

校長　　鈴木　正行

公開授業 I・II・III および 教科研究協議会

国 語

〈研究テーマ〉

言語による認識の力をつけ、豊かな言語文化を育む国語教室の創造
—「遊び」のなかで言葉や読み方を捉え直す国語科授業の在り方—

■ 公開授業II　　　　　　　　　　　　　　授業者：山﨑　大

3年「俳句の鑑賞」

日本文学の最短詩型である「俳句」。言葉を極限まで削ることで、言葉一つ一つが大きな役割を担っています。僅か十七音に込められた作者の思いや物語を想像するとともに、取り合わせの効果について批判的に読みを進めながら言葉の面白さや奥深さについて捉え直す授業をめざします。

■ 公開授業III　　　　　　　　　　　　　授業者：高木　千夏

2年「かっこいいとは—君は『最後の晩餐』を知っているか—」

筆者の価値観の根拠や具体例、文章の構成や言葉の用い方に注目して、評論の在り方を吟味します。絵画「最後の晩餐」をプレゼンするという活動を通して、テキスト（本文）を何度も読むことで、筆者の示す物事への価値について自らの既有知識と関わらせながら変容していく生徒の姿をめざします。

■ 研究協議会　　　　〈指導者〉

香川県教育委員会事務局義務教育課 主任指導主事	香川大学教育学部 講師
尼子　智悠	浅井　哲司

〈司会者〉　　　　　　　　〈記録者〉

香川大学教育学部附属高松中学校 教諭	香川大学教育学部附属高松中学校 教諭
額田　淳子	森宗　利晃

社 会

〈研究テーマ〉

これからの社会のあり方を自ら考える民主社会の形成者の育成をめざした社会科学習
—本質的な問いについて、互いの「社会観」を語り合うことを通して「社会的自己」を捉え直す—

■ 公開授業II　　　　　　　　　　　　　授業者：藤本　大貴

2年「キリスト教と戦国日本」

今から約500年前、戦国の世に突如現れた南蛮船と宣教師。当時の為政者が彼らとどう関わったのかを学び、そして戦国の世を終わらせた豊臣秀吉は彼らとどう関わるべきか、語り合いながら、多文化共生について捉え直していきます。

■ 公開授業III　　　　　　　　　　　　　授業者：大西　正芳

1年「EUと難民のものがたり（ヨーロッパ州）」

他に例がない政治・経済共同体として発展を遂げてきたEU。一方で、人や材、そして難民の偏在から域内の対立は先鋭化している。EUが抱える問題と国家間の対立について語り合いながら、日本という国を新たな視点で捉え直していきます。

■ 研究協議会　　　　〈指導者〉

香川県教育委員会事務局義務教育課 主任指導主事	香川大学教育学部 准教授
吉村　龍	神野　幸隆

〈司会者〉　　　　　　　　〈記録者〉

香川大学教育学部附属高松中学校 教諭	香川大学教育学部附属高松中学校 教諭
高橋　範久	宮武　昌代

外 国 語

〈研究テーマ〉

コミュニケーションの喜びを実感する英語授業の創造
—自分の考えや気持ちを伝えるための試行錯誤を通して—

■ 公開授業II　　　　　　　　　　　　　授業者：高木　将志

3年「記者会見—聞き取った情報を伝達しよう—」

コミュニケーションは一方的な言葉の伝達ではありません。自分の意見を言ったり、聞いたりするだけでなく、相手から聞き取った情報を誰かに伝達する力は、コミュニケーションにおいて大切な力です。聞き取った情報を自分なりの表現で伝える喜びの実感をめざします。

■ 公開授業III　　　　　　　　　　　　　授業者：石田　吏沙

2年「FSJツアーズ —Plan a trip in Kagawa!—」

中学生は限られた語彙や文法でコミュニケーションを行わざるを得ません。自分が伝えたいことを伝えるためにはどうすればよいかを、他者とのやり取りを通して考えます。様々な試行錯誤を通して自分の考えや気持ちを伝えることで、コミュニケーションの喜びの実感をめざします。

■ 研究協議会　　　　〈指導者〉

香川県教育委員会事務局義務教育課 主任指導主事	香川大学教育学部 教授
眞鍋　容子	中住　幸治

〈司会者〉　　　　　　　　〈記録者〉

香川大学教育学部附属高松中学校 教諭	香川大学教育学部附属高松中学校 教諭
小柳　昌弘	日野　康志

保 健 体 育

〈研究テーマ〉

健康やスポーツの価値を実感する保健体育学習のあり方
—自分の「からだ」を土台として健康やスポーツと関わることで生まれる「ものがたり」を通して—

■ 公開授業II　　　　　　　　　　　　　授業者：徳永　貴仁

3年「球技：バドミントン」

ラケット競技の難点はまず当たらないこと。その難点を教材化されたバドミントンで解決し、全員がバドミントンで学ぶべき「豊かなスポーツライフの本質のひとつ」を楽しむことができます。その本質のひとつとは・・・。

■ 公開授業III　　　　　　　　　　　　　授業者：廣石　真奈美

2年「球技：ハンドボール」

誰もが「得点に関わるプレーに参加する」喜びを。なかまと大量得点を目指して試行錯誤していく中で、ゴール型球技の本質に触れて、全力で楽しむ姿をめざします。

■ 研究協議会　　　　〈指導者〉

香川県教育委員会事務局保健体育課 指導主事	香川大学教育学部 教授
増田　一仁	米村　耕平

〈司会者〉　　　　　　　　〈記録者〉

香川大学教育学部附属高松中学校 教諭	香川大学教育学部附属高松中学校 教諭
桑城　光	芝野　明莉

時 程

8:30	9:00	9:30	10:00	10:15	11:05	11:20	12:10	13:00	13:50	14:00	15:00	15:15	16:35
受付	全体会	全体提案	移動・休憩	公開授業I / 語り合いの時間 / CAN生徒発表	移動・休憩	公開授業II	昼食・休憩		公開授業III / 学校保健研究協議会	移動・休憩	教科研究協議会	移動・休憩	シンポジウム・講演「授業づくりを語る〜子どもとともに主体的な学びの場を創る〜」慶應義塾大学教授　鹿毛　雅治　先生

授業討議動画・CANステージ発表動画・CAN物語、CANLOGの公開

数　学

〈研究テーマ〉

疑問や気づきを自ら生み出す生徒の育成
—数学をつないで語ることで生まれる「ものがたり」を通して—

■公開授業Ⅱ　　　　　　　　　授業者：中居　朋子

2年「平行と合同」

学習の中で、「なぜ？」「どうして？」と疑問をもつ場面を大切にしていきます。本単元では、平面図形の中にある生徒の当たり前に着目し、生徒の情意に寄り添いながら論理的に考察する活動を行います。

■公開授業Ⅲ　　　　　　　　　授業者：松添　啓子

3年「計算マスターへの道」

計算はその計算方法を覚えて計算できればいいと考える生徒が多いのではないでしょうか。本単元では、生徒が自ら疑問を生み出し、解決に向けて自分自身や友達と語ることで「なぜその方法で計算できるのか」を考えていきます。

■研究協議会　　　　　　　〈指導者〉

香川県教育委員会事務局義務教育課　　香川大学教育学部
主任指導主事　　　　　　　　　　　　　教授
太田　隆志　　　　　　　　　　　松島　充

香川大学教育学部
准教授
杉野本　勇気

〈司会者〉　　　　　　　　　　　〈記録者〉
香川大学教育学部附属高松中学校　香川大学教育学部附属高松中学校
教諭　　　　　　　　　　　　　教諭
田中　浩一　　　　　　　　　　池内　靖昌

技術・家庭

〈研究テーマ〉

生活を見つめ、持続可能な未来へつながる実践力を育む　技術・家庭科教育
—生活を語り合い、問題解決を実践することで生まれる「ものがたり」を通して—

■公開授業Ⅱ　　　　　　　　　授業者：大西　昌代

1年「サスティナブル和文化」

どうすれば持続可能な衣生活を送ることができるのでしょうか。和服を通して、江戸時代の衣生活と比較しながら、これからの自分の衣生活について見つめ直します。

■研究協議会　　　　　　　〈指導者〉

香川県教育委員会事務局　　　　　　香川大学教育学部
西部教育事務所　主任指導主事　　　　准教授
田中　明日香　　　　　　　　　　一色　玲子

■公開授業Ⅲ　　　　　　　　　授業者：加部　昌凡

1年「構造と強度」

同じ素材、同じ量、でも構造を変えると、強度が変わる。限られた材料で最良の強度を得られる構造とは。

■研究協議会　　　　　　　〈指導者〉

香川県教育センター　　　　　　　　香川大学教育学部
指導主事　　　　　　　　　　　　　教授
稲毛　晶　　　　　　　　　　　宮﨑　英一

〈司会者〉　　　　　　　　　　　〈記録者〉
香川大学教育学部附属高松中学校　香川大学教育学部附属高松中学校
教諭　　　　　　　　　　　　　教諭
左海　亮　　　　　　　　　　　和田　美紀

「語り合い」の時間（1年）

■公開授業Ⅰ　　　　　　　　　授業者：逸見　翔大

答えのない問いに対して、生徒同士で自身の経験や価値観をもとに語り合い、聞きあいます。その中で、問いについて真剣に考え、自身の変容や成長を自覚していきます。入学したばかりの1年生に、教師がかかわりながら、一緒に語り合っていきます。

理　科

〈研究テーマ〉

進んで自然と関わり、見通しをもって探究する生徒の育成
—科学する共同体の中でつむがれる「ものがたり」を通して—

■公開授業Ⅱ　　　　　　　　　授業者：島根　雅史

1年「タンポポ」

タンポポを採集し、観察する中で、外来種と在来種があることに気づきます。外来種が増加してきた理由を、タンポポの花や綿毛について、在来種と比較し、仮説を立て、試行錯誤しながら考えていく姿をめざしています。

■公開授業Ⅲ　　　　　　　　　授業者：宮崎　浩行

3年「作用・反作用の法則」

体重計は何を測っているのか。質量なのか、それとも別の何かなのか。誰しもが使用したことのある体重計に隠された仕組みを探究していく中で、普遍的な法則である「作用・反作用の法則」を見出していくことをめざします。

■研究協議会　　　　　　　〈指導者〉

香川県教育委員会事務局義務教育課　　香川大学教育学部
主任指導主事　　　　　　　　　　　　教授
橘　慎二郎　　　　　　　　　　笠　潤平

〈司会者〉　　　　　　　　　　　〈記録者〉
香川大学教育学部附属高松中学校　香川大学教育学部附属高松中学校
教諭　　　　　　　　　　　　　教諭
赤木　隆宏　　　　　　　　　　萱野　大樹

音　楽

〈研究テーマ〉

音楽との関わりを深める学習のあり方
—音楽観の捉え直しや変容からつむがれる「ものがたり」を通して—

■公開授業Ⅲ　　　　　　　　　授業者：井上　真衣

1年「赤とんぼ」

誰もが知っている名曲「赤とんぼ」。詩の背景を探る中で、生徒と共に心情に迫る歌唱表現を追究します。音楽の奥深さに触れ、心弾む時間を実現させます。

■研究協議会　　　　　　　〈指導者〉

香川県教育センター　　　　　　　　香川大学教育学部
主任指導主事　　　　　　　　　　　教授
井川　史郎　　　　　　　　　　岡田　知也

〈司会者〉　　　　　　　　　　　〈記録者〉
香川大学教育学部附属高松中学校　坂出市立東部中学校
教諭　　　　　　　　　　　　　教諭
小澤　聡　　　　　　　　　　　山下　章代

美　術

〈研究テーマ〉

感性を働かせ、自分にとっての美を更新する創造活動
—自己や周囲との関わりを通して変容する感性に気づく授業づくりをめざして—

■公開授業Ⅲ　　　　　　　　　授業者：渡邊　洋往

3年「○○な空間～本校校舎と香川県庁東館～」

自分を取り巻く風景の一つとして見えてなかった本校校舎を、県庁東館の鑑賞や校舎空間の考察を通して、願いをもとにつくられた建築空間について捉え直します。本校はこうあってほしいという自分たちの願いをもとに、空間を再考するアイデアを練ります。

■研究協議会　　　　　　　〈指導者〉

高松市総合教育センター　　　　　　香川大学教育学部
指導主事　　　　　　　　　　　　　准教授
熊田　知香　　　　　　　　　　吉川　暢子

〈司会者〉　　　　　　　　　　　〈記録者〉
香川大学教育学部附属高松中学校　綾川町立綾川中学校
教諭　　　　　　　　　　　　　教諭
栗島　克浩　　　　　　　　　　西山　貴浩

学校保健

〈研究テーマ〉

「チーム学校」として取り組む教育相談
—羅生門的アプローチを援用した教育相談体制と継続的な支援—

■　　　　　　　　　　　　　　発表者：高橋　妹子

見る立場によってストーリーが変わることを重視する「羅生門的アプローチ」を援用することで、ナラティヴ・アプローチを重視した教育相談体制の充実を図り、今後の教育相談のあり方と、教育相談委員会の役割について考察します。

■研究協議会　　　　　　　〈指導者〉

香川県教育委員会事務局保健体育課　香川大学大学院医学系研究科臨床心理学専攻
指導主事　　　　　　　　　　　　心理実践教育学講座　准教授
山田　那央子　　　　　　　　　谷渕　真也

〈司会者〉　　　　　　　　　　　〈記録者〉
香川大学教育学部附属高松中学校　香川大学教育学部附属坂出小学校
養護教諭　　　　　　　　　　　養護教諭
青木　早貴　　　　　　　　　　井上　さくら

本校研究の基盤となっている主な理論

社会構成主義

　現実の社会現象や、社会に存在する事実や実態、意味とは、すべて人々の頭の中でつくり上げられたものであり、それを離れては存在しないとする社会学の立場。学習とは、外から来る知識の受容と蓄積ではなく、学習者自らの中に知識を精緻化し（再）構築する過程であるとする。

　社会構成主義の学習観は、次の3点を前提にしている。

① 学習とは、学習者自身が知識を構成していく過程である。

② 知識は状況に依存している。そして、おかれている状況の中で知識を活用することに意味がある。

③ 学習は共同体の中での相互作用を通じて行われる。

　このような前提により、学習者は受け身的な存在ではなく、積極的に意味を見つけ出すために主体的に世界とかかわる存在になる。一方、教師は学習者を支援する役割を担うが、学習者にとっては多くのリソースの一つと見なされる。

正統的周辺参加論

　学習というものを「実践の共同体への周辺的参加から十全的参加（full participation）へ向けて、成員としてアイデンティティを形成する過程」としてとらえる。

　学習者が獲得するのは環境についての認知的構造ではなく、環境の中での振る舞い方（状況的学習）であり、実践コミュニティに新参者として周辺的に参加し、次第にコミュニティ内で重要な役割や仕事を担っていくプロセスそのものが学習であるとする。

ナラティヴ・アプローチ

　ナラティヴ（語り、物語）という概念を手がかりにして何らかの現象に迫る方法。

　「語り」も「物語」も単なる出来事だけでできあがっているのではなく、その時の「思い」や「感情」なども語られるが、「思い」や「感情」だけでは「物語」は成立せず、出来事があってはじめてその時の「思い」や「感情」が意味をもつ。複数の出来事の連鎖、すなわち、複数の出来事を時間軸上に並べてその順序関係を示すことが、ナラティヴの基本的な特徴である。学習論としては、「我々はそれぞれの経験に沿って自らが生成した物語に意味がある」ことを前提とする。

認知的個性（CI）

　さまざまな認知的な能力やスタイルなどの個人差を包括的にとらえ直す個性の新たな概念。学習において、個人のもつ障害や才能も含めて多様な認知発達的特徴・個人差を、「認知的個性」（CI：Cognitive Individuality）という包括的な概念でとらえ直すことで、児童生徒の認知的個性を識別して、学習を個性化する方策を探ろうとする。

総　　論

生涯にわたって学び続ける生徒の育成

—実感・自己理解としての「語り」が生まれる情意へのアプローチ—

I　研究主題について

1　どうすれば「生涯にわたって学び続ける生徒」になるのか

> 学びを通して自分が変わったという実感が、
>
> 学び続ける意欲となる

　生産年齢人口の減少、グローバル化の進展や絶え間ない技術革新等により、社会構造や雇用環境は大きく、また急速に変化しており、予測が困難な時代が到来している。社会の変化とともに、求められる知識や技能も変化しており、学校教育で必要な知識や技能を身につけたとしても、それだけでは多様で複雑な未来社会におけるさまざまな課題を乗り越えていくことは困難であろう。子どもたちはより一層、自分自身の在り方を模索し、困難に対応しながら生涯にわたって学び続けることが求められる。それは一方で、学校教育が「学びとは何か」「何のために学ぶのか」といった本質的な問いに応え、子どもたちの学び続ける意欲を育まなければならないことを意味している。

　では、子どもにとって学びとはどのような活動だろうか。教師の説明を聞いて、ひたすら重要語句を暗記したり、計算などのスキルを訓練したりする。これらは学びという活動のもつ豊かさからは、かけ離れているだろう。本校が着目してきたのが林（1990）[1]と斎藤（2006）[2]の言説である。学びの本質とは、自己の変容を伴う活動である。子どもたちが、なぜ、どうして、もっと知りたいと自ら課題に向き合い、新たな世界を探究していく。思考を巡らせ、挑戦

1　林（1990）は次のように述べている。「学ぶということは、覚えこむこととは全くちがうことだ。（中略）一片の知識が学習の成果であるならば、それは何も学ばないでしまったことではないか。学んだことの証しは、ただ一つで、何かがかわることである」

2　斎藤（2006）は次のように述べている。「教育の本質は進歩であり、自分を変えていくことである。より高い精神、より新しい世界への渇望にもえ、自分を内省し、他を発見し、そのことによって、つぎつぎと新しい世界へ驚きながらはいっていく。そういう子どもをつくっていくことが教育だと思う」

し、時には失敗したり行き詰まったりする。悩んだときは自己や他者に問い、意見を聴き、語り合うことで、自分をとりまく世界の見え方や感じ方の広がり、深まりを実感し、新たな自分となって進んでいく。このように、自分が変わっていくことが本来の学びであり、「自分自身について語る」ことを通して自己の形成と変容を理解することが、学ぶことの意味や価値の実感につながるのである。自分が変わっていく経験は、学ぶことの本来の楽しさや豊かさを感じるものであり、次の学びへと向かう原動力となる。こういった自己理解の経験の繰り返しが、生涯にわたって学び続ける意欲を育むのではないかと考えている。

2　これまでの研究の経緯と今期の問題意識

　本校では、「自立した学習者の育成」をめざし、生涯にわたって学び続ける意欲やその基盤となる力の育成を中心に実践研究を継続してきた。平成26年度大会からは、ナラティヴ・アプローチ[3]としての「語り」の研究を継続しつつ、様々なアプローチから「ものがたり」[4]の授業を提案してきた。令和2年度大会より、学びの意味や価値を実感した「語り」とはどのような「語り」なのかという問題意識から、「自己に引きつけた語り」[5]が定義された。子どもの変容を意識したアプローチが、子どもの学ぶ意味や価値の実感につながりやすいことを確認できた一方で、いくつかの課題が明らかとなった。特に私たちが課題として感じたのが、教科学習と共創型探究学習ＣＡＮ[6]（以下ＣＡＮ）における子どもの「語り」の差である。次に示すのは、1年生社会科地理的分野においてアフリカ州の学びを終えた子どもの「語り」とＣＡＮにおいて食塩水による発電を探究テーマとした子どもの「語り」である。

3　ナラティヴ（語り、物語）という概念を手がかりにしてなんらかの現象に迫る方法。本校は、振り返りを語りの視点からとらえなおす自己理解法ととらえている。

4　「語る」行為と「語られたもの」の両方を含む概念。特に、教育活動の中で、生徒が「語る」ことを通して学びの意味や価値を実感し、自己を形成していくことを重視する点で、2013年より本校独自に「ものがたり」とひらがなで表記している。

5　「語る」行為の中でも、特に出来事（題材）と自己との関連を見つめ、時間軸の中でそれを筋立て、その出来事の自分にとっての意味づけや価値づけをする主体的な行為。

6　共創型探究学習ＣＡＮ…正統的周辺参加論に基づき、1〜3年生が異学年で集まってクラスターを組み、探究することで、自らの可能性を広げていく生徒主体の開かれた学習。

【前略】

2時間目は、アフリカ州についていろいろなことを知った。もともと、貧しいというイメージはあったけれど、「貧困」と「飢餓」という言葉の意味をくわしく知り、とても大変な状態だということが分かった。飢餓率35%以上の国が10か国近くあり、とてもおどろいた。

3時間目は、自分のなぞがとけた授業になった。95%以上が砂漠なのに、豊かな暮らしができているというのは、とても疑問に思っていた。重要なのは「ナイル川」だと分かった。そして、ナイル川は、いくつもの枝に分かれていることを知り、「かんがい農業」ができているからだという理由が分かった。

【中略】

今回の学びは私にとって、知らなかった他の国の現実を知る機会になった。私は、今回の単元に入る前は、アフリカ州のことを、何にも知らなかった。「人口」、「気候」、「農業のやり方」で、自分たちの生活が

【後略】

【社会科 第1学年 地理的分野 生徒の語り（一部）】

【前略】

銅とアルミはくを使った発電は、参考文献のコイン電池からヒントを得た。10円玉と1円玉を使うのがコイン電池だが、1円玉がとけるおそれがあるので、銅板とアルミホイルで代用した。必要物品をそろえるのが早かったので、予定を前倒しにして実験した。3年間楽しみにしていた瞬間がついに見られると思ったが、思っていたものとはずいぶん違う結果になった。食塩水に銅板とアルミはくを浸たして回路は間違っていないのに、ほとんど電流が流れなかった。本当に食塩水で発電できるのか疑い、不安になるほどだった。「きっと条件を変えればうまくいく」と前向きに考え、CANの日Iでさまざまな条件を試してみることにした。

5月28日。CANの日Iが始まった。食塩水の量、濃度を細かく変えて実験した。しかし、目標とするほどの電圧は得られなかった。LEDの点灯も試していたが全てて失敗した。何時間もかけて実験したのに、十の成果が全く得られなかった。この先の探究が不安になった。1年生、2年生の表情がくもってきているのも分かった。1回目の実験でここまで失敗したことがなかったのでショックを受けた。同時に何とかして結果を出さないといけないという焦りも感じた。

クラスターの中で「銅とアルミはくを使った発電」をリベンジしようと新たな変数を出しあった。CANの日Iは何がいけなかったのか、どのような探究の余地がありそうか話し合った。

【中略】

ぼくの3年間のCANにおいて、CANは「自分の可能性を広げ、自分で探究することの大切さやおもしろさを伝えてくれるもの」であった。また「学ぶということについて深く考えさせられるもの」でもあった。CANは総合学習という教科である。他教科は教科書、ノートを用いて、先生が（ぼくたちに教えてくださる）のに対し、CANは授業を受けず、自分たちで授業（どうすれば問いを解決できるか探究する）する。CANは教科の授業のもとにある「本当の学び」を学ぶ教科であると思った。世の中であたりまえとされている知識は先人のCANによって探究・解明され、誰もが納得する知識となってぼくたちが学んでいると思った。誰も知らないことを知るためには、CANによって本当の学びをする必要がある。このような道すじて本当に「学ぶ」とは探究すること、つまりCANであるという仮説に至った。

学ぶ＝勉強ではなく、学ぶ＝探究＝CANであると思う。これから、高校、大学、さらには社会へと進む中で学ぶという機会が増えてくる。常に探究することを目指し楽しく学びたいと思う。また、誰も答えを知らないことにも挑戦したい。未知の世界は怖いがCANのように同じ課題、似た課題をもって探究している人は必ずいると思うので、協力して答えを追い求めていきたい。学ぶことについて教えてくれたCANに感謝し、CANの心を忘れず、これからもCANをしていきたい。

【「CANものがたり」における生徒の語り（一部）】

二つの「語り」を比較すると大きな差異があることがわかる。教科学習における「語り」は、「〜を知った」「〜が分かった」という知性的な変容を記述することに終始しており、学びの中で自分が何を経験したのかがあまり語られていない。一方で、ＣＡＮでは、探究を進めていく上での「期待」、実験の失敗による「落胆」や「焦り」、次は成功させたいという「意欲」など、学びの過程で自分の思考や情動、意欲とが一体となった密度の濃い「語り」となっている。また、「学ぶことは探究であり、それはＣＡＮである」と、ＣＡＮでの学びを価値づけ、より意欲と自信をもった自分を感じていることがわかる。このような「語り」こそ、学びの価値を実感し、自己理解につながった「語り」である。

　では、なぜこのような「語り」に差が生まれたのか。ＣＡＮはそもそも子どもの願いやこだわり、問題意識から学びが始まり、探究課題から探究方法の全てを自分たちの考えで進めていく。つまり、子どもの文脈をもとに学びが展開されているのである。また、教師にも探究のゴールや正解がわからないため、教師は探究の仕方を支援はするが、基本的に子どもに寄り添って一緒に考える伴走者となっている。だからこそ、子どもたちには「自分で探究し、課題を解決した」という達成感が生まれ、ＣＡＮにおける学びの価値を実感し、自己理解にまでつながるのである。一方で、教科学習には、教えるべき教科内容があり、どうしても教師には、子どもを導かなければならない、変容させなければならないという意識が働いてしまう。「主体的・対話的」にしなければならないと思いつつ、教師は意識的、無意識的に子どもをコントロールしてしまうのである。そして、教師の文脈に子どもの文脈を従わせた結果、子どもは知識を授けられる受け身の存在となってしまい、自己理解や自己形成にまで至らな

かったのであろう。今期の問題意識は、これまでの実践が子どもの意欲や文脈を重視したものと謳っていたが本当にそうであったのか、にある。そこで、今期は子どもの情意[7]に着目し、子どもの学びの文脈を重視した実践を行っていく。

3　なぜ子どもの情意に着目するのか

子どもが主体的に学ぶ場を実現するためには
情意を見取り、働きかけることが必要である

子どもの文脈とは、子どもの知的好奇心や思い、こだわりなど、いわば情意を基盤とした学びの道筋である。情意は、子ども一人ひとりの学びに対する構えそのものであり、当然個々によって異なる。例えば、教師が災害について真剣に考えてほしいと考え、被災動画を流せば子どもたちは危機感を感じ、学びに向かうだろうと想定したとする。しかし実際には「怖い、なんとかしなければ」と思う子どももいれば、「どれくらいの人が被害にあったのだろう」「自分には関係ないから何にも思わない」とそれぞれで感じ方は異なる。これらを一律に子どもたちが危機感を持ったとして、学びを進めることが、子どもの文脈から乖離した学びになる原因である。子どもが主体的に学ぶために教師ができることは、特定の学びの場を設定することで特定の情意が生まれるかもしれないと想定しながらも、実際の子どもの情意と文脈を見取り、次の学びにつなげるしかないのである。

また、鹿毛（2019）は「主体的な学び」には子どもの姿に「エンゲージメント状態（没頭）」が顕れるとしている。「エンゲージメント状態（没頭）」とは、「知情意が一体化して活性化している心理状

7　鹿毛（2019）は質の高い問題解決プロセスには、「『なぜ？』『どうすれば？』『なるほど』『納得！』『身にしみてわかった』といった知的な体験だけでなく、『ワクワク』『ドキドキ』『悲しい！』『悔しい！』『共感！』『感動！』といった情動体験や、『よしっ、頑張ろう』『今度こそ！』『挑戦！』といった意欲的な体験も含まれている」としている。そこで本校では子どもの情動面と意欲面をあわせたものを情意として定義づけている。

総論

国語

社会

数学

理科

音楽

美術

保健体育

技術・家庭

外国語

学校保健

共創型探究
語り合いの時間

けでなく、「試行する」「持続的に取り組む」など非認知的側面があることが分かる。これらは、今期学習指導要領で必要とされている意欲、粘り強さ、忍耐力等の非認知能力とリンクしていることが着目される。つまり、非認知能力はエンゲージメント状態を経験する中でこそ育成されるのである。

態」であり、表1のような「子どもたちが学びの対象（テーマ）に真摯に向き合い、知的活動のみならず情意的な心の働きをも総動員しながら、思いや考えを自ら表現し、相互コミュニケーションを通して学び合おうとする姿」[8]である。まさしくこの熱中・没頭している姿こそ、本校が学びの主体としてめざす子どもの姿である。そして、このような学びの場が生まれるためには、知性だけでなく子どもの情意にも教師は働きかける必要があると考える。

表1　エンゲージメントと非エンゲージメント

	エンゲージメント：意欲的な姿	非エンゲージメント：意欲的でない姿
行動的側面	行為を始める　努力する、尽力する 一生懸命に取り組む　試行する 持続的に取り組む　熱心に取り組む 専念する　熱中する　没頭する	受動的で先延ばしにしようとする あきらめる、身を引く　落ち着きがない 気乗りしない　注意散漫　燃え尽き状態 課題に焦点が向いておらず不注意 準備不足　不参加
感情的側面	情熱的である　興味を示している 楽しんでいる　満ち足りている 誇りを感じている　活き活きしている 興奮している	退屈している　無関心である 不満げである/怒っている　悲しんでいる 気にしている/不安を感じている 恥じている　自己非難している
認知的側面	目的を自覚している　アプローチする 目標実現のために努力する 方略を吟味する　積極的に参加する 集中する　注意を向ける　熟達を目指す 注意を払って最後までやり抜く 細部にまで丁寧で几帳面である	無目的である　無力な状態である あきらめている　反抗的である 気の進まない様子である　無関心である 頭が働いていない　回避的である 絶望している　精神的圧迫を感じている

鹿毛雅治『授業という営み　子どもとともに「主体的に学ぶ場」を創る』教育出版、2019、35頁の表1−1を引用

II　今期の研究の視点

1　研究の目的

> 共通学習I、共通学習II、シャトル、CAN、語り合いの時間の内容や構造を再検討することによって、生徒一人ひとりが学ぶことの価値を実感し自己理解につながる学びとなるための有効なカリキュラムと教師の関わりのあり方を追究する。

2　研究構想図

　図2は本校の研究構想図、表3は教科学習と総合的な学習の時間のとらえ方を表している。「自立した学習者」とは、生涯にわたって自ら課題を見つけ、その課題解決に向けて考え続けることができる学習者のことである。そのため、一人ひとりの疑問やこだわりを大切にし、自分なりの考えを持ち、語り合う過程をどのカリキュラムでも重視している。特に「語り合いの時間」では、答えのない問いに対して、子どもと教師がともに考え、多様な価値観と触れあうことで、子どもが自問自答することを期待している。

図2　研究構想図

　教科学習である共通学習Iは、基礎・基本を習得する場、共通学習IIは、習得した基礎・基本を活用する場である。ただし、共通学習Iをして次に共通学習IIをするという順になっているわけではない。あえて共通学習IIから入り、失敗や試行錯誤する場を経験する

国語　社会　数学　理科　音楽　美術　保健体育　技術・家庭　外国語　学校保健　共創型探究　語り合いの時間

表3　教科学習と総合的な学習の時間のとらえ方

カリキュラム／視点		ねらい	学習課題	学習集団	学習形態	授業の進め方
総合学習	共創型探究学習CAN	現実の課題を追究する探究	生徒設定		課題別	生徒主体
	シャトル選択講座	探究スキルの習得	生徒選択	異学年		
	シャトル共通講座		教師設定			
教科学習	共通学習Ⅱ	基礎・基本の定着深化のための活用	生徒設定	同学年		
	共通学習Ⅰ	基礎・基本学び方の習得	教師設定		一斉学習	教師主導

ことで、子どもが習得の場を求め共通学習Ⅰに進むこともある。そのため、教科の特性や子どもの発達段階、文脈を踏まえながら、習得と活用の場を単元レベルで組み合わせて実施していく。

　共創型探究学習ＣＡＮでは、原則、各学年の生徒１名ずつの小集団を編成し、自ら設定した課題の解決に向けて探究活動を進めていく。１年生は見習いとして集団に参加し、経験を積みながら２年生（弟子）となり力を付けていく。そして３年生（師匠）では探究の中心として活動する。つまり、経験が違う異学年集団に属して活動することで、経験豊富な者から様々なことを自ら学び取り、「見習い→弟子→師匠」のように成長していくことをねらう。また、共創型探究学習シャトルでは探究をする上で出会う困難に対して解決するための探究スキルを、教師設定の共通講座と十数種類の選択講座を設定している。自分の探究に応じて適切な講座を選択させることで、基本的な知識・技能が身につけるだけでなく、先見性、主体性、自律性が身に付くことを期待している。

　そして、それぞれのカリキュラムで学びの経験が、互いに影響し合い、からみ合うことで、子どもたちを少しずつ「自立した学習者」に成長させていくと考えている。

3 研究の内容

以下の（1）〜（4）の本校カリキュラムにおいて、一人ひとりが学ぶことの価値を実感し自己理解につながる学びとなることをめざしている。

（1）「ものがたりの授業」づくり

（2）共創型探究学習ＣＡＮ・シャトルの取り組み

（3）「語り合いの時間」および特別活動における取り組み

（4）生徒の学びを見取る教師集団となるために

以下、具体的に述べていく。

（1）「ものがたりの授業」づくり

今期の「ものがたりの授業」づくりでは、次の３点に重点を置いて実践研究を進めた。

---

① 「授業者のねがい」の設定

② 熱中・没頭する学びが生まれる単元構成

③ 実感・自己理解としての「語り」を促す教師の関わり

以下、それぞれについて、具体的に述べる。

① 「授業者のねがい」の設定

「授業者のねがい」

　　単元を通して生徒に期待する成長や変容

単元を構想するにあたって、まず不可欠なのが「本単元（題材）を通して子どもにどう成長してほしいのか」「この授業を通してどんなことを感じてほしいのか」といった「授業者のねがい」である。なぜなら「授業者のねがい」は、授業者が目の前の子どもに正対し、確かな実態把握をすることから生まれ、「ねがい」を拠り所にして学

総論

国語

社会

数学

理科

音楽

美術

保健体育

技術・家庭

外国語

学校保健

共創型探究
語り合いの時間

びの場を具現化していくからである[9]。また、目標やねらいではなく、「ねがい」としていることにも意味がある。目標やねらいは学びを通して到達しなければならないという意識が教師に強く働くが、「ねがい」は授業者が子どもたちによせる成長への期待であり、大まかな学びの方向性を示している。そのため授業者が「ねがい」を明確に持っていれば、子どもたちに学びを委ねることにもつながると考えている。

また、授業者は単元学習後の「振り返り」例を想定している。こんな学びの場を経験した子どもたちからは、このような「語り」が出てくるのではないか、と子どもの具体的な姿として描くことで授業づくりの方向性が明確になると考え、**図4**のような、「授業者のねがい」と単元学習後の「振り返り」例を反映させた授業構想図を作成している。

図4　第2学年社会科「土器川の防災物語」の授業構想図

『 も の が た り 』 の 授 業

ア　授業者のねがい（授業を通して生徒に期待する成長や変容）
河川氾濫を自らの問題として捉え、防災と減災の観点から地域の在り方を真剣に悩み考えるようになる。

イ　題材（　土器川の防災物語　）に対する「ものがたり」の変容

（学習前）
河川氾濫は香川県に住む自分にとって身近でない災害。土器川流域に暮らしていない自分には氾濫と関係ない。

探究的な学び
ウ　他者と語り合う

（学習後）
河川氾濫は自分たちの問題だ。被害を受ける地域を未然に防ぐのか、災害が起こったときの被害を少しでも減らすのか、その選択は難しい。

エ　（授業者が考えた）単元学習後の「振り返り」例≫　　＊「自己に引きつけた語り」部分
河川の氾濫が多発している日本。ニュースで何度か見たけど、あんまり実感も湧いてなかった。僕は川の近くに住んでいるけど、いつも水は少ないし、香川で起こるわけないと思っていた。けど実際にこの授業を受けていく中で、河川氾濫の深刻さがだんだん分かってきた。2時間目に氾濫しやすい川の特徴を調べてみた。多くの川が、狭窄部があり、急な勾配を持っている。そして、それはまさに土器川だった。何気なく見ていた土器川も、氾濫するかもしれないという目で見えるようになった。土器川の周辺には信じられないくらいの施設が近くにあり、恐ろしく感じるようになった。土器川にはもう一つ特徴がある。それは上流が氾濫しやすいということだ。これを知った時、クラスで議論が起こった。土器川の上流を整備すべきかどうかだ。自分はすべきではないと最初思った。他の子が、氾濫が広範囲に広がる方が良くないと言っていたが、下流の丸亀市や宇多津町の方が人口や施設が集中しているし、氾濫した時の深刻度も大きい。たしかに琴平町やまんのう町を守りたい気持ちは分かるけど、上流を整備すると下流にリスクが転嫁されるので、やはり下流が優先されるべきだと思った。けど、「もし自分がその立場だったらそれを受け入れられるのか」と〇〇さんが言った。間違いなく、そこに暮らしている人は納得しないし、受け入れられるはずもない。そこに暮らす人の思いに気付いていない自分に気がついた。そこからはどうすればよいのか真剣に悩んだ。正直どちらが正しい選択なのか、今でも分からない。けどやっぱり自分は、上流に自分の家があったとしても、下流の人の命を優先すべきだと思う。だからこそ、上流の人には十分な説明がいるし、上流か下流ではなく、流域全体で対策を考えるべき問題だと思う。こんなに真剣に考えたことは今までなかったし、地域の在り方をこれからも考えていきたいと思う。

ア　授業者のねがい
　単元を通して生徒に期待する成長や変容を示している。

イ　学習前の子どもの思考
　単元学習前のアンケートや毎時間の授業の振り返りの記述、授業中の生徒の発言や姿等をもとに示している。

ウ　学習後の子どもの思考
　単元の学びを終えて、どのように子どもの思考が変容するか、授業者が想定して示している。

エ　単元学習後の「振り返り」例
　単元を通して、どのような学びの場を経験するのか、具体的に想定して、子どもの振り返り例を示している。

② 熱中・没頭する学びが生まれる単元構成

　熱中・没頭する学びの場が生まれるには、一人ひとりの子どもの問題意識が触発され、そこから生まれる課題を解決していくような学びを具現化していかなければならない。そのためには、子どもたち一人ひとりの学びに対する文脈が生まれ、授業者はその文脈を単元の展開に取り込みながら、社会構成主義[10]的学力観で知識の再構成を促していくことが重要だと考える。

　そこで、子どもの学びの文脈を視覚的に捉えるために、子どもの意識や思考を会話に見立てて単元構想図[11]を作成する。また、今期は本校がこれまでに行ってきた授業づくりを、教師がより自覚的に子どもの目線で実施していくために、以下のような**手立て（ア）～（ウ）**を重視して単元デザインを行っている。

10　社会構成主義とはおよそ以下のことを含意する考え方である。すなわち、①学習とは、学習者自身が能動的に活動することによって知識を構築していく過程である。②知識やスキルは文脈から切り離されるのではなく、状況の中で、状況に依存して学ばれていく。③学習は共同体の中での社会的な相互作用を通じて行われる。（久保田賢一『構成主義パラダイムと学習環境デザイン』関西大学出版部、2000 年、28・29 頁）

11　詳しくは 52 頁の指導案の見方を参照されたい。

```
┌╴熱中・没頭する学びが生まれる単元構成として重視していること╶┐
│  手立て（ア）　子どもの文脈が生まれるようにしかける          │
│                                                              │
│  手立て（イ）　困難や葛藤が生まれ、それを乗り越えようとする  │
│              場面を組み込む                                  │
│                                                              │
│  手立て（ウ）　子どもの文脈に寄り添い、単元や学習課題を柔軟  │
│              に変えつつ、次の学びへとつなげる                │
└──────────────────────────────────────┘
```

　以下、それぞれの手立てについて説明する。

手立て（ア）　子どもの文脈が生まれるようにしかける

　授業者が題材に学ぶ意義や価値があると感じ、いくら子どもに学ばせたい、考えさせたいと思っても、子どもにとって魅力的な題材であるとは限らない。特に単元が始まった段階では、子どもにとって題材は授業者から与えられたものであり、こだわりや思い入れもないからである。そのため好奇心や探究心、対象への興味や親しみ、

憧れ、危機感などからくる「やってみたい」「してみたい」「できるようになりたい」「なんとかしたい」を生み出すためのしかけが必要である。例えば、対象との出会いをしかけたり、実際に本物に触れたり体験したりする場をしかけたりする。ただし、ここで注意したいのは、子どもたちの中で一律に同じ情意が生まれるわけではないという点と、体験や活動自体が目的ではないという点である。これらのしかけは、その子なりの対象への理解や気づき、思い、疑問などを生み出すためにしかけているのである。

　また、学びに関わるより多くの決定を子どもに委ねることも、子どもの文脈を生み出す上で有効だと考える[12]。子どもたちがやりたい方法や取り組みたい内容を選択・決定できる場を多く設けたり、試行錯誤ができる場を設けたりすることで、よりこだわりや思い入れが生まれやすいからである。

手立て（イ）　困難や葛藤が生まれ、それを乗り越えようとする場面を組み込む

　単元構成の中で、失敗や困難、葛藤を伴った情意が働く場が必要である。なぜなら、それらを乗り越えようとするからこそ、子どもたちは知性だけでなく情意も働かせ、学びに熱中・没頭し、価値観や感受性がぶつかり合うような深い語り合いが生まれるからである。しかし、困難や葛藤の場面を設定することはなかなか難しい。子どもたちの文脈から乖離したものでは真剣に考えたり、語り合ったりはしないからである。また、考えるために必要な知識が構成されていない場合やあまりにも自分たちの力からかけ離れた課題だった場合にも、子どもたちは考えることができない。そのため、授業者は意図的に単元構成の中に知識や根拠を獲得できる場面を設定してお

12　鹿毛(2007)は次のように述べる。「あれこれと指示を与えるよりも、本人の自己決定を促す方が、本人の意欲だけでなく、自覚や責任をも促すことになるのである。自分で決めたという感覚がやる気を支えるのだといえよう」

くことが必要となってくる。また、子どもの文脈を丁寧に見とりな
がら、どこでつまずきそうか、どこで文脈に差異が生まれそうかを
想定し、「できそうなのにできない」「この考えの方が良いと思った
のに」といった困難や葛藤の場面を設定していくことが重要である。

手立て（ウ）　子どもの文脈に寄り添い、単元や学習課題を柔軟に
　　　　　　変えつつ、次の学びへとつなげる

　子どもたちの文脈を重視した学びを実現することは容易ではない。
子どもたちのどんな文脈にも添えるほど緻密かつ多様に計画してい
ても、いざ実践していくと思わぬ反応や気づきが生まれるからであ
る。そのため、子どもの気づきや疑問に教師が寄り添い、単元の展
開や学習課題を柔軟に変更していくことが必要である。子どもとの
対話や振り返りから子どもの文脈を毎時間分析し、学びのプロセス
に積極的に反映させることを重視する。

以下、社会科（第2学年「土器川の防災物語」）の実践事例をもとに、
手立て（ア）～（ウ） について具体を示す。

（説明文中の下線は柔軟に変更した部分を示している）

【単元1時間目】（全7時間）　手立て（ア）と手立て（ウ）における単元構成　例

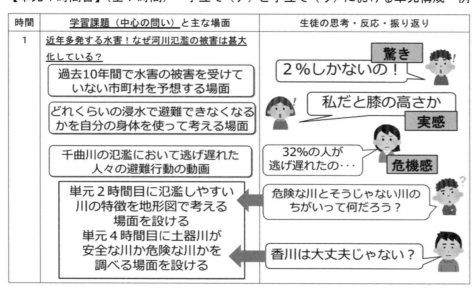

【単元１時間目の説明】

　学習前のアンケートでは、「日本で発生する自然災害とは何か、あなたにとって身近な災害とは何か（複数回答可）」において「河川氾濫」と答えた生徒は１名であり、「河川氾濫」を自らが直面しうる災害と認識している生徒はほとんどいない状態である。

　そのため、驚きや実感、危機感が必要と考え、単元の始めに過去10年間で水害の被害を受けていない市町村がどれくらいかを予想する場面や、どれくらいの浸水深で避難できなくなるかを実際に自分の身体を計測しながら考える場面、千曲川の氾濫において逃げ遅れた人々の避難行動などを取り上げた。【手立て（ア）】

　危機感を持った生徒も多くいたが、その中で「土器川はどうなの？」「香川県は大丈夫じゃない？」「危険な川と安全な川のちがいって？」など生徒から生まれた問いや考えを第２時や第４時に組み込んだ。【手立て（ウ）】

【単元５時間目】（全７時間）　手立て（ア）と手立て（ウ）における単元構成　例

時間	学習課題（中心の問い）と主な場面	生徒の思考・反応・振り返り
5	単元４時間目「土器川は安全な川か、危険な川か」を終えて 土器川が氾濫するとどれくらいの被害がでるのか？ 自分が気になる施設がどのように広がっているかを調べてみますか？	どれくらいの被害がでるのかな？調べてみたいな。 幼い子とか高齢者は逃げづらいよね。幼稚園とか老人ホームを調べてみよう。 私はお店を調べてみたいな

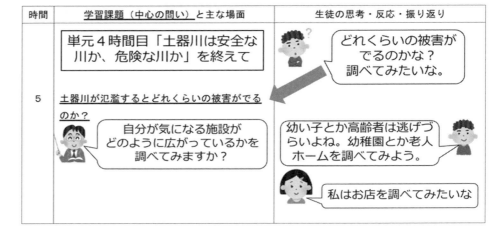

【単元５時間目の説明】

　単元４時間目「土器川は安全な川か、危険な川か」において、勾配や堤防と家屋の関係を自分たちで調べていく中で、土器川が危険な川だと認識した子どもの振り返りに、「氾濫が起きるとどれくらい被害が出るのか調べてみたい」という記述があった。

　授業者は土器川周辺の施設分布図を準備しており、５時間目で配布する予定だったが、自分たちの調べたい施設を調べる方が良いと考え、５時間目を自分たちで納得いくまで調べる時間として変更した。【手立て（ア）・（ウ）】

　自分たちで施設分布図を作成することで、多くの気づきが生まれた。また、６時間目に実際の洪水浸水想定区域図を配布すると、諦めに似たような声があがり、自分たちが作った地図を食い入るように見比べている姿が見られた。

【単元６・７時間目】（全７時間）　手立て（イ）における単元構成　例

時間	学習課題（中心の問い）と主な場面	生徒の思考・反応・振り返り
6	実際の土器川の洪水浸水想定区域を見る場面	丸亀市や宇多津町の浸水想定被害が大きい！ 琴平町や善通寺市、多度津町にまで被害が！上流部で決壊するから？ 上流を整備すべきでは？
7	上流を整備する？整備しない？ 上流を整備すべきかどうかで子どもたちの考えに差異が生まれる。そして、これを語り合う問いとして設定する。	考えに差異が生まれる 上流を整備すると下流にリスクが転嫁されそう

【単元６・７時間目の説明】

　５時間目に土器川流域の人口や施設の分布の特徴を、６時間目に実際に想定されている氾濫域と浸水深の特徴を認識した生徒の振り返りからは大きく二つの考えが生まれていた。

（上流を整備すべき）	（上流を整備すべきではない）
・下流に比べて上流の方が氾濫する確率がはるかに高いと想定されている。 ・上流で氾濫することで、被害が広域に広がっている。	・上流に比べて下流に人口や施設が集中している。 ・浸水深は上流より下流の方が深刻である。

　そこで、この考えの差異を語り合う問いとして７時間目に設定した。

【手立て（イ）】

③ 実感・自己理解としての「語り」を促す教師の関わり

　一般的に学習活動は、子どもの知識・技能の習得、思考力・判断力・表現力等の育成など、知性的な側面が重視されるため、教師は、子どもたちに振り返りを書かせて、どのような概念が構成されたのかという知性的な見取りが重視される。しかし、これまでも本校では、「自己と世界との関係を『私』でとらえていくこと、主体的な自己が対象とかかわっていく中で自己を理解していく過程、自己の学びを自己の言葉で語り表現すること（本校研究紀要、2014）」を重視してきた。また、藤井（2023）は、「自分の情動は自分自身のものであり、それについては自分を主語にして自分の言葉でしか語れない。自分の情動を語ることにより、その問題が自分自身とどのようにつながるのか、すなわち自分にとっての価値が自覚される。」と知性的な側面だけでなく、情意的な側面を振り返ることの重要性を述べている。

　そこで、今期は以下のような視点を参考にして、子どもたちに毎時間や単元を終えた段階での自分の情意を自覚させ、その情意がどのような出来事や経験に由来しているのか、そしてどう変化してきたのかを時間軸を意識しながら語らせることで、実感・自己理解としての「語り」をつむぎやすくなるのではないかと考える。

重視している振り返りの視点

① 自分を主語として書かせる。

② 毎時間を終えた段階で、自分の情意を明確にさせ、そこから自分の行った活動についての反省的な分析と検討をさせ、考察をさせる。

③ 情意の起伏や変化を軸に、ストーリー性をもって叙述させる。

④ 学習前と学習後の時点での情意とその変化を明確にさせ、変化の理由を考察するとともに、自分の成長を自覚させる。

英語科での子どもの情意を表出させるために工夫した例を示す。

国語
社会
数学
理科
音楽
美術
保健体育
技術・家庭
外国語
学校保健
語り合いの時間 共創型探究

日付（曜日）	学習内容	今日の気持ち 伝えたい！度（0～100%）	理由	気付きや学び、疑問など
	ミランダさんに「丸亀城」を伝えるためには？	💗🤍🤍🤍🤍（90）%	知らない単語でも、自分が知っている単語へのおきかえが可能で楽しかったから。	単語のおきかえで、日本語の意味を知っていないと難しかった。画像や記憶から見所を考えるのが大変だった。
6/14（水）	を伝えるためには？	💗🤍🤍🤍🤍（100）%	ジョンに伝えるときに、単語とジェスチャーでも伝わることがあって楽しかったから。	今回はビデオなので、文法とかも大事だけど、ジェスチャーや強調する部分を作ることに気付いた。
7	ミランダさんに「丸亀」を決めていたけど、「周辺の観光スポット」に広がると、	💗💗🤍🤍🤍（50）%	前回は「丸亀城」を決めていたけど、「周辺の観光スポット」に広がると、団	丸亀城、ら、ま ～ 様のをつけた
（火）		💗🤍🤍🤍🤍（100）%	原こうの担当を決める中で、自分の好きなひびきの単語を見つけたから。	画像を張していたときに、私たちのスピーチに合うものは全て画質が悪くカメラを通したら見えないと感じ、資料なしで行くことにした。
7/12（水）	相手によりわかりやすく伝えるためには？	💗🤍🤍🤍🤍（100）%	実際にビデオをとった。原こうを読んでいるときとちがってん楽だったけど、ジェスチャーで多く伝わった気がする。	他のグループの発表を聞いていると、大分内容がうまかったなと思った。丸亀城の魅力について言いたいことはたくさんあったけど辞書を使えないと全然言葉がでてこなかった。

　私の気持ちが大きく動いたのは2回目の授業だった。みんなで、その単語を使わずにジョンに説明するという活動をした。1人1つずつヒントを出していく形で説明していったが、私はよくわからなかったのと失敗が怖かったので「パス」と答えた。しばらくパスが続いたあと、すごい出川イングリッシュの子がいた。私もいつも対面で話すとき単語とジェスチャーに頼っていたのに、何で日和ったのかなと思った。そこからグループ活動に戻って、私は「この単語使えそう」と言った案を出しはじめた。言ったら誰か拾ってくれるのに言わないなんてもったいない。そう思った。そこから私が思ったのは「意外と伝わるな～」だった。難しい単語はかんたんな、わかる単語におきかえる。単語がかんたんになると同時に、説明は少し遠まわりになってしまう。でもジョンが大半のものを理解してくれた。伝わることがわかると、どんどん伝えるのが楽しくなっていった。「話すこと」への捉え方はあまり変わらなかった気がする。元々、話すことは好きだったけど、原稿を作ってみんなの前で…となると少し苦手意識は出た。ビデオに残るのなら出川イングリッシュでは少し恥ずかしい…と変に考えてしまい、でもやっぱり対話する時間は楽しかったからプラマイ0みたいな感じがある。この単元を通して、結果的に大切なのは「気持ち」だと思う。もちろん、単語や文法の正確さも原こうをまちがえず読むことも大切ではあるけど、根本的に「伝えたい」の気持ちが足りていなかったら意味の無いことだと思う。なんで単語の連呼でジョンがわかったのか、ジョンは何で楽しそうに話していたか、あくまで「対話」なのにどこまでの正確さが必要なのか。なぜしゃべるのか。日本人なのだから、わからない英語があるのは恥ずかしいことでもない。そんな気持ちを常に頭のすみにおいておくと、対話が楽しかった。かといって、ジェスチャーに頼りすぎても伝わらないので、文法も単語もわからないものだらけの英語を少しずつ、学んでいけたらいいと思っている。

・本単元の中で、あなたの気持ちが大きく動いた/変わったのはいつですか？それはなぜですか？
・本単元を通して、「伝えたい！」という気持ちは高まりましたか？
・本単元を通して、英語を「話すこと」についての捉え方は変わりましたか？
・相手により分かりやすく伝えるためには、何が大切だと思いますか？

［吹き出し］
- 感情（喜怒哀楽驚）をハート図で示し、本時で最も強く表れた気持ちを1つ選択する。
- なぜその感情が強く出たのか、なぜ伝えたい気持ちが上がった・下がったのか、その理由を内省していく。
- 「伝えたい！」という気持ちの変化を視覚化するために、数値（0～100）を記入する。
- 単元の振り返り
- 振り返りシートをもとに、単元の中で、自分の気持ちが大きく動いた/変わったのはいつかという視点で語り直させる。

（2）「共創型探究学習ＣＡＮ・シャトル」の取り組み

共創型探究学習ＣＡＮ

① 熱中・没頭する学びの過程

ＣＡＮ[13]とは、「生徒自らが設定した課題を多様な他者と協力しながら探究することを通して、自己の成長や可能性を実感し、社会に柔軟に対応しながら学び続けるための資質・能力を育成する」ことを目的にした、本校の学びの集大成となる学習活動である。

下に示しているのは、ＣＡＮの大まかな流れである。生徒は、自ら追究したい身近な問題や疑問から探究課題を設定し、仮説を立て、自分たちの方法で探究していくことになる。生徒から生まれた課題や探究方法であるからこそ、そこには生徒のこだわりがあり、熱中・没頭する姿が見られる。このような探究の過程において、生徒はさまざまな困難や葛藤に出会うことになる。

13　ＣＡＮのＣ・Ａ・Ｎは、Cluster（クラスター）、Action Learning（アクション・ラーニング）、Narrative Approach（ナラティブ・アプローチ）の頭文字をとったもの。Cluster とは異学年の小集団、Action Learning とは、小グループで現実の問題に取り組む中で、行動を起こし、内省することで学習していくプロセス、Narrative Approach とは、ナラティブ（語り、物語）という概念を手がかりにしてなんらかの現象に迫る方法のこと。

> 探究課題が定まらない。これで探究できるのか…

> １年生にどんな役割をふればいいだろう…

> 仮説が正しければＡになるはずなのにＢになる…

> 変数を変えてデータをとりたいけど、もう残された時間が少ない。

【令和５年度　活動時期と概要】

時期	12月・冬休み・1月			2・3月		4・5・6月			7・8・9月		10・11月	
活動	シャトル共通講座	1人CAN	編成1	シャトル選択講座	テーマ深化	編成2	CANの日Ⅰ	中間発表	探究活動	CANの日Ⅱ	シャトル選択講座	まとめ発表会
内容	探究の種を探し、個人で探究テーマを設定する。			意見を出し合って探究テーマを深化させる。		探究の方向性・方法等について専門家からアドバイスをもらったり、予備調査を行ったりする。			調べた方法で調査や実験など探究活動に取り組む。CANの日を活用し、外部の専門家から意見をもらう。		探究成果をまとめ、発表を行う。探究の成果を最終論文集にまとめる。	

> やりたいテーマは見つかっているけれど、仮説が設定できない。

> 実験を始めたが、データは正確にとれているのか？

> どうまとめていけば、探究してきたことが伝わるだろうか。

探究の主体が生徒であるからといって、その学習が生徒の中に価値づくとは限らない。上に示した困難や葛藤する場面で、生徒は上手く対処できず、次のような姿になる場合も多く見られる。

・やりたいことは見えていても、具現化ができず断念する

・探究への意欲を1年間維持できず、探究が深まらない

・探究の方向性を見失い、行き詰まってしまう

・探究は進んでいても、一人よがりなものになっていて伝わらない

　上手くいかないことも含めてCANの学習であるため、失敗させないように、見栄えのする探究になるように教師が先回りするようなことはしない。しかし、困難・葛藤に出会ったときには、生徒たちがそれを乗り越えられるように教師が伴走者として関わらなければ、学習が価値づくかどうか以前に、途中で息切れすることになる。

● 生徒が困難・葛藤を乗り越えるための手立てや関わり

探究課題設定期

ア　探究の種シートとAL会議

　冬休みにはテーマ分類表を用いて、3つの視点 14 に対し、1つずつ課題を設定させる。（各視点につき、異なる分類番号からテーマを設定）その後、生徒は「探究の種シート」を使って、自分が設定した課題のどこに問題があるのか、探究のゴールは何か、どのように探究を進めていくかなどを記入していく。このようにして、自分が何に問題意識をもち、何を探究したいのかを明確にすることができる。

　2月には、「探究の種シート」に対してお互いに質問し合うAL会議（アクションラーニング会議） 15 を設けている。質問を受けることで、自分は本当は何に困っているのか、何を探究したいのかの根源を探ることにつながる。また、定義を明確化したり、どのように数値化していくかを検討したりと、他者からの視点が加わることで、より探究内容が具体化されてくる。2月の同学年によるAL会議の期間を終えて、探究テーマが固まったあと、クラスター編成を行う。

14　3つの視点
　　①素朴な疑問から発想
　　②身近な問題から発想
　　③特技や好きなことから発想

【探究の種シート】

15　AL会議（アクションラーニング会議）探究に行き詰まったとき、教師が解決策を示すのではなく、互いに質問し合うなかで、本当の問題は何なのか、どうすれば解決に向かうのかを見つけ出す。

イ　探究深化シートを活用した教師の関わり

探究深化シートは、探究の道筋を視覚化したものである。生徒は、この探究深化シートを埋めていくことで、自分の探究は何をめざしているのか、そのためにどのような問いがあるのか、その問いに対する自分なりの答えは何なのか（仮説）を明確にすることができ、その仮説を立証するために、どのようなデータをとればいいのかという見通しまで持てる。この探究深化シートを生徒が作成していく中で、教師がどのように関わっていくかの指針を設定したものが下図のSTEP1～STEP5である。教師とのAL会議でも、教師が解決策を示すのではなく、問うことに重点を置いて関わる。

16　「○○をつくる」ことを「ゴール」としているクラスターにとって、問いを「なぜ」や「どうして」から書き始めるのは難しいという問題点もあり、CAN2023では「なぜ」しばりをなくし、CAN2024では「なぜ」あるいは「どうすれば」という問いの型を示している。

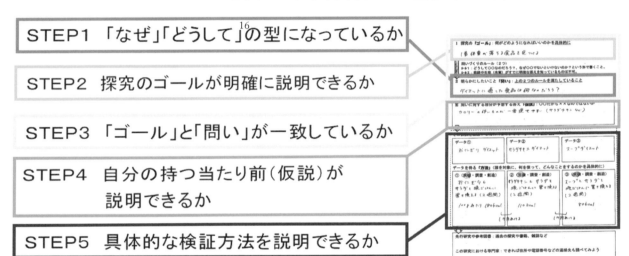

STEP1　「なぜ」「どうして」[16]の型になっているか

STEP2　探究のゴールが明確に説明できるか

STEP3　「ゴール」と「問い」が一致しているか

STEP4　自分の持つ当たり前（仮説）が説明できるか

STEP5　具体的な検証方法を説明できるか

探究課題深化・追究期

ア　各クラスターの進捗状況を把握・共有

3月の研修では、各部屋の担当教師が受け持っているクラスターの探究深化シートをA～Cで評価してもらい、今後の関わり方を悩んでいるクラスターについてアドバイスを行う場を設けた。このような取り組みを積み重ねていくことで、4月からの追究期に向けて、見通しをもつことができるようにする。

A：問い・仮説ができており、探究のスタートができる
B：問い・仮説はできているが、探究の見通しが立っていない
C：問い、仮説の検討必要

クラスター番号	A・B・C評価	特記事項
70	B	相手の保護は定まっているが、"自分の保護"がきちんと決まっていない。
71	A	様々の大きさや、体のどこに風船をつけるか、など細かいところも決まってきている。
72	B？C？	調べ学習になりがち…。"的な形にできる"ことができ難しい。
73	A	バッチリ実験できそう。ただ、測定の精度は学校ではかれるか？
74	B？C？	＿クラスター　未提出「マスクの悩みを全て解消するマスクグッズを作る」→一応。ゴールが ok？もうすぐ探究できそう
75	A	

イ　多様な他者とつながるための外部連携

　外部とつながることは、探究活動を校内で閉じられたものにするのではなく、他者の目から評価してもらうことで新たな気づきを促し、探究をより深めたり、社会とつながることで、自分たちがやってきたことや成果について意味づけや価値づけを行ったりすることにつながる。そこで、専門家の方や高校生、大学生などとつながり、評価を受ける場面を設定した。

　ＣＡＮの日 [17] を利用して専門家を訪問し、探究方法について助言をもらうことは以前から行ってきた。また、コロナ禍により直接訪問することが難しい中で、オンライン会議によってＣＡＮの日以外でも専門家とつながって、探究を進めようとする生徒の姿が見られるようになったことは良い傾向であると感じている。

　また、香川県立坂出高等学校の教育創造コースの生徒や香川大学教育学部の実習生などとの連携も継続しており、ＣＡＮの活動や発表会に参加してもらっている。特に、香川県立坂出高等学校の教育創造コースの生徒との連携においては、予め中学生と関わる視点を与え、探究活動や発表に対して質問することを重視して関わってもらうことにしている。

17　ＣＡＮの日を活用して以下のような活動を行っている。
・専門家を訪問し自分たちの仮説や方法について助言をもらう。
・再度訪問し自分たちのデータから導かれる結論に飛躍がないか、本当にそれで証明できたといっていいのかなどについて評価、助言をもらう。

探究課題まとめ期

　発表に向けて、結果の整理や考察を行うスキルや、発表を聞いて質問するスキルを、共想型探究学習シャトルの選択・共通講座の中で身に付け、ＣＡＮに生かしていく。（詳しくは、シャトルの頁にて）

国語
社会
数学
理科
音楽
美術
保健体育
技術・家庭
外国語
学校保健
共創型探究語り合いの時間

② 実感・自己理解としての「語り」を促す教師の関わり

CANでは、経験が違う異学年集団に属して活動することで、経験豊富な者から様々なことを自ら学び取り、「見習い→弟子→師匠」のように成長していくことをねらっている。

生徒が自己の成長や変容を実感するためには、自己の活動を内省し、自らをメタ認知して、どのように成長しているかを把握する必要がある。そのために活用しているのがCANLOG（探究日記）であり、3年間の探究の足跡がこの1冊に記されていく。新1年生には、右図のようなスライドでCANLOGの活用法をガイダンスしている。

CANLOGには、実験方法や記録データだけではなく、毎時間の活動で感じたことや考えたことなどを振り返りとして記述させている。その際には、右のような視点を踏まえて記述するように伝えている。

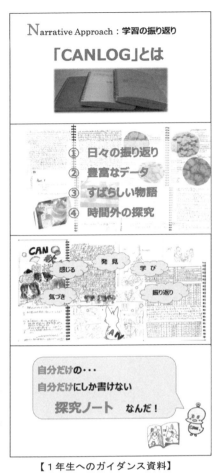

【1年生へのガイダンス資料】

また、1年間のCANが終わる11月にはCAN物語を作成する。これは「ナラティヴ・アプローチ」の理論を取り入れた手法であり、自分の活動を時系列で語っていくことで自己の変容が見えてくる。これらを通して、探究過程における自己を内省し、自らをメタ認知することで、自らの成長や可能性を実感することが、ひいては自己理解につながってくると考えている。CANにおける成長は数値で表わすことは難しい。だからこそ、自分の学びを生徒が実感でき、その子の学びを教師が見取るためにも、CANLOGは重要な記録となる。

振り返りの視点
① 何を**目的（目標）**として
② **何をした**のか
③ **何が分かったか・分からなかった**のか（何ができたか・難しかったか）
④ この時間の**感想（今の自分の気持ち）**
⑤ **次の時間何をするのか**

● CANLOGから見えてくる生徒の姿

1年間のCANを通して、生徒はどのような場面で困難や葛藤、喜

び、達成感が生まれ、学びに向かっていくのかを分析する。今回分析

対象とした３年生（ＣＡＮ１の時点では２年生）のＣＡＮＬＯＧを以

下に紹介する。

> 探究テーマ「なぜ傘を差していても荷物が濡れてしまうのか」
> 細線：ＣＡＮを通して育成されている資質・能力　太線：困難や葛藤、喜びなど情意が動いている部分

課題設定期（２月７日：ＣＡＮ１）

> 同学年によるＡＬ会議で、自分の探究テーマに対して多くの質問を受け、探究成果をどう数値化するのかが課題であることを実感している。

2/7(月)
今日はテーマの吟味！3年なのでしっかりと考えられてるといいな…。鋭い人もいて「そこなんてな！」となったり、他の子のとても良いテーマに「あ、それいいかも」となったり。どう数値化するかが大切なんだよなと強く感じた。より詳しく詰めて、時間を無駄にしないようにクラスターを引っ張っていきたい！とりあえず今日は3つのテーマから1つに絞れたので収穫のあった時間だったと思う。いろんなアイデアをくれた同級生に感謝。

課題設定期（２月10日：ＣＡＮ２・３）

> モデルでやる場合、材料の調達や実際の傘の形を再現できるのか、条件制御が可能なのかを悩んでいる。

2/10(木)
① 1年生に説明できる？～見通し編～　家で傘だけつくってみる？
・実験ってどのようにするの？
・(1)モデル(模型)を用いてやってみる → ・出所は？手間は？
　・雨傘 → ポリエステル・ビニル
　グラスファイバー なに？わりばしでは？
　傘ミニチュアつくる方法あるよね　・条件はどうすれば揃う？
　→いらん傘の布部分とかでいけそう？　・地面の跳ね返りはどんな？
　骨組みむずかしい、ミニチュア傘つくってる人に・人間と傘、水量をどうにか！
　コンタクトとかとれんかしら？わりばしでの
　デメある？　つまようじ？

> 実際にやってみる場合も、実験場所の問題や降水量、体格差などをどうするのか悩んでいる。

　(2)実地でやってみる　→　・実験の環境は？
　　　　　　　　　　　　　　・非常階段って使えるのかしら？

> １年生との初顔合わせで、探究の見通しを説明しなければいけないと思い、モデルを用いた場合と実際に傘でやってみる場合の２通りの探究方法を考えている。

・傘の大きさは　？
・バランスは？

・条件はどうすれば揃う？
・人によっての差異は？→1人に任せるのはよくないな

課題深化・追究期（4月18日：CAN16）

> 自分の探究テーマに興味を持って、多くの1年生がプレゼンを見に来たことに喜びを感じている。

1年へのプレゼンをした！隣クラスターの□がめっちゃ集客してたので、若干おこぼれにあずかったかな。しかし 5人以上の子が「53ってここですか」と来てくださったのでとても嬉しかった。時間を気にして早口になってしまった時、テンパってひどい言い間違いをした時もあったけれど、それらもこれからのプレゼンの糧にしていきたい。どこが彼女らを惹いたのかもわからないので、良い点も悪い点も客観視できるようにしたいな…。最後の方は落ちついて話せたので◎！

> プレゼンで失敗した部分を内省し、次に活かそうする姿が見られる。

課題深化・追究期（4月18日：CAN17・18）

> CANの日Ⅰの探究に向けて、何が必要か、また、場所をどう確保するか、誰が何を準備するかなど段取りをする力が身につこうとしている。

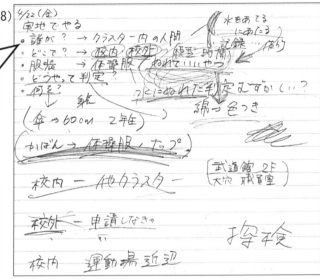

> 1年生が加入したことで、クラスターリーダーとして、責任ある行動をとるだけでなく、メンバーの力を引き出そうと心がけるようになる。

1年との初顔合わせ！□くん、2年ズより落ちつきがあって頼りにしてしまいそうだけど、先輩として "これからに役立つこと" を伝えられたらいいなと思う。
実験内容の詰め、やはりまだ不明瞭なところもあるので 28日（まで）にしっかり決められたらいいな。というか決めねば！
しっかりみんなをリードする・手綱を握ることも大切だけど、自分だけに負担をかけるのではなく、「全員が自分を生かせる」クラスターづくりを心がける。
まずCANの日Ⅰへ！　　　　　　　　　（後石）

課題深化・追究期（5月27日：CAN23～26　CANの日Ⅰ）

これらの結果から、今回は「傘を差す時に最も荷物が濡れにくいのは 抱えたとき」と結論づけたいと思う。他の持ち方同士を比較したときの優劣がわかりにくいので、それについての反省点をあげる。
①見通しの甘さ … 物品の不足、時間管理のミスなどが目立った。
②風への対策 … 今回の条件制御が上手くいかなかった原因。アイデアが出なかったというのもあるが、やはり見通しが甘かったのではないか？次回の実験に向け、もう一度クラスターで話し合う必要がある。
③クラスター内の協調性 … 空き時間の使い方をもっと考えなければならない。
④データの信頼度 … 実験回数が少なすぎること、目視で結果を記録したこと など、

課題深化・追究期（5月27日：CAN23〜26　CANの日Ⅰ）

データが正確性に欠けるといえる理由が多い。どうしてもバッグを乾かす時間が必要だったものの、もっと時間を効率的に使えたと思う。今後の課題。

今回はとにかく「見通しの甘さ」に振り回されてしまった。このCANについて自分が気付いていた欠陥が表に出てきたといったところで、後輩にも多大な迷惑をかけたと思う。自分の性質として「ワンマンで動きがち」というのがあり、昨年度から指摘されてきた部分がまた悪化した？これらの課題・欠点を解決するために、「仲間の長所を生かす」「仲間と話し合う」の2点に気を付けるようにする。

次回のCANの日Ⅱでは、①荷物の持ち方　②傘の差し方について2:8の時間配分で実験を行いたい。傘の差し方については実験内容が多く、今回以上にタイムマネージメントが重要になるため、実験のやり方や道具に工夫を加えながら有意義な時間にしたい。

> 「見通しの甘さ」「条件制御」「データの正確性」など多くの困難に出会っている。その中で以前から挙げていた自己の課題「ワンマンで動きがち」という面にも向き合わざるえなくなった。

> CANの日Ⅰで上がった課題に対して、自分なりにタイムマネジメントの方法を考え、CANの日Ⅱに向けて、もう1度前に進もうとしている。

課題深化・追究期（7月1日：CAN33〜37　CANの日Ⅱ）

4. 考察・データの分析

先立って、この実験の問題点を挙げたい。感想も含まれるが、次回修正するためにここに。

① 熱中症予防対策が不十分だったこと

　午前は私が、午後は2年生が体調を崩したため実験が満足に行えなかった。見通しが立っていなかったことが原因 → もっと余裕を持って計画を立てる

② 実験回数の不足

　①に同じ。

> CANの日Ⅰと同様に、「熱中症」「実験回数」「条件制御」など多くの困難に向き合うこととなった。

③ 条件制御が不十分だったこと

　角度や方向、ブルーシートなどが完全には一定でなかった。また、個人の癖の可能性について検討していない。

＜一番よい傘の差し方について＞

今回の実験からは「雨が降ってくる方向に10〜15°くらい（少し）傾ける」だと考える。今回は水は直下に落ちるように想定しているので、角度に関しては実地だと異なるようになると思われる。他の持ち方については以下

・③④は持ち手の重みで①②と角度が異なっていた。よって③④/⑤⑥の結果は似たものになっている？　角度を前傾に保つのは大変なので、持ち手の曲がった部分の向きを変えることが有効なよう。

・利き手がよいかどうかは、データ数が少ないこともあり不明。

> 実験結果に対して、批判的に分析したり、この結果からどこまでが明らかになって、どこからは明らかになっていないかを分析し、要因を考察することができている。

振り返り：CANの日Ⅲの予定を立てた。やりたいことがけっこう多く大変ではあるものの、不可能な計画ではないので、クラスターで協力したい。夏休み期間中はあまり活動をしていなかったので、CANの日Ⅲの時間を大切に使うことが必要！後輩のようすにも気を配りながら、臨機応変に実験に取り組む。　自クラスターがSDGsのテーマと結びついているか、とても難しいけれど、そもそもの出発点が「持っているものだけで荷物を濡らさないようにしたい」だったので、かろうじて…？

> CANの日Ⅲは最後の探究活動になるため、意欲が高まっている。これまでの反省点も改善しようと意気込んでいる。

2. 活動方法・内容
実験方法はCANの日Ⅰ・Ⅱと統一。クラスターメンバーの体調不良を避けるため、役割を交替制とした。
＜CANの日Ⅲで行った実験＞…「傘の差し方」×「荷物の種類」で表記
○[持ち手 外向き・地面と垂直(0°)・左/右手]×[トート/ラケット]　　　4通り
○[持ち手　〃　・前に約15°・左/右手]×[トート/ラケット]　　　4通り
これら8種類に再実験2回を加えた計10回の実験を行った。
・トートの持ち方は「手で握り肘を曲げる」に統一。「抱える」で行うと傘の差し方による違いが出ないため
・ラケットは紐の部分を肩にかけ、本体が背中側に来るよう持つ
バドミントンラケットはクラスターメンバーの私物を使用した。
＜実験結果の評価＞
CANの日Ⅱ探究レポート作成時にプリンターが壊れ、カラーコピーができなくなったこと、一日の実験の中で写真の撮り方が変わってしまう(=資料にはなるが比較しにくい)ことから、「荷物の濡れた部分の面積」の割合を点数で評価することとした。
・荷物の「上半分」「下半分」「体側」「外側」「持ち手」それぞれの濡れ方を確かめる(CANの日Ⅱでは上/下のみ)
・[面積が広い]×(0点)→ △(1点)→ ○(2点)→ ◎(3点)[狭い]の4段階で評価する
○最大3点×5項目の満点15点で、それぞれの実験結果を比較する(CANの日Ⅱでは満点6点)
今回の導入に際し、CANの日Ⅰ・Ⅱの写真をもとにすべての実験結果を得点化した。

> これまでの探究活動であがっていた困難や課題に向き合い、「役割の交代制」「実験回数の増加」「実験結果の得点化」など、柔軟に対応していく姿が見られる。

(5) 解決できなかった課題
・実験方法の改善　　　・風や移動によってどれほど濡れやすくなるか(傘の差し方)
・利き手かそうでないかによって変化はあるか(傘の差し方)
・新しく考えた傘の差し方の検証(傘の差し方)
→CANの日Ⅲの実験を振り返っている時、個人的に思いついたアイデアが以下

イメージ図：□作(ネット上での検索ワードがなかったため)
従来の傘の持ち方では、傘の半分のスペースを無駄にしているため、左図のような傘の持ち方をするべきなのではないかと考えた。
このやり方は実験もしていない「アイデア」の段階だが、「荷物を濡らさない」という目的には沿いうるものだと思う。

> 最後まで解決できなかった課題も多く残ったが、新たな問いやアイデアが生まれており、新たな学びに向かおうとする姿が見られる。

国語
社会
数学
理科
音楽
美術
保健体育
技術・家庭
外国語
学校保健
共創型探究
語り合いの時間

5. 後輩の姿から

3人の後輩に共通する性質のひとつに「周りを見て動ける」というよさがあると思う。2年生の2人は他クラスターのボールが私たちに近付いていることに早く気付き、1年生は準備・片付の不備に気付いて動いてくれた。他にも、脚立やブルーシートの片付にメンバーが困っていたらすぐに駆け寄るなど、他の人への気づかいや目の前の状況に対する集中力がよく備わった3人だと思う。彼らの姿を見て私は「もっとクラスターの中心としての役割を果たせるようになりたい」と感じた。もちろん「周りを見る力」も私の課題ではあるが、それよりも「3年生である私にしかできないこと」のスキルを伸ばすことが後輩たちの能力を生かすことに繋がる。これからのCANでの活動や学級での生活などにおいて「自分が求められている役割」をいつでも果たせるように、自分の長所を伸ばし死角を減らす努力を日頃から重ねたい。集団の中の一人としての能力も大切。

6. 振り返りと今後に向けての見通し

実験の進み方やメンバーの積極性はクラスター史上最高だった。メンバーがこの半年近くで大きく成長していることを実感するが、自分も成長しなければならないと焦ってしまいもする。発表に向けては1年生のしたことのない作業が多いため、クラスター全体で支えあいながら今年のCANを有意義なものにしたい。今年のCANで学んだ「メンバーの足りない部分を補いあう」ことの大切さを、最後まで追求していくことが目標。

　この生徒の振り返りを見ると、どのように実験結果を数値化するのか、どのように実験の条件制御を行うのかに向き合い続けた1年間だったことがわかる。実験方法の大幅な改善は、最後まで達成することはできなかったが、「条件制御」や「データ量とその信頼度」を重視する姿勢は身についていったと言える。また、クラスターリーダーとして必要な「見通しを持って段取りする力」や「責任ある行動をとる力」は課題設定期からある程度備わっていたが、CANの日Ⅰでタイムマネジメントが上手くいかなかったことなど、大きな失敗や困難にぶつかったことで、「協力し合うコミュニケーション力」や「人の力を効果的に引き出す力」など探究活動が独りよがりにならないように自己を変革しようとする姿が強まっていることもわかる。

表5 【探究活動で必要とされる探究スキル】

CANでの 探究活動	必要とされる 探究スキル
探究テーマの設定	発想力 困りの発見 仮説を立てる
探究テーマの深化 クラスターの決定	コミュニケーション 企画・運営
探究活動 CANの日	アンケート 電話・メールマナー 分析・考察
発表・外部発信 振り返り	グラフの作成 動画編集 プレゼンテーション 質問する力

表6 【シャトル2021開設講座一覧】

	講座名
前期 （1月）	① 発想法
	②困りを発見する力
	③電話・メールマナー
	④アンケート
	⑤ロジカルシンキング
	⑥仮説を立てる力
	⑦コミュニケーション力
	⑧プロジェクトマネジメント
後期 （6月）	⑨質問力
	⑩分析・考察の仕方
	⑪キャッチコピー
	⑫プレゼンテーション1
	⑬プレゼンテーション2
	⑭視覚化
	⑮グラフの見せ方
	⑯動画編集

共創型探究学習シャトル

　共創型探究学習シャトルの目的は、ＣＡＮの探究活動における問題解決に向けた技能を習得させることにある。生徒は、自分の探究活動に必要なスキルを吟味し、開設された講座の中から今後の探究に生かすことができる講座を自ら選択する。講座の受講は異学年合同で行う。ＣＡＮのクラスター単位とは違った異学年どうしで交流させることで、より学びが深まり、スキルの習得につながる。

　シャトル2020まで、「実験」「創造」「調査」の3つの分野に分かれた一般講座と、16講座から選択できる特別講座を実施していた。しかし、講座内容が生徒の実態に合っているのか、ＣＡＮの探究で活用されているのかといった課題が挙がったため、ＣＡＮの探究活動を行う上で今の生徒に必要な力は何かを検討し、シャトル2021より一般講座を廃止、特別講座の内容を見直し、前期、後期の2期に分けて実施した。生徒が必要としているスキル、足りないスキルをさらに分析し、それぞれの探究時期に必要となる基礎的な力を抽出し（表5）、これらの習得をめざして「質問力」をはじめ、「困りを発見する力」「仮説を立てる力」等の16講座を開設した。（表6）また、前期は探究テーマの設定や探究活動に必要なスキル、後期は探究結果の分析やまとめ、発表に必要なスキルを設定した。実施する時期も、ＣＡＮでの探究テーマを設定する前の1月に前期講座を4時間（2時間×2回）、探究活動の途中の6月に後期講座4時間（2時間×2回）の計8時間実施した。その結果、前期、後期ともに講座で新たなスキルを学んだことに対する生徒の満足感は高か

った。一方で、前期講座は、探究テーマの設定前で探究内容が決まっていないため、CANで活かしたいと考えて受講しても活用する場面がないという課題があがった。また、全員に身に付けてほしいスキルの講座であっても、一部の生徒しか受講できないという課題も見られた。そこで、シャトル2022では、生徒が必要としている力、足りない力をさらに分析し、講座の受講時期や選択方法を改善し、全員に必要なスキルに関しては、全学年共通講座として一斉受講を行うことにした。

シャトル2022

表7は、シャトル2022で開設した講座である。講座内容と全体の枠組みの見直しを図り、前期は選択講座8講座(探究を進めるためのスキルを獲得する)、後期は共通講座「質問力」と、選択講座8講座(探究をまとめるスキルを獲得する)を実施した。生徒は、前期、後期でそれぞれ1講座ずつ選択して受講する形をとった。

CAN2021の事後アンケートから、CANの発表会で多くの質問を受けることで、自分たちの探究について新たな視点が見つかるなどの有用性を実感していたことから、10月に、生徒全員で受講する、共通講座「質問力」を開設した。CANクラスターをもとに教室編成し、1年生から3年生まで各教室で質問する力の育成を図った。この講座後のプレ発表会や発表会本番では、以前より生徒からの質問が増えたという実感もあり、一定の効果があったと言える。選択講座においても、生徒の満足感が高く、CANのためのスキルを学ぶために、講座は有用であった。また、1人1台タブレットが

表7 【シャトル2022 開設講座一覧】

	講座名
前期（2月）	① 発想法
	②困りを発見する力
	③電話・メールマナー
	④アンケート
	⑤ロジカルシンキング
	⑥仮説を立てる力
	⑦コミュニケーション力
	⑧プロジェクトマネジメント
共通講座「質問力」（10月）	
後期（10月）	⑨分析・考察の仕方
	⑩キャッチコピー
	⑪プレゼンテーション1
	⑫プレゼンテーション2
	⑬視覚化
	⑭グラフの見せ方1
	⑮グラフの見せ方2
	⑯動画編集

導入され、探究やまとめにタブレットを用いる生徒が多くなっていることから、基礎的なタブレットの使い方やアプリケーションソフトの使い方の講座を設けたことで、ＣＡＮとのつながりを実感できたと考える。

時期	冬休み・1・2月		3月	4・5・6月				7・8・9月			10・11月
活動	シャトル選択講座	1人CAN	編成1	編成2	CANの日Ⅰ	中間発表	シャトル選択講座	CANの日Ⅱ	探究活動	CANの日Ⅲ	まとめ発表会
内容	探究の種を探し、個人で探究テーマを設定する。		意見を出し合って探究テーマを深化させる。	探究の方向性・方法等について専門家からアドバイスをもらったり、予備調査を行ったりする。				調べた方法で調査や実験など探究活動に取り組む。CANの日を活用し、外部の専門家から意見をもらう。			探究成果をまとめ、発表を行う。探究の成果を最終論文集にまとめる。

図8【ＣＡＮの活動概要とシャトル2021受講時期】

時期	冬休み・1・2月		3月	4・5・6月			7・8・9月			10・11月	
活動	シャトル選択講座	1人CAN	編成1	編成2	CANの日Ⅰ	中間発表	CANの日Ⅱ	探究活動	CANの日Ⅲ	シャトル選択・共通講座	まとめ発表会
内容	探究の種を探し、個人で探究テーマを設定する。		意見を出し合って探究テーマを深化させる。	探究の方向性・方法等について専門家からアドバイスをもらったり、予備調査を行ったりする。			調べた方法で調査や実験など探究活動に取り組む。CANの日を活用し、外部の専門家から意見をもらう。			探究成果をまとめ、発表を行う。探究の成果を最終論文集にまとめる。	

図9【ＣＡＮの活動概要とシャトル2022受講時期】

シャトル2023

シャトル2022を踏まえ、生徒が「自ら問いをもつ」ことで探究テーマを設定してほしいというねがいから、1・2年生全員を対象に、生活の中にある課題や困りそのものを発見するスキルを習得する、共通講座「課題発見力」を開設した。また、後期選択講座では、結果・分析・考察等の「探究のまとめ」に特化した講座と「発表会でのスキル」に特化した講座をそれぞれ1つずつ受講できるように枠組みの見直しを図った。（**表10**・**図11**）

次の**表12**は、シャトル2023で開設した講座である。

表10【探究のまとめ期に必要な探究スキル】

必要とされる探究スキル	講座名
探究のまとめに必要なスキル	動画編集 分析・考察の仕方 タブレットの使い方 グラフの見せ方
発表会でのスキル	視覚化 質問力 発表方法 プレゼンテーション

時期	12月・冬休み・1月			2・3月		4・5・6月			7・8・9月		10・11月	
活動	シャトル共通講座	1人CAN	編成1	シャトル選択講座	テーマ深化	編成2	CANの日Ⅰ	中間発表	探究活動	CANの日Ⅱ	シャトル選択講座	まとめ発表会
内容	探究の種を探し、個人で探究テーマを設定する。			意見を出し合って探究テーマを深化させる。		探究の方向性・方法等について専門家からアドバイスをもらったり、予備調査を行ったりする。			調べた方法で調査や実験など探究活動に取り組む。CANの日を活用し、外部の専門家から意見をもらう。		探究成果をまとめ、発表を行う。探究の成果を最終論文集にまとめる。	

図11【ＣＡＮの活動概要とシャトル2023受講時期】

表12【シャトル2023開設講座一覧】

時期	２０２３講座	内容	生徒
2022 12月	（新設）課題発見力	自分で課題を考える力	1・2年生全員
２０２３年２月 選択７講座	①対人マナー	専門家とのかかわり方	35人まで 学年制限なし （⑥は24人）
	②アンケート	質問項目の立て方	
	③思考ツール	考える「方法」	
	④仮説の立て方	仮説を立てる力	
	⑤コミュニケーション力	コミュニケーションスキルの習得	
	⑥プロジェクトマネジメント	計画力段取りカリーダーシップ力	
	⑦タブレット活用法	探究時のタブレットの活用方法	
10月 ⑧～⑪で1つ、⑫～⑮で1つ 8講座から2つ	⑧動画編集	動画編集の仕方	45人まで ※CANのクラスターメンバーで受講する講座を考える
	⑨分析・考察の仕方	自分の探究の分析・考察方法	
	⑩タブレットの使い方	基本的なパソコンスキルなど	
	⑪グラフの見せ方（基本）	エクセルの使い方、グラフ作成	
	⑫視覚化	パネル、ボードのまとめ方	
	⑬質問力	即座に質問する力	
	⑭（仮）発表方法	プレゼンでの話し方	
	⑮プレゼンテーション	プレゼン資料の作成方法	

シャトル2023の成果と今後の課題

（1）前期講座について

　共通講座「課題発見力」では、ＣＡＮの探究テーマを考えるために、全体で基本事項の確認ができたが、生徒がよりスキルを身に付けたり考えたりする時間を確保するために、実施方法や内容について今後検討していく必要がある。選択講座では、「この講座で学ん

だ探究スキルは総合学習 CAN のあなたの探究に生かせそうですか」

の問いに対し、どの講座も約 9 割の生徒が肯定的な回答をしている。

（図 13）

探究課題決定後に、探究で使うと思われる講座を受講できたこと

で、生徒にとってより必要感のあるものであったと考えられる。

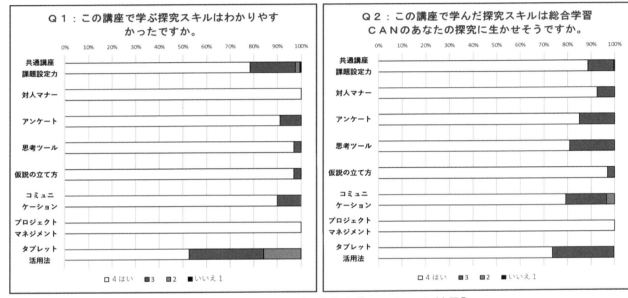

図 13【シャトル 2023 前期選択講座生徒アンケート結果】

（2）後期講座について

シャトル講座後の生徒アンケートでは、「探究に生かせそうか」

の問いに対し、どの講座も 9 割以上が肯定的な回答であった。（**図**

14）シャトルの講座選択の際に、クラスターで相談し、探究に必要

な講座を分担して受講することができるため、生徒たちもより必要

感をもって学ぶことができていると考えられる。また、後期選択講

座で、「探究のまとめ」に特化した講座と「発表会でのスキル」に特

化した講座を、各 1 つずつ受講できたことも生徒の満足感につなが

ったと考える。一方で、もう少し早い段階でまとめや発表に関する

スキルを学びたいという意見や既に知っているスキルが多いという意見も見られた。

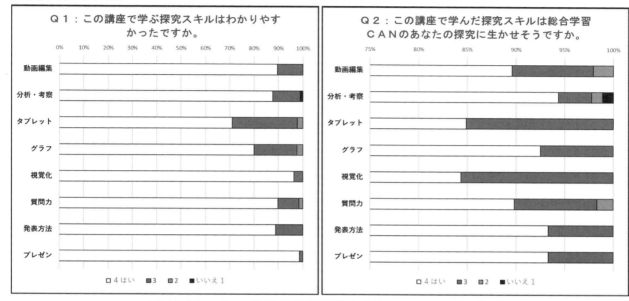

図14【シャトル2023後期選択講座生徒アンケート結果】

シャトル2024

　シャトル2023を踏まえ、生徒が新たなクラスターで探究を開始するにあたってより必要感があるもの、足りていないスキルについて受講できるように、共通講座として行うものや選択講座として行うものについて検討し、前期共通講座として「仮説の立て方」を開設した。また、生徒が必要としている時期に、必要としているスキルを受講できるように、受講時期や対象とする人の条件の設定などの見直しを図った。前期講座の「プロジェクトマネジメント」は、新しいCANがスタートする時期に、マネジメント力を身に付けたいという生徒が多いため、今期は、例年通りにクラスマッチをマネジメントする講座とお楽しみ会をマネジメントする講座の二つに分けて実施する。次の表15は、シャトル2024の開設講座一覧である。

表 15【シャトル 2024 開設講座一覧】

		講座名	講座内容
探究に必要なスキル		共通講座　仮説を立てる力	仮説を立てる力の育成
	前期選択講座	①対人マナー	外部の方とスムーズに連携するために基本的なマナーを学習する
		②アンケート	研究に必要なデータを収集するために実際にアンケート調査（質問紙作成など）を実施する→特に質問項目の立て方に重点を置く
		③思考ツール	ただ考えるのではなく、思考ツールを実際に使いながら、考える「方法」を身につける
		④タブレット活用法	探究時のタブレットの活用方法
		⑤コミュニケーション力	クラスターで探究が円滑に行われるコミュニケーションスキルの習得
		⑥プロジェクトマネジメントⅠ	仕事、メンバー、方法を工夫し、時間を効率的に使う方法
		⑥プロジェクトマネジメントⅡ	
		⑦課題設定力	自分で課題を立てる力の育成
探究のまとめ・発表のスキル	後期選択講座	⑧動画編集	GIGA スクール環境でのタブレットを使った動画編集
		⑨分析・考察の仕方	実験や調査から得られたデータの間に、関係があるのかないのか、相関関係を探る技能の習得
		⑩タブレットの使い方	タブレットのデータの保存方法。タブレットにあるアプリケーションの説明、使用方法等
		⑪グラフの見せ方（基本）	エクセルの使い方、グラフ作成の仕方
		⑫視覚化	パネル、ボードのまとめ方
		⑬質問力	即座に質問する力の育成
		⑭発表方法	分かりやすいプレゼンの方法や話し方について学習する
		⑮プレゼンテーション	プレゼンテーションソフトの効果的な使い方や技能の習得

（3）「語り合いの時間」および特別活動における取り組み

「語り合いの時間」における取り組み

① 問いを設定し、語り合うための取り組み

　生涯にわたって学び続ける生徒とはどのような姿かと思い描いた時、身の周りの様々なことに問いをもち、自問自答しながら、自己の在り方を常に問い続ける姿が思い浮かぶ。このような、自ら問い、考え、生涯学び続ける生徒を育てるために、本校では「語り合いの時間[18]」という授業を設定している。この授業は、「こども哲学[18]」における哲学対話の手法を参考にしており、答えのない問いに対し、参加者全員で問い、考え、語り、聞き合うことを通して、自らの考えを深めていく授業である。

18　1970年代にアメリカのマシュー・リップマンらによって開始された「子どものための哲学（Philosophy for Children ＝ P4C)」と呼ばれる教育実践プログラムである。

「語り合いの時間」の実践方法

1　ねらい

　答えのない問いに対して、自問自答しながら考え、語る生徒の育成

2　実施時期と実施回数

・1・2年生は前期1回・後期2回の計3回、3年生は前期・後期共に1回の計2回

・各クラス4つのグループで実施
（例：35名場合、9名・9名・9名・8名）

・教員が1名入って一緒に語り合いを行う

3　実施方法

① 哲学対話（40分）

・ルールと語り合うテーマを確認する

・お互いに、問い、考え、語り、聞き合うことを意識する

・発言はコミュニティーボール[19]を使用する

② 振り返り（10分）

・本時の取り組みや考えの変容を振り返り用紙に記入する

19　毛糸で作ったコミュニティーボールを使い、このボールを持っている人が自分の考えを語ることができる

　「語り合いの時間」では、「答えのない問いに対して、自問自答しながら考え、語る生徒の育成」をねらいとして、テーマの選び方と教師の関わり方に視点をあてて研究を進めてきた。実施回数は

20 「語り合いの時間」のルール
・相手が話している間は聴く
・発言権をもったまま黙った人が
いたら待つ
・意見がまとまらなかったり、途中
で変わったりしてもよい
・参加している人が傷つくような
ことは言わない

21 実際に「語り合いの時間」で実施し
たテーマは、次のようなものであっ
た。
・働かなくてはいけないのか？
・「ふつう」ってなに？
・人数が多い方が正しいのか？
・「無駄」な事ってある？
・「結果」と「課程」はどっちが大事？
・「自由」とは？

１・２年生は前期１回・後期２回の計３回、３年生は前期・後期共に１回の計２回で、学級ごとに四つのグループに分かれて、生徒８〜９名と教師１名の少人数で行っている。

「語り合いの時間」の進め方については、まず初めにルール[20]とテーマ[21]を参加者全員で確認し、その後、約40分間本時のテーマをもとに自由に語り合う。その際、教師は生徒の発言をつなげたり、深めたりするファシリテーターとしての役割を果たしながら一緒に語り合いに参加する。発言する際には、コミュニティーボールをもち、語り手と聴き手の立場を明確にすることで、一人ひとりが安心して語ることのできる環境を作るようにしている。最後に各自で振る時間を取り、本時の「語り合いの時間」の中で考えたことを振り返り用紙に記入し、自己の考えや気持ちの変容を振り返らせる。

令和５年度「語り合いの時間」の取り組み

令和５年度は、前年度までの実践を継続しつつ、生徒の「考えたい」や「語りたい」を生み出す手立てとして、次の二つのことに視点をあてて研究を進めた。

> ア　生徒が語りたくなるテーマの選択
> イ　生徒の語りを引き出す教師の関わり方

ア　生徒が語りたくなるテーマの選択

これまでの実践では、各学級の生徒の実態を踏まえ、学級担任を中心とした学年団の教師でテーマを検討、選択してきた。また、生徒自身が、ある程度自分の考えをもった状態で語り合いに臨むことができるよう、テーマは事前に生徒に伝えていた。しかし、教師か

ら与えられたテーマでは、生徒の「もっと考えたい」「もっと語り
たい（聞きたい）」という意欲は生まれにくいと感じ、教師が選ん
だ複数のテーマを図 16 のように生徒に選択させる場を設けるなど、
模索しながら実践を行うこととした。

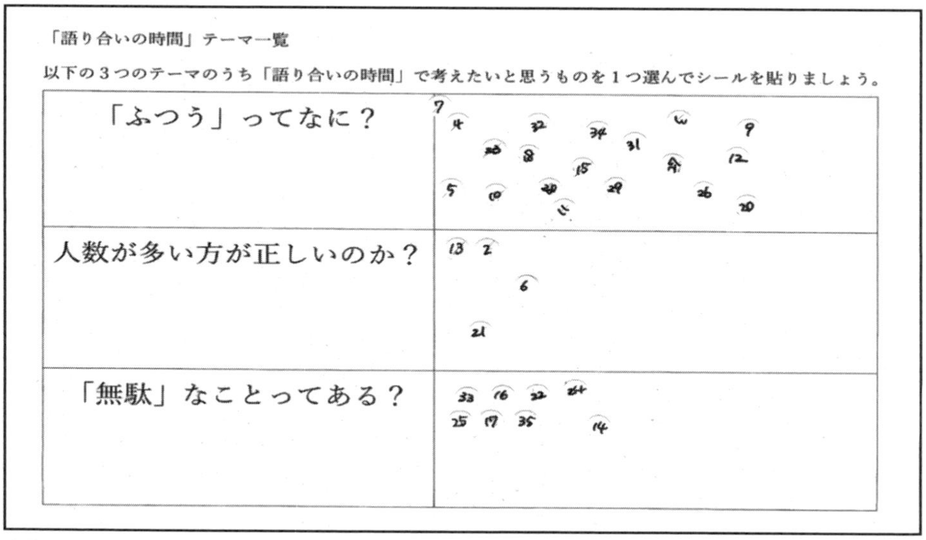

```
「語り合いの時間」テーマ一覧
以下の3つのテーマのうち「語り合いの時間」で考えたいと思うものを1つ選んでシールを貼りましょう。

┌────────────────────────┬──────────────────────────┐
│  「ふつう」ってなに？    │                          │
├────────────────────────┼──────────────────────────┤
│ 人数が多い方が正しいのか？ │                          │
├────────────────────────┼──────────────────────────┤
│ 「無駄」なことってある？  │                          │
├────────────────────────┴──────────────────────────┤
│                                                    │
└────────────────────────────────────────────────────┘
```

図 16

イ　生徒の語りを引き出す教師の関わり方

「語り合いの時間」の中で、教師がどのような関わりをしている
のかを、第 1 回目の「語り合いの時間」における発話の録音や、参
観した教師の記録をもとに分析したところ、図 17 のような特徴が
あることがわかった。

	教師 1	教師 2	教師 3	教師 4	教師 5	教師 6	教師 7	教師 8
司会進行	13	11	3	13	19	17	8	40
相槌	37	42	0	14	40	36	14	3
問い返し	11	24	0	7	31	41	13	18
問いの再設定	14	3	1	4	1	5	3	1

教師の発言回数

図 17

司会進行は、語り合いを円滑に進めたり、生徒がどの立場で語っているのかを明確にしたり、すべての生徒に語るチャンスを与えたりすることにつながる。また、相槌や問い返しは、生徒の語りを引き出したり、語りやすい雰囲気を作ったりすることにつながる。しかし、相槌や問い返しをするだけでは、生徒が自分の考えを深めていくには十分ではなく、教師が適切なタイミングで問いの再設定をしていくことが深い語り合いになるには重要である。そこで、教師が適切な場面で問いを再設定し、生徒に新たな問いを投げかけることができるよう、**図 18** のように、それぞれの教師が事前にテーマに関係するいくつかの問いを準備し、実践を行うこととした。

テーマ「無駄」なことってある？に関係する問い

・洗たくものを たたむのは 無駄 じゃない？
・このかたりあいの 時間って 無駄？ 意味ある？

テーマ「ふつう」ってなに？に関係する問い

・自分は ふつう？
・ふつうではないと 個性は 同じ？

図 18

特別活動における取り組み

ア　語り合い、探究する学びの過程

プロジェクトを中心とした生徒主体の学校行事の運営

【マスゲームプロジェクトの生徒が学年全体に隊形の指示を出している場面】

　本校では、学園運動会、送別芸能祭をはじめとするさまざまな学校行事が実施されている。その行事の多くは、生徒の立候補によって組織されたプロジェクト[22]のメンバーによって企画・運営されている。各プロジェクトの生徒たちは、「こうしたい」「よりよいものにしたい」といった思いをもって、自分たちで課題を見つけ、語り合い、改善していく。企画・運営における選択・決定のほとんどを生徒たちに委ね任せているため、生徒たちは**表 19** のような多くの困難や失敗に出会う。停滞する場面も生まれるが、教師はあくまでサポートする立場に徹し、助言することはあっても、最終的には自分たちで考え決定させていく。このような活動を通して、学校行事で学ぶことも生徒主体のものになっていく。

22　主なプロジェクトとして、
・マスゲーム（運動会ダンス）プロジェクト
・３年生プロジェクト
・送別芸能祭プロジェクト
・合唱プロジェクト
・学級旗プロジェクト
・「歩く日」（遠足）プロジェクト
・修学旅行プロジェクト
などがある。

表 19　マスゲームプロジェクトの主な活動と出会う困難や失敗の例

主な活動	出会う困難や失敗の例
曲決め・ダンス作成	・プロジェクトメンバー内での考えの不一致 ・学年全体で行うという視点が欠如したダンスの作成
全体指導	・計画通りに練習が進まない、本番までの時間不足 ・隊形における他の生徒からの不満の声

イ　実感・自己理解としての「語り」を促す教師の関わり

　学校教育の現場では、学校行事が実施された後に、子どもたちに振り返りを行わせることが多い。それは、学校行事を通して子どもたちが自分の取り組みを評価、反省し、自らの達成や成長を実感することをねらいとしている。しかし一方で、ほとんどが出来事の羅列で終わっていたり、出来事に対するただの感想で終わっていたりする振り返りも多い。

【プロジェクトを中心に修正点を語り合っている場面】

そこで、学校行事の学びも実感・自己理解につなげるために、次のような視点を与えて振り返りをさせている。

「（　学校行事　）から、私が学んだことは」の視点で、学校行事を振り返らせる。

その際、以下の点を意識して振り返る。
○　学校行事の前と後で自分が変わったこととその理由
○　今回の学校行事で、どんな出来事があったか。難しかったことや大変だったこと、上手くいったことや苦労の末に達成したことなど、自分の経験とその時に感じた自分の気持ち

私は最初、久しぶりの学園運動会をなつかしむと同時に、ダンスの方は去年みたいにうまくいくか少し不安がありました。しかし、今はみんなで成功させたという達成感があります。もちろん、マスプロのみんなの意見がわれてしまったり、ちゃんと全てのフリを教えられるかあせったりした時もありました。はじめての練習では授業も放課後も思った通りいかず、他にも二組だけですが遅れてしまったり、マスプロの中で共通理解ができていなかったところもあったりすごく大変でした。そのはじめての練習で失敗してしまってから、朝と昼は基本あつまってそれでも足りなければ空いた時間で話し合いました。進捗情況を確かめ、今教えるべき大事なところはどこか、観客たちに見せたいものにするにはどうすればいいか、誰が何をするか、しっかり計画を立てていても、その場その場に合わせて臨機応変に行動しなければいけない時はマスプロがぐだぐだになり、みんなを引っぱることができず、大切な時間を大幅にロスしてしまいました。そんな中でも、徐々にフリを覚えていくみんなのダンスが、マスゲームが少しずつ、本当に少しずつだけど、完成に近づいていっているところを見ていると、マスプロももっと上を目指して細かいところまでこだわり続けていくことができました。練習しはじめの頃はおどおどしていたのに、みんなもマスプロも2年団で協力して1つのものをつくりあげることができてとても嬉しくなりました。最後に権の前は、みんなで笑顔を身に付けて、私は今までのことを思い出しながら楽しく権を踊りきりました。
私は今年度の学園運動会で優先順位を考えて臨機応変に対応することの大切さを学びました。さらに、1年生のときとはちがう大変さを味わったし、1年生のときとはちがう達成感を味わうことができました。マスプロのみんなで悩んで考えて、協力して進めていって、私は最後には「最幸の宝物（ギフト）」をつくり上げることができたなと思いました。私は、この1,2年のマスプロで学んだことをもとにして、3年生では踊る私たちはもちろん、見てくれている人たちも一緒に感動の渦に巻きこめるような素晴らしいものにできるように頑張りたいです。これからもたくさんあるだろう集団行動で必要なことをしっかり蓄えて、私自身も今までより成長できたと思えた、笑顔あふれるこの令和5年度の運動会。すごく楽しかったです。

【学園運動会における生徒の語り】

しかし、視点を与えても、上のような「語り」が出るわけではない。学校行事などの特別活動においても、自分たちで困難や葛藤を乗り越えていくからこそ、自分にとっての意味や価値が語られ、自己理解にまでつながるのだと考えている。

（4）生徒の学びを見取る教師集団となるために

① 教師の「鑑識眼」の醸成

　そもそも教師の力量とは、「子どもを育てる力」であり、授業力は、「個々の子どもをどれだけ見取ることができたか」に直結している。長い単元、あるいは1時間の中での個々の子どもの変容を、発言や振り返りだけでなく、表情や行動、つぶやき等、授業の中で生起する事象から、その思考や背景までできる限り詳しく見取り、そこに含まれる可能性を多様な視点から見いだそうとする「鑑識眼[23]」を高めていくことが、教師として大切である。また、鑑識眼を高め合う教師集団であることが求められる。

② 鑑識眼を高め合う授業討議

　鑑識眼を高め合う教師集団を目指し、本校では、令和4年度より、研究授業後の授業討議のあり方について、次の観点から語り合うこととしている。

> 全ての参観者が、一人の生徒の姿で語る。
> ● 授業者のしかけに対して生徒の姿は？
> 例）・授業者のこの発言で生徒は〜になっていた。
> 　　・生徒はこの場面で〜な姿を見せていた。
> 　　・〜な姿を生徒が見せたのはなぜだろう？

　先に述べたように、教師の力量とは「子どもを育てる力」であり、子どもが育ったかどうかは、目の前の実際の子どもの姿を見取り、その姿を基に語るしかない。授業討議においては、「まず生徒ありき」を全教員で共通理解し、一人の生徒が見せた姿を出し合い、その背景について語り合うことを徹底する。参観する教師が、授業者の授業をよく見る責任を引き受けることは、生徒を見る目、学びを見る目を養うことになり、教師としての専門性も磨かれる。討議の場では、参加者それぞれの視点から、熱中・没頭するようになった瞬間の姿や、逆に停滞した姿から、生徒がそれを見せたのはなぜか、こ

23　「鑑識眼（Educational Connoisseurship）」とは、エリオット・アイスナーによって提唱された教育評価論の中で語られる教師の能力であり、子どもが見せる複雑で偶然性を潜めた活動の意味や価値を解釈し、臨機応変に適切な指導を行うために教師に不可欠な能力のことである。

　「鑑識眼」については、勝見健史「小学校教師の『鑑識眼』に関する一考察―熟達教師と若手教師の授業解釈の差異性に着目して―」『学校教育研究』26、2011、60-73頁、等に詳しい。

24 こうした本校の討議は、羅生門的アプローチの援用による。J.M.Atkinによって言及された羅生門的アプローチとは、教授活動によって学習者に何が引き起こされたかをできる限り多様な視点からできる限り詳しく叙述し、それによって一般目標がどこまで実現されたかを判断し、カリキュラム開発へフィードバックしていくもので、教師の即興的な働きかけや活動と、多様な視点からの「目標にとらわれない評価」を重視する。文部省「カリキュラム開発の課題：カリキュラム開発に関する国際セミナー報告書」大蔵省印刷局、1975

の生徒には、この学習までにどんな生活経験や文脈があったのか等、一人の生徒の多様な姿が語られる[24]。

「目標に準拠した評価」は大切であるが、目標の到達に囚われすぎると、目標への準拠は目標による拘束となり、授業の中に生ずる豊かな意味を掘り起こし、味わおうとする鑑識眼が失われてしまう。仮に、生徒たちが熱中・没頭した姿が見えたとして、その姿は、教師のはたらきかけによるものなのか、たまたま様々な要素がうまくかみ合ったからなのか、教師も子どもも思ってもみなかった事柄に触発されたからかなのか等、学びの姿がなぜ生まれたのかの要因や背景が討議の中で明らかになっていけば、子どもたちが主体的に学ぶ姿が、様々な場面で生まれていく。また、この視点をもつことは、新たなカリキュラム開発にもつながっていく。

討議を通した教師の振り返り（令和4年度末）では、「一人ひとりを焦点化した討議を聞く中で、停滞したり火が付いたり様々な生徒の姿が50分の中でもたくさんあることに気づかされた。そこから、より一人ひとりの声を聞きたい、考えを知りたいと思うようになった」「これまでの授業の中で、自分は、学びが深まる種をたくさん見逃しているのだろうと思った。逆に、生徒から発せられる気づきや考えをうまくひろえるようになると、可能性が広がると思った。一人

ひとりの学びの跡をしっかり見れる手立てを考えていきたいと思った」「やはり、授業中に生徒一人ひとりの発言や反応をこと細かに見取ることは難しい。他の先生方から詳細を聞くことで、新たな気づきがあり、自身の授業改善に活かせた」等、討議の中での他の教師の子どもの見取りを聞くことで、自身の鑑識眼の向上を自覚し、授業力向上につながる意識をもったことが伺えた[25]。

25　詳細については、「鑑識眼を高め合う学び合う教師集団」文部科学省『中等教育資料』令和5年7月号、学事出版、2023、46〜47頁、および、川田英之「中学校教師の授業力向上に関する考察—羅生門的アプローチによる討議を通した授業観の変容—」香川大学教育学部附属教育実践総合センター『香川大学教育実践総合研究 第47号』2023、11-22頁、を参照されたい。

教師アンケート「授業討議に臨む意識は前期研究授業と比べて変わったか」

＜変わった＞　１４人

・今まで授業参観で先生のかかわり、色々なグループの活動を見るために歩き回ることが多かったが、"個"を見る観点から、研究授業は一人の児童・生徒をじっくり見るようになった。討議も「その子がどうだったか」や「先生がこうしたが、その子は〜だった。自分なら…」と考えるようになり、先生の手立て中心から、子どものこと中心で質疑するようになったと思う。

・これまでは授業者の発問の仕方、題材の切り口など、授業者に焦点化して授業を見ていたが、一人の生徒の姿を追い続けようとするようになった。参観している際に、一切授業者の方を向かなくなった。

・子どもの1時間での変容を見取ろうと、一人にじっくり関われるようになったから。

・方法や授業の流れについてだけでなく、生徒に何がどう影響を与えたのかという視点で発言、考えながら参加するようになった。

・今までは教師の発言やしかけをみていましたが、今回は生徒の姿を意識して見ることができました。自分が授業するときには気づけないような生徒の発言やリアクションが見られてよかったです。

・子どもを中心に授業を見るようになった。

・研究授業を参観する際に、生徒全員の平均値でなく、個々の変容に目を向けるようになった。つまり、これまでは「全体の理解度はどれくらい（何人）だろう」や「分かっていない子どもは、どれくらい（何人）だろう」という視点だったが、「生徒Aは教師のしかけによって、何を感じ、どのように変容していくのだろう」という視点になった。

・他教科については、よく分からない部分があったり、単元の中でもその1時間しか見ていないのでもいまいちつかめないことが今までは多かったが、その時の子どもの姿に注目することはできる。また、専門的な知識がなくても、子どもの姿を伝えたり、そこから感じたことを伝えたりすることは自分にもできると思った。その視点で授業参観をすると、今までよりも自分にとっての気づきや学びも大きくなったと思う（生かせる）。

・以前は（公立の時も含めて）指導案を中心に授業を見たり質問したりしていたように感じる。討議の際も、主語は基本的に授業者。「先生がねらった通りだったか」「先生としてはこの発言はOKか」など。今では、授業参観の際に、一人の生徒の50分間のドラマを見ている感覚（例えとして適切かは分かりませんが）。その生徒はなぜ、この時目の色を変えて活動にのめりこんだのか。一方、なぜこの生徒は熱中できなかったのか。子どもを主語にした参観・討議のなかで、活動や問いの有効性について考えることができた。

・以前よりも、生徒一人一人の反応や変化を見ようとする意識が強くなった。討議に入る前に、「なぜこの子はこんな発言・反応をしたのか」を自分で考えるようになった。授業を見る視点が増えて嬉しい。

・今までよりも、生徒を見る、語りを聞くことへの意識が高まった。

・授業を漠然と見ていて盛り上がったらいい授業！というイメージだったが、生徒が一喜一憂するような姿がより意識的に見えるようになり、自分の授業の考えるヒントをもらえた。

・前期の研究授業では、過去の研究冊子や指導案ばかりを見ていました。考えていたのも、授業の流ればかりです。後期では、条件をそろえたり教具を選択する時に、生徒の反応や出そうな意見を考えるように変わりました。また、振り返りを以前よりもよく確認するようになりました。そのうち、他教科の先生方の視点が気になるように変化していったのを覚えています。

教師アンケート「授業討議を通して、自分の授業への考え方が変わる部分（授業観の変容）はあったか」

＜あった＞　１１人

●個や個の背景の見取り　4人

・一人一人を焦点化した討議を聞く中で、停滞したり火が付いたり様々な生徒の姿が50分の中でもたくさんあることに気づかされた。そこから、より一人一人の声を聞きたい、考えを知りたいと思うようになった。

・平均値的な視点では、自分の授業を分析する際にも、全体がぼやっとしていた。理由は、＋1と－1でも平均は0、＋10と－10でも平均は0、つまり個の様子が分からない。それが、個の変容についてピンポイントで分かったとき、自己の改善点が明確になった。（これは時に残酷であると感じた。なぜなら、この改善点は、容易に解決するものではなかったからである。）また、羅生門的アプローチを行うには、単に子どもの振り返りのみを観察するだけでなく、子どもの発話、表情、しぐさ、感情等も観察しなければいけないと感じた。

・今までは、授業全体の流れを重視していた（指導案通りにスムーズに流れるか等）。この1年を通して、生徒一人一人の関心や思考に寄り添うことの大切さを感じている。まだまだ不安もあるが、今は生徒たちがこだわるところなら立ち止まってみたいと思う。

・これまでいろんな子の反応を見ていたが、一人 or 一班の子をずーっと見るようになったから。

●個や個の背景の見取りからの授業づくりの視点　7人

・発問やしかけが生徒の思考に合ってなかった時と合っていた時の生徒のリアクションや意欲の違いがけっこう分かって、自分が授業するときも生徒のリアクションで「うまくいってない？」と分かるようになってきました。

・（前）学級全体の思考の把握→単元構成、授業展開を考える→学びが広く浅いものになってしまう。（後）抽出生徒の思考と題材の本質に迫る問いに絞って授業を組み立てる。

・教師のねがいやゴールがより具体的になったと思う。今までも授業づくりの中でねがいは考えていたが、後期研究授業を通して、子どもの姿をイメージしながら授業づくりに臨むことができたように感じる。（余談になりますが、「子どもの姿で語る」という話が夏頃集会で出ていたので、9月の実習で国語の実習生にもこの視点で授業を参観するよう伝えました。視点を与えなかったときの討議の話題の中心は"時間配分"。視点を与えた際の討議では、発問の仕方や活動の有効性が話題となり、実習生にとってもこの視点は効果的であると考えました。）

・各班で行われている対話の内容を聞き、生徒の声をつないで全体の学びにしていく意識ができるようになった。

・これまでの授業の中で、自分は、学びが深まる種をたくさん見逃しているのだろうと思った。逆に、生徒から発せられる気づきや考えをうまくひろえるようになると、可能性が広がると思った。一人一人の学びの跡をしっかり見れる手立てを考えていきたいと思った。

・生徒主体の授業を考えるようになった。そのために単元構成や授業の組み立て方などをより意識するようになった（大切さが分かった）。

・生徒の思考の過程に沿った指摘は大いに参考になりました。また、自分で意識していても喋りすぎているという指摘もあり、自分が言いたい言葉をどう生徒の口から発言させるかを今も考えています。

●その他　3人

・それぞれの教科の手法、流し方、しかけ、熱量など、参考になることがたくさんあったから。

・勉強になる、参考になる意見が多々あった。

＜なかった＞　2人

・自分の授業に対する考え方（授業観）自体は変わっていないと思う。

・生徒の姿や思考の見取り方は変わらない。自分の授業では一人の子だけをずーっと見るわけでなく、全員の子の様子を見ざるをえないから、生徒の様子は把握し切れていないと思う。

＜どちらともいえない＞　1人

・授業は子どもたちと一緒に作っていくという根本自体は変わらなかったが、先生方の意見を聞いて、良いと思ったことは取り入れようとした。

教師アンケート「授業討議を通して、自分の授業力の向上につながるところはあったか」

＜あった＞　14人

・他の先生方の発問の仕方や、生徒の新たな発見があり、それを自分の授業に生かすことができたから。

・学びに向かうようになった瞬間や、逆に停滞した姿を見せているのはなぜか、この生徒にはこれまでにどんな生活経験や文脈があったのかを考えることは、自分の授業作りにも役だった。

・授業作りをする視点の変容はあった。

・生徒をよく見ることの大切さを改めて感じました。生徒が発言しない、盛り上がっていないときは、何か原因があると考えるようになってきました。

・勉強になる、参考になる意見が多々あった。

・学級全体だけでなく、特に抽出生徒の思考に注目し、問いを立てる方法。

・授業討議の中でも、②の視点（個の見取りのこと－筆者注）でアドバイスをいただくことができ、自分のできていたこと、できていなかったことが、より明確になった。また、②の内容（個の見取りのこと－筆者注）から、「結果（振り返りに記述や試験の点数）」に重点を置くのではなく、「過程（どのように学んでいるのか）」を重視していかなければならないと感じた。

・先生方のお話から、今まで見えていなかったことが見えてきたり、新たな発見がたくさんあったりと見える世界が広がったので、授業を実践する前までの思考はレベルアップしたと思う。授業を進めるスキルはまだまだ十分身に付けられていないので、今後挑戦しながら伸ばしていきたい。

・今までも授業討議に参加して学ぶことはたくさんありましたが、どちらかというと方法（技？テクニック）。二項対立、ネームプレートを使うなど。後期研究授業では子どもの姿から授業を検討することで、「自分だったら」どう問うか、どのように活動を設定するか考えることができ、授業を自分ごととして見つめ直すことができたように思います。

・やはり、授業中に生徒一人一人の発言や反応をこと細かに見取ることは難しい。他の先生方から詳細を聞くことで、新たな気づきがあり、自身の授業改善に活かせた。

・生徒の細かな反応まで討議することで、しかけやファシリの重要性がよりわかったから。

・授業の時に生徒の様子を見ながらクラスによって少し流れ方を変えるようなことが少しは意識できるようになった。

・他教科だから関係ないではなく、自分の教科がよくなるために真似できるところをやってみたいと思った（感情を動かす工夫など）。

・自分の反省点は、公立でずっと当たり前にやっていたことで、それはただの教え込みと変わらないことだったと感じました。生徒が考える授業が附属で出来るようになりたいと感じています。

③　「語り合いの時間」と「共創型探究学習ＣＡＮ」での教師の関わり

　「語り合いの時間」と「共創型探究学習ＣＡＮ」では、教科学習のように教えるべき内容が明確にあるわけではなく、絶対的な正解があるわけではない。よって、「教師が生徒に教える」というスタンスでは、関わることができない。

26 令和5年度に、全教員の1時間の「語り合いの時間」を音声記録し、逐語録を分析した。教師の主なかかわりを、①司会進行、②相づち、③問い返し、④問いの再設定、⑤その他、で分類した結果、④問いの再設定が効果的に行えれば、語り合いが深まることを共有した。現在、どの場面で、どんな問いの再設定を行うかについて、共有しながら「語り合いの時間」を実施している。

27 探究の方法は教えられても、探究活動自体は教えることができない。現在は、課題設定シートや探究進化シート、AL会議などで、「教えず」してかかわる方法について共有しながら実施している。

「語り合いの時間」では、生徒たちが語り合う流れの中で、どのように関われば、語りやすい雰囲気が作れるのか、生徒が本音を語り出すのか、表面的な意見共有でなく、深い語り合いになるのか、を教師集団で共有していく[26]。

「共創型探究学習ＣＡＮ」では、全体で100近くのクラスターと、それぞれ異なるテーマがあり、探究している方向もスピードも異なる。探究がどんどん進むクラスターもあれば、行き詰まっているクラスターもある。「自分たちの探究したいことを自分たちで探究していく」ことが基本であるため、課題設定の場面、探究の場面、まとめの場面等で、生徒がより深い探究になるために教師がどう関わるかの判断はとても重要である[27]。

これらの関わりこそ、教師としての総合的な鑑識眼が問われることになる。教科や経験年数を超えた教師同士の学び合いは不可欠になり、積極的な意見交換と学び合いが行われている。

今後も、鑑識眼を高める学び合う教師集団として、目の前の生徒を見つめつつ、その学びを見取り、自身を高めていく「教師としての探究」を続けていきたい。

Ⅲ　主な成果と今後の研究の方向性

　本校では、毎年定期的に全校生徒へ学びのアンケート調査を実施している。3年間の本校のカリキュラムでの学びの成果がどのように表れたのか、令和5年度の卒業生の経年変化が【図20・21・22】である。

　肯定的な回答（4・3）の割合を見てみると、どの項目も同様の推移をしていることが分かる。「学ぶことを楽しい（おもしろい）と感じる」の項目において、2年次から3年次にかけて肯定的な回答へと変化した生徒の学びの振り返り【次頁】には、様々なことに疑問を持ち、皆で考えることで、様々な角度から考えることができるようになったという自己理解につながった語りが見られる。このことからも語り合い、探究する学びの過程を重視した本校のカリキュラムが、学ぶことの意味や価値を見出し、自らを豊かに再構成していく「自立した学習者」を育成することに一定の成果があったと考えている。

　一方で、学ぶことを楽しいと感じず、学ぶことに意味や価値を見出せない生徒も見られる。そのような生徒の語りを分析すると、学びを通して自分自身に対する気づきがなかったり、そもそも学びとは自己理解につながるものではないという認識をもっていることが分かった。学びを自己理解へとつなげるためには、教師と生徒、双方への新たな意識づけと、どうなれば自分をよりよく知ったことになるのかといった具体的なイメージを共有することが必要である。また、そのような生徒はそもそも学びの中で「なぜ？」「どうして？」と思わない、学びに対して受動的であるという課題もみられる【図23・24】。今後も教師が生徒の文脈や気づきを重視した学びをより一層具現化することに加え、授業やCANといった特定の場だけでなく、子どもた

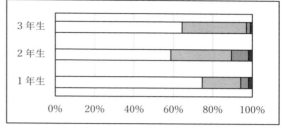

図20　学ぶことを楽しい（おもしろい）と感じる

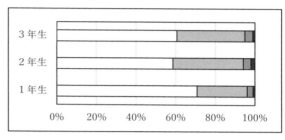

図21　学んだことによって、自分の考え方や行動が変わった

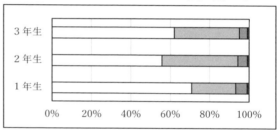

図22　学んだことから意味を見出したり、価値を実感したりすることがある

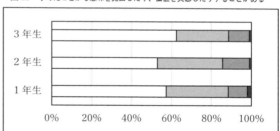

図23　生徒から出た疑問（問い）を解決する授業が多いと感じる

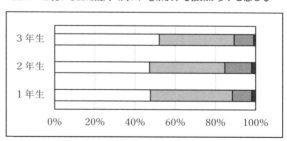

図24　私は、授業の中で「なぜ？」「どうして？」と思うことが多い

ちが日常的に問題意識や興味関心を触発されるような
学習環境を整備する必要があると考えている。

私が思うこの学校の一番よいところは固定概念に捉われないことです。授業では、"こうだからこうなる"では無く"なぜこうなるのか?"、"なぜそれがイヤなのか?"という様々なことに疑問を持つことができました。だから、この学校には"普通"という考え方がありません。皆が考えることが"個性"だと思います。"普通に考えて～"という意見に対し、"この時の普通とは?"と考えていくのが附属です。固定概念を常識に捉われず様々な角度からものを見る事ができるようになりました。1つの事でもより深い学びをすることができました。私達自身の考えを一番大切にしてくれる学校で3年間学ぶことができてよかったです。時には、クラス全員で話し合ったりクラスで1つの事を成りとげたりしました。クラスでの一体感を感じる事ができ社会性・協調性についても学ぶことができました。3年間で、この学校でしか出来ない!学べない!という事を学ぶことができて幸せでした。

【「学ぶことが楽しい（おもしろい）と感じる」の回答が１から３へと変化した生徒の振り返りの一部】

私は　小学校から附属坂出中学校へ入学しました。8年間この学校で学びを深めることができ心から嬉しく思います。「教科の授業」では、毎時間、毎時間、ただただ教科書通りに授業が進むのではなく、まるで1つの物語のように山場があり、それを感じることができました。物語や詩を読んで実演したり、主人公になって、1つの問題に対して深く深く追究したり、自分で実験計画を立てて実験をしたりして「授業が楽しい。てこういうことなんだ。と感じました。私にとって授業というものは、ただただ知識を頭に入れるものでした。しかし、附属坂出中学校へ入学してから本当の"授業"というものに触れられたような気がします。

【「学ぶことが楽しい（おもしろい）と感じる」の回答が２から４へと変化した生徒の振り返りの一部】

引用・参考文献

- 秋田喜代美（2012）「学びの心理学　授業をデザインする」左右社
- 今井むつみ（2016）「学びとは何か－＜探究人＞になるために」岩波新書
- 稲垣佳世子・波多野誼余夫（1989）「人はいかに学ぶのか」中公新書
- 榎本博明（1999）「＜私＞の心理学的探求」有斐閣
- 榎本博明（2002）「＜ほんとうの自分＞のつくり方　自己物語の心理学」講談社現代新書
- 小川泰治（2017）「『子どもの哲学』における知的安全性と真理の探究」『現代生命哲学研究』6、62-78頁、早稲田大学人間総合研究センター
- 香川大学教育学部附属坂出中学校（1998〜2024）「研究紀要」香川大学教育学部附属坂出中学校
- 梶谷真司（2018）「考えるとはどういうことか　0歳から100歳までの哲学入門」幻冬舎新書
- 鹿毛雅治・奈須正裕　編著（1997）「学ぶこと・教えること」金子書房
- 鹿毛雅治（2007）「子どもの姿に学ぶ教師－『学ぶ意欲』と『教育的瞬間』－」教育出版
- 鹿毛雅治（2013）「学習意欲の理論－動機づけの教育心理学」金子書房
- 鹿毛雅治（2019）「授業という営み－子どもとともに『主体的に学ぶ場』を創る－」教育出版、29-104頁
- 鹿毛雅治（2022）「モチベーションの心理学－『やる気』と『意欲』のメカニズム－」中公新書
- 川田英之（2016）「自己の『物語り』をつむぐ国語授業」東洋館出版社
- 河野哲也（2014）「『こども哲学』で対話力と思考力を育てる」河出ブックス
- 斉藤喜博（2006）「授業」国土社、92頁
- 齋藤孝（2011）「人はなぜ学ばなければならないのか」実業之日本社
- 佐伯胖ほか（1993）「状況に埋め込まれた学習　正統的周辺参加論」産業図書
- 佐藤学、秋田喜代美ほか編（2017）「学びとカリキュラム(岩波講座 教育 変革への展望 第5巻)」岩波書店
- 汐見稔幸（2021）「教えから学びへ　教育にとって一番大切なこと」河出新書
- 庄井良信（2002）「癒しと励ましの臨床教育学」かもがわ出版
- ジョン・デューイ（2004）「経験と教育」講談社学術文庫
- ジョン・デューイ（2010）「経験としての芸術」晃洋書房
- 白水始（2020）「対話力－仲間との対話から学ぶ授業をデザインする！－」東洋館出版
- 田村学（2018）「深い学び」東洋館出版社
- 千野帽子（2017）「人はなぜ物語を求めるのか」ちくまプリマー新書
- 鶴田清司（1995）「文学の授業で何を教えるか－教材内容・教科内容・教育内容の区別」
- 奈須正裕（2017）「『資質・能力』と学びのメカニズム」東洋館出版社
- 野口裕二（2009）「ナラティヴ・アプローチ」勁草書房
- 野口裕二（2018）「ナラティヴと共同性」青土社
- 野家啓一（2005）「物語の哲学」岩波書店
- 林竹二（1990）「学ぶということ」国土社、95頁
- 藤井千春（2010）「子どもが蘇る問題解決学習の授業原理」明治図書
- 藤井千春（2016）「アクティブ・ラーニング授業実践の原理」明治図書
- 藤井千春（2023）「学習活動における情動の意義についての考察」『教育研究』78（2）、16-19頁
- 藤原さと（2020）「『探究』する学びをつくる」平凡社
- マシュー・リップマン（2015）「子どものための哲学授業」河出書房新社
- 文部科学省（2017）「中学校学習指導要領（平成29年告示）解説総則編」文部科学省
- やまだようこ編（2000）「人生を物語る－生成のライフストーリー－」ミネルヴァ書房

各教科及び学校保健　提案・指導案

指 導 案 の 見 方

第１学年１組 社会科学習指導案

指導者 大西 正芳

1 日　　時　　令和6年6月7日（金）13：00〜13：50
2 単 元 名　　EUと難民のものがたり（ヨーロッパ州）
3 学 習 空 間　　情報検索ルーム
4 単元（題材）について

（1）本単元は、学習指導要領社会科地理的分野「（2）内容 B 世界の様々な地域 2 世界の諸地域 ⑧ ヨーロッパ」に対応している。この中項目は、「空間的相互依存作用や地域に関わる視点に着目して、世界の各地域で見られる地球的課題の要因や影響をその地域的特色と関連付けて多面的・多角的に考察し、表現する力を育成すること」を主なねらいとしており、「取り上げる地球的課題については、地域間の共通性に気付き、我が国の国土の認識を深め、持続可能な社会づくりを考える上で効果的であるという観点から設定すること」としている。そこで本単元では、「難民問題」を地球的課題として設定した。

「難民問題」は、国際社会で近年特に注目される問題となっており、2016年9月19日

> ### ア　単元（題材）観
> 本単元（題材）を扱うに至った、現在の状況や今日的課題、本題材を学ぶことが、生徒にとって教科の本質や学ぶ意義の実感にどうつながるのかが書かれている。

2015年、100万人という記録的な難民が欧州に流入し、ギリシャ、イタリア、スペインなど難民受け入れの最前線にある国と、受け入れを完全に拒む国々との間にある不均衡と対立が浮き彫りとなった。EU加盟国を中心としたヨーロッパには難民の受け入れルールとして、難民が最初に到着した国で難民申請手続きを義務付ける「ダブリン規約」がある。難民の多くがイタリアやギリシャに到着することから、イタリアなどは受け入れ負担の不公平さを主張している。この不均衡への唯一の解決策は庇護申請者を各国に配分することだとドイツのメルケル前首相は提案したが、東欧の国々が抵抗を示し、頓挫することとなった。その後、東欧は「自国優先」の姿勢をさらに先鋭化させ、ドイツはいきすぎた「人道主義」から100万人の難民の受け入れを発表したことで、ヨーロッパはさらなる混乱と対立を招くこととなった。

本単元ではまずヨーロッパ州における人や財などの不均等な分布を地域的に理解し、地域的特色を明らかにしていく。そして、その地域的特色を踏まえてダブリン規約の是非と難民受け入れの物г的な配分を考察していく中で、「自国優先」と「人道主義」の視点から現在の日本のあり方を捉え直していく。難民問題は「自国優先」「人道主義」のいずれかの立場で語られることが多いが、そのバランスにジレンマを感じながらこれからの日本のあり方を考えていくことは、学習指導要領における「我が国の国土の認識を深め、持続可能な社会づくりを考える」うえで効果的であると考える。

（2）本単元…

> ### イ　生徒観
> この単元（題材）に関する生徒の文脈（知識や経験、状況）について、学習前の生徒の中でどのように構成されているかをアンケートの結果等をもとにして書かれている。

人道主義的な決断が難しくなることを認識していく生徒の姿を期待している。

（3）本単元（題材）を指導する（個の「ものがたり」をつむがせる）にあたって、次の点に留意した。
　① ヨーロッパ州の学びに当事者性を持たせる手立て

> ### ウ　指導観
> 生徒の文脈を踏まえ、この単元（題材）を指導するにあたって、どのようなしかけを施すのか、（例えば①生徒の文脈が生まれる工夫、題材と自己とのつながりを意識させる単元構成　②困難・葛藤の場の設定、語り合いの場の工夫　③実感・自己理解につながる語りを促す振り返りの視点などについての）本単元における具体が書かれている。

やハンガリーが難民を追い返す姿を単元に組み込むことで、「難民を引き受けるべきだ」「ヨーロッパの姿勢は酷い」という生徒の率直な思い（人道主義的な立場）が引き出される。そこで、「ダブリン規約を続けるべきか、なくすべきか」という問いを設定する。この問いは、ダブリン規約を続ける立場をとると地中海沿岸国に難民申請が集中している現状が解決できず、なくす立場をとるとより豊かな国に難民申請が集中してしまうといったジレンマに至る。これらを解決するためには、他国と比較して「自分の国より○○である他国が難民を引き受けるべきだ」といった自国優先の姿勢を捨て、自国が難民を引き受けるという選択肢しかないが、自国の利益を守りたいからこそ、人道主義的な決断が難しくなるため、生徒の社会観を引き出すことにつながると考える。

5 本単元の目標
（1）本単元の「ものがたり」の授業構想図

『 も の が た り 』 の 授 業

★授業者のねがい（授業を通して生徒に期待する成長や変容）
難民問題を自国の問題として捉え、「人道主義」「自国優先」のジレンマを感じながら、これからの日本のあり方について考えてほしい。

●題材（ EU ものがたり ）に対する「ものがたり」の変容

> ### エ　本単元の「ものがたり」の授業構想図
> 授業者のねがい（単元を通して生徒に期待する成長や変容）や学習の前と後の生徒の思考、単元学習後の「振り返り」例が書かれている。詳しくは10頁を参照されたい。

然った。EUと言えば、自由に国境をまたいで移動できるから、素晴らしい発展が待っていると思っていたからだ。けど、EUに加盟して、私の国は人口が20%も減ってしまった。自由に移動できるようになって、稼給な国へみんなが移住してしまったりと、シェンゲン協定を続けるべきかどうかを議論した時には、周りの国の冷たさに傷ついたし、腹が立った。自分の国のことばかりで、元々のEUの理念とはかけ離れたものだったからだ。正直、EUって何のためにあるのだろうって思うようになった。そんなEUが直面しているのが難民問題だ。シリアからの難民が内戦で亡くなったことを知ってショックだった。助けたいと思った。けど現実ではギリシャやハンガリーが国境に柵を作り、難民を追い返しておりとても腹が立った。かつて戦争の悲惨さを経験したヨーロッパだからこそ助けるべきなのに。けどダブリン規約やなにについて考えていく中で、助けたいという思いはあるけど、いつの間にか、裾が立ち押し付けようと思うようになっていた。助けたいという思いが先行するとドイツみたいに安易に配慮を抱くし、自国のことばかり考えると東欧のように難民を清算してしまう。いつの間にか、このバランスはとても難しいと感じた。そして、私たち日本はほとんど難民を受け入れていない。けど、資金面では多額の額をしている。これは自国優先と人道主義のバランスをとった結果ではないかなとも感じている。けど、これからの日本は、バランスを保ちながらも、もう少し多くの難民を受け入れていくことが必要なのではと考えている。

（2）本単元で育成する資質・能力

知識技能	世界各地で顕在化している地球的課題は、それが見られる地域の地域的条件の影響を受けて、現れ方が異なることを理解することができる。	ヨーロッパ州における人や資源、財などの不均等な分布、宗教・言語などそれらの国家が持つ関連性を理解することができる。

> ### オ　本単元で育成する資質・能力
> 授業者のねがい（単元を通して生徒に期待する成長や変容）は方向目標であり、それとは別に本単元（題材）を通して育成すべき資質・能力（到達目標）が3観点で示されている。

学びに向かう力人間性等	…について、よりよい社会の実現を視野にそこで見られる課題を主体的に追究、解決しようとする態度を養うとともに、多面的・多角的な考察や深い理解を通して画親する大切さに…対する姿勢、世界の諸地域の多様な生活文化を尊重しようとすることの大切さについての自覚などを深める。	並みや難民の公平な配分についての諸策や将来を通して、「自国優先」と「人道主義」の視点から現在の日本のあり方を捉え直すことができる。

（3）単元構成（全7時間）

時間	学習課題（中心の問い）と*学習内容	生徒の思考・反応・振り返り	
1	・生活する国について調べ、調べた結果を交流する自国を通して、自国の個性性を他国との比べながら捉える（*学習課題）ヨーロッパ州にはどんな国があるの？	ヨーロッパ州は豊かな国が多いイメージ（生徒の潜在的認識）	担当国について、自分たちが調べてみたいことを自由に調べる楽しさを感じることで、その子なりの気づきや社会科に対する楽しさを生みだしたい。
	*授業前アンケートでは多くの人がヨーロッパ州に豊かなイメージを抱いています。本当にそうなのかを調べてみましょう。	僕が担当する国はラトビアか。GDPや面積・人口について調べてみたけど日本より大分少なかった、他の国はどうなんだろう？	
	図例1 タブレットを使って担当する国のGDP・人口・面積・宗教・あいさつ・特徴などを調べる	僕の国は他の分野においてもヨーロッパ州の中でも豊かな国なんだ？ドイツに比べていろいろ劣ってるけど、ラトビアと全く同じだ。	
	では他の子に紹介してみましょう。	私の調べたヨーロッパの中でも豊かな国なんだ？ドイツに比べていろいろ劣ってるけど、ラトビアと全く同じだ。	他の子との交流を通して「○○と比べ…○○よりGDPが多いよ」といった気づきから、「ヨーロッパ全体における自分の国の位置づけは？」と第2時における地同化の必要感へとつなげる。
2	・宗教の関連の分布図を作成する中で、ヨーロッパ州における共通性と多様性を理解する。崎時は長い歴史を通じて発達してきたヨーロッパ州において、EUが結ばれた理由や宗教と言語を捉える	イギリスと日本語の宗教が似ているけどフランスとは全然宗教が違うんだな	
	前回の調べより、○○と似てるし、△△とは違ったといったのが見られるかな？できるかな？ヨーロッパ州には共通性と多様性があって、共通するほど、自分の国がヨーロッパ州全体の中で		

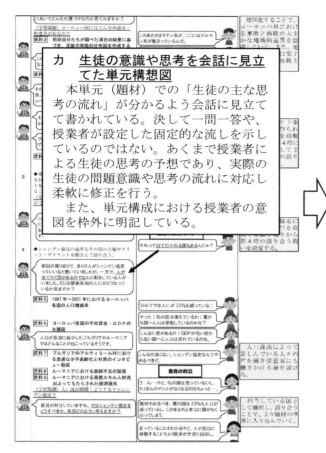

カ　生徒の意識や思考を会話に見立てた単元構想図

　本単元（題材）での「生徒の主な思考の流れ」が分かるよう会話に見立てて書かれている。決して一問一答や、授業者が設定した固定的な流しを示しているのではない。あくまで授業者による生徒の思考の予想であり、実際の生徒の問題意識や思考の流れに対応し柔軟に修正を行う。

　また、単元構成における授業者の意図を枠外に明記している。

6　本時の学習指導

（1）目標
- ・ダブリン規約の是非について、自国の地理的特色（GDPや人口）、ヨーロッパ州全体の地域的特色（豊かさや人口、難民申請の広がり）を踏まえて、考察し、自分の考えを表現することができる。
- ・難民の公平な配分についての議論や考察を通して、「自国優先」と「人道主義」の視点から現在の日本のあり方を捉え直し、今後の日本のあり方を考えることができる。

（2）学習指導過程

キ　本時の学習指導過程

　本時で生徒はどのように学ぶのか、生徒の具体的な活動や授業者のかかわりを示している。

　また、クラス全体や班内で生徒が語り合う場面は「予想される語りの具体」を示している。

国　語　科

髙　木　千　夏　・　山　﨑　大

言語による認識の力をつけ、
豊かな言語文化を育む国語教室の創造
― 　「遊び」のなかで言葉や読み方を捉え直す国語科授業の在り方　―

　国語科では「知覚化－意味化－相対化」という授業方法の研究を積み上げてきた。

　前回研究では、文学的文章の読みの指導を中心に、〈読みを生きる体験〉と〈読みを自覚する体験〉の充実や深い読みを生み出すための学習集団づくり、題材と自己の変容に気づく振り返りの工夫等について実践し、検証を行った。

　今期は、「遊び」の概念を取り入れ、夢中になって学べる場を設定するとともに言葉や読み方を様々な視点から見つめ直したり、自己の中の言葉の広がりを実感したりすることをねらいとして、①「遊び」を通して言葉や読み方を捉え直す単元構成の在り方、②学びの深まりを実感する「遊び」を取り入れた言語活動の工夫、③自己の変容に気づく振り返りの工夫、について研究していく。

研究主題について

　本校国語科では、国語を学ぶ目的は言葉を「獲得する」ためだと考えている。ここでの「獲得する」とは、知っている言葉の数を増やすことのみを意味するのではなく、一つひとつの言葉の自分にとっての価値を実感し、自己内に位置づけることである。今井・秋田（2023）によれば、言葉は記号に過ぎず、言葉を本当に理解するには「まるごとの対象について身体的な経験を持たなければならない」とある。五感や今までの経験など、様々なことを総動員して子どもたちは言葉を「獲得していく」のである。

　教室の中には様々な生活経験の子どもたちがおり、同じ題材を見ても、疑問に感じるところや感想は異なる。そのため、ブートストラッピング・サイクル（今井・秋田 2023：図①）の概念を用いて、自分の経験から離れた言葉の場合でも、授業における言語活動のなかで他者の感覚や経験を自らの感覚や経験と結び付けていく（感性理解）を通して個々の言葉の概念を捉え直していくことをめざす。

【　図①　言葉の獲得の例　】
今井むつみ・秋田喜美著『言語の本質』p 193 より

　生徒が、主体的に言葉の概念を捉え直すことができるよう、本校国語科では今回、単元の中に設定する言語活動に「遊び」の概念を含むこととした。

　「遊び」は、ロジェ・カイヨワにより四つに分類、定義され、（図②）「故意に作り出され、恣意的に限定された困難つまり、それをやりとげたからといって、解決しえたという内面的満足以外のいかなる利益をももたらさないような困難——を解決して味わう楽しみが、遊びの中に登場してくる。」としている。国語科の授業の中で設定する言語活動に「遊び」を取り入れ、子どもたちが困難を解決する中で、何度も題材と向き合い、自分にとっての言葉の価値を味わう楽しみを感じさせられると考える。

　また、同じ本の中でカイヨワは、「競争と模擬とは、誰もが教育的、美的価値をみとめる文化形態をつくることができるし、また実際にもつくっている。そこからは安定した魅力ある制度が、ほとんど必然的に出てくる」とし、その生産性を語っている。本研究では競争と模擬の遊びの概念を取り入れた実践に重きをおき、言葉と自己を結びつけ、意味づけし、価値を実感することで、言葉を獲得し、自分をとりまく世界を広げ、さらに自分自身をも形成することができると考える。

1. 競争（Agon）
徒競走などの純粋な競い合い。平等な条件の下での勝負を特徴とする。これは競争心を刺激し、個人の技能や戦略を最大限に引き出す。

2. 偶然（Alea）
ルーレットなどの賭け事。結果が完全に偶然に左右されるもので、参加者の能力や選択は関係ない。

3. 模擬（Mimicry）
演劇や RPG など。文化的には、模倣遊びは人間のアイデンティティや役割の探求、そして社会的な価値観や規範の反映・再評価の場としての役割を果たしている。

4. 魅惑（Ilinx）
ブランコや絶叫マシーンなど。魅惑遊びは、通常の知覚や意識を一時的に混乱させることに焦点を当てている。

【　図②　　　遊びの分類　】

　本校国語科が「遊び」の要素に着目したのは以下のような生徒の実態からである。

昨年までは、国語科では文学的文章を中心に読みの方略に注目して習得した力を活用することで、読み方を捉え直すことをめざし、研究を行ってきた。この取り組みは、生徒が自分の読み方の変容に気づけたり、読みの方略の活用を意識して行ったりと一定の効果があった。しかし、「全国学力・学習状況調査　生徒質問紙」において「国語の勉強は好きですか」の項目では、「当てはまる」「どちらかといえば、当てはまる」と回答した本校の生徒は例年、全国平均を下回っており、特にＲ５年度は、42.9％と全国平均の61.3％を大きく下回っていた。追加で行ったアンケートでは、「当てはまらない」、「どちらかといえば当てはまらない」と答えた生徒の主な理由として、「国文法や漢字が難しく嫌になるから」「文章を読むのが嫌だから」という自体活動に対する否定的なものが挙げられた。国語の勉強が好きと答えた生徒の理由は「長い文章を読むのが好きだから」「書いてある内容が分かるとなんとなく嬉しいから」と感覚的なものが多く挙げられた。そのため今期は、言語活動の中に「遊び」の概念を取り入れ、どの生徒も楽しく、夢中になって学べる場を設定する。「遊び」の中で読みの方略を活用し、題材や言葉と向き合い、言葉や読み方を様々な視点から見つめ直したり、自己の中の言葉の広がりを実感したりする生徒の姿をめざす。それによって、国語科の勉強への感覚的な意識を、学びの実感がともなった確かなものに変えていきたい。

国語科における「自己に引きつけた語り」とは

　言葉や題材について語り合うこと（他者・自己・教材）を通して、自分自身の言葉や読み方を捉え直した語りのこと。

研究の目的

　学習者が自己の学びを実感し、言葉や読み方を捉え直すために、
①　「遊び」を通して言葉や読み方を捉え直す単元構成の在り方
②　学びの深まりを実感する「遊び」を取り入れた言語活動の工夫
③　自己の変容に気づく振り返りの工夫
　以上３点の具体的な手立てについて研究を行い、生徒の変容について見取っていきたい。

研究の内容

（１）　「遊び」を通して言葉や読み方を捉え直す単元構成の在り方
（２）　学びの深まりを実感する「遊び」を取り入れた言語活動の工夫
（３）　自己の変容に気づく振り返りの工夫

（１）「遊び」を通して言葉や読み方を捉え直す単元構成の在り方

　前回研究では〈読みを生きる体験〉と〈読みを自覚する体験〉の充実を図るため、自分は作品をどのように読んだのかということを自覚するとともに、自らの読み方を見直し、新たな読みを生み出していくことをめざした。それらの研究は一定の効果はあったものの、作品の内容の深まりだけに終始し、学びを自己に引きつけた（国語を学ぶ意味や価値を実感した）と言えない生徒の姿も多く見られた。
　その原因として、言葉や読み方についての捉え直しが不十分であったことと生徒が夢中になって学べる場が設定できていなかったことが挙げられる。生徒にとって教科書の題材は与えられたものであり、夢中になって読んでいる、自分の好きな小説や漫画とは違うものとして捉えている。

誰しも自分の好きな作品については夢中になって語る。熱をもって身振り手振りで語ったり否定されて悔しくなったりするのは、夢中になっていると言える。この姿を授業の中で生み出すために、「遊び」の概念を取り入れる。

では、「遊び」の概念とは何か。前述のロジェ・カイヨワの定義に加え、香月（2023）によると「遊びは何よりも自由で、遊ぶことそれ自体が目的であり、自由の中で我を忘れて没入し、生きることそのものを体験する」とある。

また、ピーター・グレイ（2018）は「遊び」を以下のように定義している。

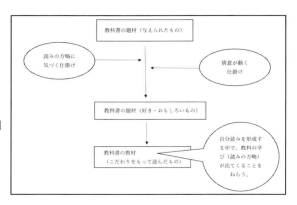

【 図③ 「遊び」の概念をもとに
作成した学びのイメージ図 】

(1) 遊びは、自己選択的で、自主的である
(2) 遊びは、結果よりもその過程が大事にされる活動である
(3) 遊びの形や規則は、物理的に制約を受けるのではなく、参加者のアイディアとして生まれ出るものである
(4) 遊びは、想像的で、文字どおりにするのではなく、「本当の」ないし、「真面目な」生活とはいくらか意識的に解放されたところで行われるものである
(5) 遊びは、能動的で、注意を怠らず、しかもストレスのない状態で行われるものである

「遊び」とは、自主的な活動でなければならない。

そして、「遊び」の中で何度も教科書の題材と向き合ううちに、教科書の題材は与えられたものからこだわりをもって読んだものに変わっていく。（図③）この活動によって生徒は題材の言葉を様々な視点で読んだり、自分が題材をどう読んでいたのかに気づいたりする。その際、他者と語り合ったり、自分の考えを書くことで視覚化したりすることが自己内の言葉や読み方を捉え直すためには必要だと考える。このような活動を通して、生徒が言葉や読み方を捉え直すために単元構成を工夫していく。しかし、単元の中での全ての活動が自主的な活動にはならないことが考えられる。そこで、図④のように単元構成を工夫していく。

時間	学習課題（中心の問い） と ◆学習内容
1	「かっこいい」は何に使う？
	◆「かっこいい」と思うものについて語る。
	◆題名読みをして、本文を初読する。
	◆評論文とは何かを知る。
2 ～ 4	筆者になって「最後の晩餐」を見に来た人にプレゼンしよう
	◆小グループでプレゼンテーションの草案を作成する。
	◆図版を三つ選ぶとすればどれか考える。
5	筆者がたたえているのは、「レオナルド・ダ・ヴィンチ」か、「最後の晩餐」か？
	◆プレゼンの原稿を見直し、筆者になりきれているか見直す。
	◆自分たちが作成したプレゼンテーションの結論を確認する。
6	プレゼン大会を開いて、筆者になりきろう。
	◆プレゼン大会を開いて完成したプレゼンを発表し合う。★
	◆自分の思う「かっこいい」ものを作者になりきり、評論文で表現する。★
	◆学習全体を振り返り、単元の振り返りを書く。

【 図④ 「遊び」を取り入れた単元構成例 】

　2年生「君は『最後の晩餐』を知っているか」（光村図書）の実践では、図②の「模擬の遊び」の概念を取り入れた。評論文の内容理解や段落構成の理解にとどまるのではなく、筆者が使った「かっこいい」という言葉へのこだわりに注目させるため、「筆者になりきって」プレゼンを行うことを単元の中に位置づけた。自分たちで評論文を書くことを通して、より筆者らしい表現にするにはどうすればよいか試行錯誤する生徒の姿が見られた。

　また、文末表現や、説明に使う図の選定の妥当性など、何度も本文と向き合い自分の作ったプレゼン原稿を修正する姿が見られた。「筆者になりきって」という「模擬の遊び」の概念を盛り込むことで、プレゼンに工夫が生まれることはもちろん、プレゼンを発表した際も、ただの発表会にとどまらず、見ている生徒もプレゼンの中でどこが筆者らしいのかという評価の観点をもつことができていた。

　森田（2023）は「『遊び』は、それ自体が目的であり、自発的な動機づけによって行われるものであるが、そうした活動に本当に真剣に従事すれば、自ずと自分のできない部分に目を向けざるを得ないことになる。できないことを克服して真に楽しめるようになりたい、そうした思いが向上心や想像・創造力を育んでいくことになる」と述べている。「できない」「もっとこうしたい」が生まれたとき、生徒の学びはより深くなり、言葉や読み方にこだわる姿が生まれるのではないかと考える。

（2）学びの深まりを実感する「遊び」を取り入れた言語活動の工夫

　前回研究では「深い読み」を生み出すための工夫として二項対立や選択型の学習課題を多く設定した。これらの課題では生徒が容易に意見を持つことができた反面、対立構図になったり自分の考えに固執する者がいたりと、自身の考えを述べ合うだけで読みが深まったとは言えないものも多かったり、一部の生徒のみが発言する場になったりするという課題があった。そこで今期は、「語り合い」の場にも「遊び」を取り入れ、生徒が夢中になって語りたくなるようなしかけや教師の関わりについて追究していく。「遊び」の概念を用いた、国語科授業実践を行っている中冽（2018）は、物語における遊び方・遊ばせ方を図⑤のように整理している。

　2年生「落葉松」（東京書籍）の実践では、Aを参考にし、「詩の全体図を明確に理解すること」をねらいとして、登場人物になって落葉松の林を歩く体験やイメージをイラストにしたり、イメージに近い画像を選んで持ち寄ったりする活動を行った。それらの活動を通して、生徒は五感や今までの経験を使って、「落葉松」を読むことができた。

　また、1年生「さんちき」（東京書籍）の実践では、Cを参考にし、「登場人物が果たす役割を理解すること」をねらいとして、侍に焦点を当て「侍の場面は必要か？」という学習課題で授業を行った。侍は必要・不必要のグループに分かれ、侍以外ならどんな職業が妥当か、や侍のセリフは「無念じゃ」でいいか、などについて語り合った。これらの活動を通して、生徒は登場人物の役割や時代背景を考えることの重要性に気づくことができた。

　このような、活動は作品への理解を深めていくことに有効であると考える。しかし、「遊び」の概念を用いて授業する際、陥りやすいのが「活動あって学びなし」の授業である。三好（2024）はその注意点として、「目的を明確にする」ことを挙げている。「楽しかった」で終わらないよう、何の力をつけるために行うのかを教師が明確にもつとともに、生徒にもしっかり伝えて活動を行う必要がある。

> A　自分の体験（経験）、知識等と重ねながら、物語を劇的、映像的にイメージする。
>
> B　物語に同化して、物語の中で生活する。
>
> C　物語の登場人物、ことがら、事件等を評価する。
>
> D　物語に触発されて、自由に想像したり、創作したりする。
>
> E　物語の比べ読み、重ね読みをし、感想を述べる。

【　図⑤　物語における
遊び方・遊ばせ方（中冽）】

（3）自己の変容に気づく振り返りの工夫

　自らの学びの過程を振り返り、それらが自分にとってどのような意味や価値があったのかを語れなければ、習得した新たな知識や概念は自分のものとはならない。今期は振り返りにおいて、どのような言葉や読み方を獲得したかを意識させることで、学ぶ意味や価値の実感（次の学びへの意欲、期待）へとつなげたい。また、学びが生徒のものになっているとき、生徒は夢中になってテキストを読んだり、級友と語り合ったりしている。１時間の中で、あるいは単元の中で「心がどのように動いたのか」を振り返りの視点として設け、記述させることで、生徒の思考を把握していきたい。

　具体的には、以下の３点を実践する。

①　毎時間の振り返りに、「今日の気持ち」「一番心が動いたこと・強く印象に残ったところ」などの視点を用いて書かせることで情意に注目させる。（図⑥）

②　単元学習前の題材に対する自分の考えを書かせておく。単元学習後の振り返りを書く際、学習前の自分の考えや毎時間の振り返りを生徒に配付し学びの過程を振り返る手助けとする。また、単元学習前と単元学習後で同じ内容のアンケートを行うことで、自分の変容に気づかせることをねらう。

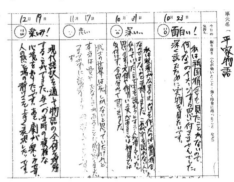

【　図⑥　生徒の振り返りシート　】

③　単元後の振り返りの際に以下の視点を提示する。
　（視点については笠井（2021）を参考にした。）

ア、学びの過程を記述させる

　教師はこちらが意図し求めた言動や活動、振り返りの記述があれば、よい学びが営まれていると思い込みがちである。しかし、生徒が学びを実感するのは、このような成果や到達だけではない。そこには、諦めや躊躇もあれば、迂回や克服、学びをめぐる喜怒哀楽がある。そのような情意の変容を記述させる。

イ、この単元での言語活動の意味や価値を考える

　学習を通して体験した言語活動、扱ったテキストについて、どう捉えるか。自身で単元の学びをどう意味づけ・価値づけしたか記述させる。特にここで、今期重点を置いている言葉や読み方の捉え直しについての記述が出ることをめざしたい。しかし、ここには作品ならではのよさ（現実でできないことを追体験→自身を振り返る→「私」という存在について考える、等）を踏まえた語りも含まれると考える。

ウ、学習を通して学んだ能力や態度を取りだして整理する

　単元を通した学びは一人ひとりの生徒の内に成立する。ここでは、
　１　知った、理解した、できたこと（能力）
　２　深く考えたこと、感じたこと（能力、態度）
　３　もっと学びを広げたい、深めたいと思うこと（態度）
について、生徒自身が単元学習後にどう感じているか記述させたい。

　　本題材を通して、豊臣秀吉が何をどう悩み、どういう決断を下したのか、そして何を重視していたのかを追体験して考えることは、学びの当事者意識を高める点で有効であり、ひいては公民的資質育成の一助となると考えた。

（２）本学級は男子19名、女子16名の35名で構成される。本単元を行う前に生徒にアンケートを行った（Ｎ＝34）。

　　その中で「人類の歴史上、異なる宗教や文化をもつ人々が差別されたり、命を奪われたりするということがありました。これについてのあなたの意見を自由に書いてください。」という問いに対し、「差別された人がかわいそう」「どんな理由があっても人の命を奪ってはいけない」「宗教や文化が違って何がいけないのか分からない」などといった否定的な回答をした生徒が32名（94.1％）いた。

　　このことから、生徒の学習前を「宗教や文化の違いで差別をするのはよくないこと」と設定した。

（３）本単元（題材）を指導する（個の「ものがたり」をつむがせる・「情意を働かせる」）にあたって、次の２点に留意したい。

・　前時の歴史ログ（毎時間の授業での気づきや自己の考えを記すノート）の記述や現代的感覚で考える授業中の生徒の発言、素朴な疑問を取り上げ、現在と過去、自分と他者などの考えのズレに出会わせ、生徒の思考にそった学習課題（中心の問い）を設定する。そうすることで、生徒が受け身ではなく、主体的に歴史認識を獲得することにつなげる。

・　歴史的事象に対して互いの考えを語り合う場面（本単元では６時間目）で、これまでの単元の学びを１枚にまとめた資料を配布し、単元で学んできたことや資料を暗記せずとも振り返られるようにする。また語り合いの土俵をそこに書かれてあることに限定することで、資料にもとづいて互いに問い合い探究する空間づくりにつなげる。

5　本単元の目標
（1）　本単元の「ものがたり」の授業構想図

『 も の が た り 』 の 授 業

★授業者のねがい（授業を通して生徒に期待する成長や変容）
多文化共生を、これからの日本社会の課題だと捉え、共生への道を模索してほしい

●題材（　キリスト教と戦国日本　）に対する「ものがたり」の変容

（学習前）
宗教や文化の違いで差別をするのはよくないことだ。

探究的な学び
他者と語り合う

（学習後）
豊臣秀吉は自分の目指す平和を実現するために、苦渋の決断でバテレン追放令を出した。

≪（授業者が考えた）単元学習後の「振り返り」例≫　　＊「自己に引きつけた語り」部分
　最初、豊臣秀吉がバテレン追放令を出したと聞いた時、「愚かな策だな」と思っていたけれど、ここまで秀吉が悩みぬいての活躍をしてくれたと分かって、捉え方が大きく変わった。まさか、そのまま宣教師を放っておくと、神社やお寺が破壊され続け、最悪日本が分断される危

機があるだなんて、思いもよらなかった。実際に秀吉がどうしたかを聞いた時も、正直、政策自体が中途半端な気もしたし、友達が行っている意見を聞いても「そんなん無理やろ」としか思っていなかった。でも、そんな意見を秀吉が採用したと聞いて、すごく驚いた。

　最終的に秀吉の選択は貿易の継続だったが、その背景には、国内が少し荒れるかもしれないというリスクを背負いながらも、日本の今後を考えて経済的な利益を得ようとする、秀吉の国策が見えた。現代においても、同様のことが起ころうとしている。今、川口市では外国人が原因のトラブルが急増している。かといって、外国人を排除するというのは、人権的にも、日本の経済を考えても得策ではない。人口減少社会を迎える日本にとって、外国人といかに向き合うかが肝心だ。かくいう自分も、自分の町の人がほとんど外国人で、トラブルだらけだったら、正直なところ引っ越しを考えるかもしれない。が、それでは意味がない。共生以外に道がないのであれば、どうやって共生していくか、真剣に考えたい。今まで、すごく簡単に、「外国人と仲良く」や「相手のことを思いやる」と言っていた。そんな自分を反省したい。

（2）本単元で育成する資質・能力

知識及び技能	・我が国の歴史の大きな流れを、世界の歴史を背景に、各時代の特色を踏まえて理解するとともに、諸資料から歴史に関する様々な情報を効果的に調べまとめる技能を身に付けるようにする。	○平和のためにイエズス会とのを継続するか否か考える中で、当時の戦国時代の常識や自力救済の社会、キリスト教国による海外侵略などを、諸資料をもとに理解することができる。
思考力，判断力，表現力　等	・歴史に関わる事象の意味や意義、伝統と文化の特色などを、時期や年代、推移、比較、相互の関連や現在とのつながりなどに着目して多面的・多角的に考察したり、歴史に見られる課題を把握し複数の立場や意見を踏まえて後世に選択・判断したりする力、思考・判断したことを説明したり、それらをもとに議論したりする力を養う。	○戦国時代の自力救済社会の状態やキリスト教国による海外侵略の実態、豊臣秀吉が目指した平和などの視点から、平和のためにイエズス会との関係を継続するか否かを、それまでの既習事項や資料にもとづいて論理的に説明できたり、議論できたりする。
学びに向かう力，人間性　等	・歴史に関わる諸事象について、よりよい社会の実現を視野にそこで見られる課題を主体的に追究、解決しようとする態度を養うとともに、多面的・多角的な考察や深い理解を通して涵養される我が国の歴史に対する愛情、国民としての自覚、国家及び社会並びに文化の発展や人々の生活の向上に尽くした歴史上の人物と現在に伝わる文化遺産を尊重しようとすることの大切さについての自覚などを深め、国際協調の精神を養う。	○平和な社会の実現のためにイエズス会との関係を継続するか否かを主体的に追究していく中で、 ○平和のために重視されるべきもの ○豊臣秀吉が何を重視してバテレン追放令を出したのかなどについて理解を深め、そのことを通して我が国の歴史に対する愛情や国民としての自覚を深めようとする。

（3） 単元構成（全7時間）

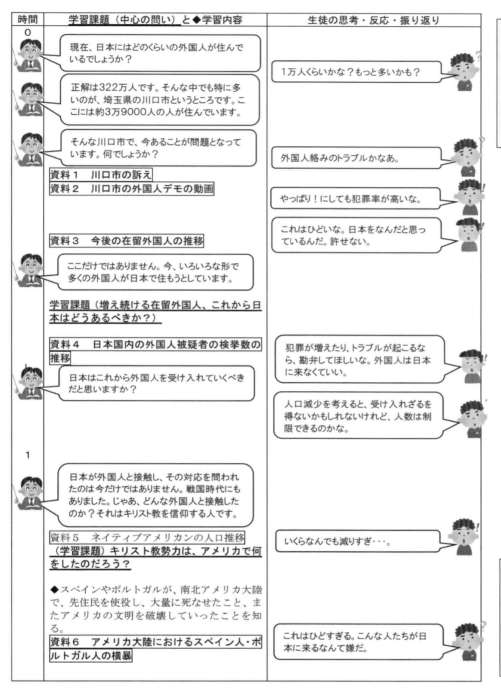

時間	学習課題（中心の問い）と◆学習内容	生徒の思考・反応・振り返り
0	現在、日本にはどのくらいの外国人が住んでいるでしょうか？	1万人くらいかな？もっと多いかも？
	正解は322万人です。そんな中でも特に多いのが、埼玉県の川口市というところです。ここには約3万9000人の人が住んでいます。	
	そんな川口市で、今あることが問題となっています。何でしょうか？	外国人絡みのトラブルかなあ。
	資料1　川口市の訴え 資料2　川口市の外国人デモの動画	やっぱり！にしても犯罪率が高いな。
	資料3　今後の在留外国人の推移	これはひどいな。日本をなんだと思っているんだ。許せない。
	ここだけではありません。今、いろいろな形で多くの外国人が日本で住もうとしています。	
	学習課題（増え続ける在留外国人、これから日本はどうあるべきか？）	
	資料4　日本国内の外国人被疑者の検挙数の推移	犯罪が増えたり、トラブルが起こるなら、勘弁してほしいな。外国人は日本に来なくていい。
	日本はこれから外国人を受け入れていくべきだと思いますか？	人口減少を考えると、受け入れざるを得ないかもしれないけれど、人数は制限できるのかな。
1	日本が外国人と接触し、その対応を問われたのは今だけではありません。戦国時代にもありました。じゃあ、どんな外国人と接触したのか？それはキリスト教を信仰する人です。	
	資料5　ネイティブアメリカンの人口推移 （学習課題）キリスト教勢力は、アメリカで何をしたのだろう？	いくらなんでも減りすぎ・・・。
	◆スペインやポルトガルが、南北アメリカ大陸で、先住民を使役し、大量に死なせたこと、またアメリカの文明を破壊していったことを知る。 資料6　アメリカ大陸におけるスペイン人・ポルトガル人の横暴	これはひどすぎる。こんな人たちが日本に来るなんて嫌だ。

単元最初に多文化共生社会を作っていく上での課題を提示し、本音の部分や素直な振り返りを書かせることで、本時の最後での内省に結び付けたい。

単元1時間目に、キリスト教勢力に文明を破壊された南北アメリカ大陸の惨状を見せることで、共感を生むとともに、本時で語り合う根拠とする。

総論

国語

社会

数学

理科

音楽

美術

保健体育

技術・家庭

外国語

学校保健

共創型探究
語り合いの時間

2

前回の授業で、アメリカの人達に恐ろしいことをしたスペイン、ポルトガルといったキリスト教勢力ですが、日本ではむしろ受け入れられました。

（学習課題）なぜ日本は、キリスト教勢力を受け入れたの？
◆なぜ、キリスト教勢力が日本で受け入れられたのか、複数の資料から考察する。

| 資料7　上杉謙信の関東遠征 |
| 資料8　戦国大名の配置図 |

え、どうして？

受け入れる意味が分からない…。

上杉謙信の遠征って冬が多いのは何か関係してるのかな？

上杉謙信の本拠地は雪が多く降るから…あ！雪の農業できない時に遠征に行っているのでは？

そうです。農業ができない時期にあえて遠征に行き、そこで農民たちはある行動をしました。

| 資料9　乱取りの様子 |
◆戦場や戦場近くの村では、乱取りと呼ばれる乱暴狼藉が行われていたことを、資料から読み取る。

これ、もしかしてものを奪っている？

乱暴なことをされている人もいる！

いやいや、怖すぎるよ…。

まさに弱肉強食の時代ですね。普段農業していない農民でも、戦場で活躍するには何が必要ですか？

◆戦国大名たちが、鉄砲を輸入するために、キリスト教勢力を受け入れたことを知る。

武器！

そうか！キリスト教勢力から武器を輸入するために、受け入れたのか。

3

大名の中には、キリスト教勢力を受け入れたものの、途中から領内での布教を禁止する人がいました。その理由がこれです。

| 資料10　キリスト教徒による仏像破壊 |

一方、南蛮貿易の利益に目をつけ、自らもキリスト教徒となる大名が出てきました。

アメリカの時と同じ展開だな。

まあ、そうなるよね。

| 資料11　キリシタン大名の分布 |
| 資料12　キリスト教徒数の推移 |

九州の多くの大名がキリシタン大名となって、力をつける中、ある大名は全く違うやり方で強くなっていきました。

武田信玄！

織田信長！

第2時も乱取りについて自ら資料を使って読み取り、説明することで、より共感を生み出したい。

日本でも文化的アイデンティティの崩壊の可能性があることを示唆することで、本時で語り合う根拠としたい。

（学習課題）なぜ織田信長は、勢力を広げることができたのか？
◆織田信長が短期間で勢力を広げた理由を考える。
資料13　織田信長の勢力範囲
資料14　織田信長の収入源

港をおさえていたのか。なんでだろう？

実は港で貿易品にかかる税金をとっていました。

なお、織田信長は兵士に対し、乱取りを禁止しています。

へえ！そのお金を兵士の給料にしていたってことか。

その通り。給料を払うんです。つまり、織田家の兵士はみんな職業としての軍人だったのです。

だから織田信長は強かったのか！

4

その強かった織田信長も本能寺の変で亡くなり、織田家の領地を引き継いだのは豊臣秀吉でした。秀吉は全国の広い範囲を支配下に置き、様々な改革を行いました。

貿易の利益によって、強力な軍が成立していたことを強くおさえ、経済の重視という落としどころへしっかりと向かわせたい。

（学習課題）秀吉が目指したのはどんな社会だろう？
資料15　太閤検地
資料16　刀狩令
資料17　浪人停止令
資料18　喧嘩停止令
◆秀吉が目指そうとした社会はどんな社会か、資料から考える。

秀吉は戦国時代の各国独自だったルールを正そうとしているね。

そうですよね。戦国時代の終わりをめざした秀吉はまだ自分の支配が及んでいなかった九州へ遠征します。しかし、初めての九州でとんでもないものを目にするのです。

戦国時代を終わらせようとしたってことか。

資料19　九州御動座記
◆日本人がポルトガルの宣教師に売られ、貿易船に乗って海外へ運ばれ奴隷として扱われていたことを読み取る。
資料20　海外に売られた日本人奴隷の記録

え、え、何これ？

日本人が奴隷になってたってこと？

秀吉にはもう一つ驚いたことがありました。

これはひどいな・・・。

◆長崎がイエズス会（ポルトガル）に寄進されていたことを資料から読み取る。

資料21　九州の勢力範囲

そういうことになります。これに対して、秀吉はポルトガルの責任者に手紙を送ります。その返事がこれです。

日本領ではない、ということ！？

資料22　秀吉の宣教師コエリョへの詰問

ここで秀吉は選択を強いられます。これまで目指してきた平和な社会の実現のために、秀吉はこのままポルトガルとの関係を続けるべきでしょうか？

えー、日本の問題？？

5　（学習課題）ポルトガルを日本から排除すべき？共存すべき？

◆学習課題について、諸資料をもとに決断する。

うーん、迷うなあ・・・

6
本時　（学習課題）日本はポルトガルを排除すべき？共存すべき？
◆学習課題について、諸資料をもとに議論する。

では、排除すべきの人から意見をお願いします。

排除しなければ、日本はアメリカ大陸のように文明を破壊されてしまうのではないかと思う。

これ以上キリスト教徒が増えると、国内が分断されてしまいかねない。早めに排除すべき。

では続ける派の人、これに反論はありますか？

私は共存すべきだと思います。豊臣秀吉は貿易港からの関税で利益を得ていました。これがなくなるのは、経済的な損失が大きすぎると思います。

日本人の奴隷化が止まらなくなりますよ。いいんですか？

多少は仕方ないと思う。

奴隷の人の立場で考えていますか。

豊臣秀吉が目指していたのは、何でしたっけ？

これまでの学習を振り返って、決断する場面。時間をかけて考えさせたい。また、一方を選ばなかった理由も書かせることで、本時で他者を否定させたい。

－90－

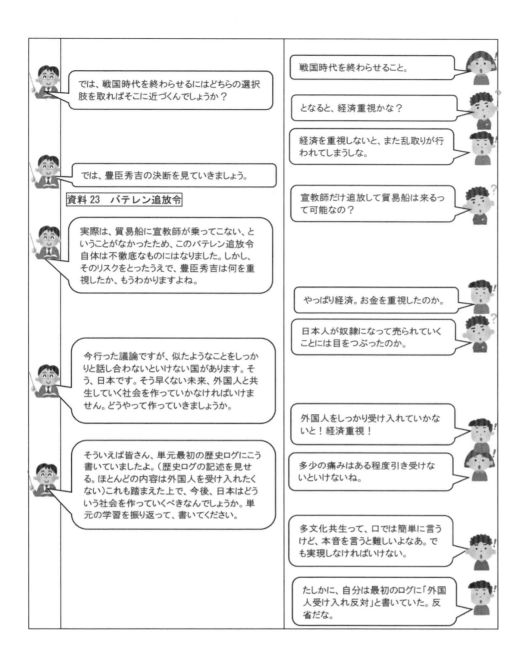

では、戦国時代を終わらせるにはどちらの選択肢を取ればそこに近づくんでしょうか？

戦国時代を終わらせること。

となると、経済重視かな？

経済を重視しないと、また乱取りが行われてしまうしな。

宣教師だけ追放して貿易船は来るって可能なの？

では、豊臣秀吉の決断を見ていきましょう。

資料23　バテレン追放令

実際は、貿易船に宣教師が乗ってこない、ということがなかったため、このバテレン追放令自体は不徹底なものにはなりました。しかし、そのリスクをとったうえで、豊臣秀吉は何を重視したか、もうわかりますよね。

やっぱり経済。お金を重視したのか。

日本人が奴隷になって売られていくことには目をつぶったのか。

今行った議論ですが、似たようなことをしっかりと話し合わないといけない国があります。そう、日本です。そう早くない未来、外国人と共生していく社会を作っていかなければいけません。どうやって作っていきましょうか。

外国人をしっかり受け入れていかないと！経済重視！

多少の痛みはある程度引き受けないといけないね。

そういえば皆さん、単元最初の歴史ログにこう書いていましたよ。（歴史ログの記述を見せる。ほとんどの内容は外国人を受け入れたくない）これも踏まえた上で、今後、日本はどういう社会を作っていくべきなんでしょうか。単元の学習を振り返って、書いてください。

多文化共生って、口では簡単に言うけど、本音を言うと難しいよなあ。でも実現しなければいけない。

たしかに、自分は最初のログに「外国人受け入れ反対」と書いていた。反省だな。

6　本時の学習指導

（1）目標

・　ポルトガルを排除するか、共存するかを語り合う中で、当時の日本が置かれていた状況などを踏まえて、自分の考えを表現することができる。

・　多文化共生についての議論や考察を通して、「治安優先」と「経済優先」の視点から現在の日本が置かれている状況を理解し、これからの日本のあり方を考えることができる。

総論

国語

社会

数学

理科

音楽

美術

保健体育

技術・家庭

外国語

学校保健

共創型探究　語り合いの時間

（2）学習指導過程

学習内容及び学習活動	予想される生徒の反応	○教師のかかわり

学習課題：日本はポルトガルを排除すべき？共存すべき？

学習内容及び学習活動	予想される生徒の反応	○教師のかかわり
1　学習課題について単元の学びにもとづいて考える。	・　自分はなぜそう考えたか、資料や学んだ歴史認識をもとに考える。	○　考えの根拠を明確にするよう伝えるとともに、なぜ逆の選択をしなかったのかも考えるように促す。
2　学習課題について諸資料をもとに考えたことを議論する。	・　資料や学んだ歴史認識級友の意見をもとに考え直している。	○　自分と逆の立場の人に積極的に質問したり、意見を述べたりするように促す。

> Ｔ：それでは、排除すべきという立場の人から意見をどうぞ。
> Ｓ１：僕は排除すべきだと思います。なぜなら、資料３を見た時、排除しなければ、日本はアメリカのように文明を破壊され、やがてキリスト教勢力に征服されてしまうのではないかと思ったからです。
> Ｓ２：僕も排除だと思います。資料４では、国内のキリスト教徒の数が増えていっているのが分かります。これが今後も増えていくと、日本の中でキリスト教派とそうでない人の間であらおしが起こると考えたからです。
> Ｔ：では、共存すべきの人の意見はどうですか。
> Ｓ３：私は共存すべきだと思います。理由は、資料１です。秀吉は貿易港からの関税で利益を得ています。これがなくなると、かなり経済的な打撃があります。完全に貿易を止めるのはあまりにも苦しいと思いました。
> Ｓ４：質問です。資料６にあるように、南蛮貿易後半の輸出品は奴隷がありました。共存するということは日本人の奴隷化は止められないと思います。どうするんですか？
> Ｓ３：多少は仕方ないと思います。
> Ｓ４：奴隷になって売られていく人の気持ちって考えていますか？
> Ｓ５：それでも、貿易の利益は大きいと思う。それがないと、秀吉は資金を調達するのが難しくなってしまう。
> Ｔ：秀吉は日本を統一して、何をしようとしていたのかな。
> Ｓ６：戦国時代を終わらせようとしていた。
> Ｔ：ですよね。では、戦国時代を終わらせるためには、どちらを選ぶのがよいでしょうか。
> Ｓ１：となると、経済かな？
> Ｓ２：うん、経済を重視しないと、また資料２の乱取りが行われかねない。それでは戦国時代と同じ。
> Ｔ：なるほど。では皆さん経済を重視していくということでいいですね？多少の犠牲が出るのはＯＫということですね。では、実際の豊臣秀吉の決断を見てみましょう。

学習内容及び学習活動	予想される生徒の反応	○教師のかかわり
2　バテレン追放令を見て、秀吉が重視していた価値について考える。	・　そんな都合のいい事が可能なのか？ ・　でも、結果的に経済的な部分はクリアしている。	○　秀吉が自分の目指す「平和」のために苦渋の決断をしたということをおさえる。
3　現在の日本が置かれている状況を再確認し、これからの日本はどちらを優先すべきか考える。	・　外国人を受け入れるしかない世の中になっているのか。 ・　そういえば、単元の最初の授業では、経済的な損失があっても、日本人を守るために外国人を排除した方がいいと考えていたな。 ・　外国人の受け入れと制限、どちらが今後の日本に必要なのだろう？	○　単元最初の学びを歴史ログで振り返らせ、自分の今の意見との差異を確認させる。
4　振り返りを書く。		

7　見取り

・　バテレン追放令に対する「ものがたり」の変容（単元が始まる前の捉えと、単元を終えた段階での捉えの変容の記述）があるかを、単元終了後のレポートで見取る。

・　自己に引きつけた語り（「異文化の受け入れ」と「異文化の排除」の視点から現在の日本を捉え直し、今後の在り方について考えている記述）があるかを、単元終了後のレポートで見取る。

総論

国語

社会

数学

理科

音楽

美術

保健
体育

技術・
家庭

外国語

学校保健

共創型探究
語り合いの時間

第1学年1組 社会科学習指導案

指導者　　大西　正芳

1　日　　　　時　　令和6年6月7日（金）13：00～13：50
2　単　元　名　　ＥＵと難民のものがたり（ヨーロッパ州）
3　学　習　空　間　　情報検索ルーム
4　単元（題材）について
　（1）本単元は、学習指導要領社会科地理的分野「（2）内容　B　世界の様々な地域　2　世界の諸地域　③　ヨーロッパ」に対応している。この中項目は、「空間的相互依存作用や地域に関わる視点に着目して、世界の各地域で見られる地球的課題の要因や影響をその地域的特色と関連付けて多面的・多角的に考察し、表現する力を育成すること」を主なねらいとしており、「取り上げる地球的課題については、地域間の共通性に気付き、我が国の国土の認識を深め、持続可能な社会づくりを考える上で効果的であるという観点から設定すること」としている。そこで本単元では、「難民問題」を地球的課題として設定した。

　「難民問題」は、国際社会で近年特に注目される問題となっており、2016年9月19日には国連史上初の「難民と移民に関する国連サミット」が開催された。そのサミットで取り上げられた課題の一つが、「世界の難民の受け入れ及び支援のための負担と責任のより衡平な分担」である。世界全体で言えば、先進国よりも途上国に過剰な負担がかかっていることが問題となっているが、先進諸国間の負担もかなりの差があり、本単元で扱うヨーロッパ州は、まさにその負担と責任のあり方が問題となっている。そもそも、ヨーロッパ州では人や資源、財などの不均等な分布、宗教・言語など各国の固有性から何百年もの間、幾度となく戦争の悲劇に見舞われてきた。その反省から、経済的な統合を足がかりに、この半世紀余りで、国家の多様性を尊重しながら、他に例がない政治・経済統合体として共通政策を進めるＥＵへと発展を遂げている。一方で、多様な国家を統合していく中で、ＥＵが抱える問題も顕在化している。その一つが「難民問題」である。2015年、100万人という記録的な難民が欧州に流入し、ギリシャ、イタリア、スペインなど難民受け入れの最前線にある国と、受け入れを完全に拒む国々との間にある不均衡と対立が浮き彫りとなった。ＥＵ加盟国を中心としたヨーロッパには難民の受け入れルールとして、難民が最初に到着した国で難民申請手続きを義務付ける「ダブリン規約」がある。難民の多くがイタリアやギリシャに到着することから、イタリアなどは受け入れ負担の不公平さを主張している。この不均衡への唯一の解決策は庇護申請者を各国に配分することだとドイツのメルケル前首相は提案したが、東欧の国々が抵抗を示し、頓挫することとなった。その後、東欧は「自国優先」の姿勢をさらに先鋭化させ、ドイツはいきすぎた「人道主義」から100万人の難民の受け入れを発表したことで、ヨーロッパはさらなる混乱と対立を招くこととなった。

　本単元ではまずヨーロッパ州における人や財などの不均等な分布を地域的に理解し、地域的特色を明らかにしていく。そして、その地域的特色を踏まえてダブリン規約の是非と難民受け入れの衡平な配分を考察していく中で、「自国優先」と「人道主義」の視点から現在の日本のあり方を捉え直していく。難民問題は「自国優先」「人道主義」のいずれかの立場で語られることが多いが、そのバランスにジレンマを感じながらこれからの日本のあり方を考えていくことは、学習指導要領における「我が国の国土の認識を深め、持続可能な社会づくりを考える」うえで効果的であると考える。

（２）本学級の生徒は、男子18名・女子17名の合計35名である。学習前のアンケート（Ｎ＝35）では、「ヨーロッパ州のイメージとは何か（複数回答可）」で、「豊かな地域・発展している地域」と答えた生徒は26名（約74％）と最も多く、次いで「ＥＵ」が14名（約40％）、「小さい国が多い」が9名（約26％）となっている。また、「ＥＵの良さ・問題点は何か」について、「人が自由に移動できる」「関税がかからない」「経済発展できる」など良さを挙げた生徒が27名（約77％）に対し、「移民問題」「さらなる経済格差の発生」など課題を挙げた生徒は3名（約9％）にとどまっている。

　以上から生徒の学習前の題材に対する「当たり前」を「ヨーロッパ州は豊かな地域であり、ＥＵの設立によって加盟国すべてが発展している」と設定した。また、本単元では、ヨーロッパ州における人や財などの不均等な分布に気づき、ＥＵ加盟国間での格差や問題が生じていることを理解させていく。その上で自国の利益を守りたいからこそ、人道主義的な決断が難しくなることを認識していく生徒の姿を期待している。

（３）本単元（題材）を指導する（個の「ものがたり」をつむがせる）にあたって、次の点に留意したい。

　①　ヨーロッパ州の学びに当事者性を持たせる手立て

　　生徒にとって自分が暮らしている国・地域に比べて、他国や他地域の社会的問題に対する当事者性は低い。また、ヨーロッパ州における社会的問題について考えた場合、どの立場から考えれば良いのかが分からず、自分の考えにこだわりを持つことも難しくなる。そこで、単元の初めに、単元を通して自分が担当する国を決める。担当している国について調べる場や、単元の途中で出会う社会的問題について、その国として選択し、語り合う場を設けることで、次第にその国としてこだわって考えていくような単元を構成していく。

　②　学びの過程を生徒のものにする工夫

　　ヨーロッパ州を学習するにあたって、単に民族や宗教・人口・ＧＤＰの資料を教師から提示するのでは、学びが生徒のものになりにくい。そのため、自分の国を調べて、共有していく中で、「あの国とはあいさつが似ているな」「この国とは全く宗派がちがうぞ」といった生徒の気づきや振り返りをきっかけとして「どこの国と共通点・相違点があるのか」という問いを設定し、分布図を作る必要感を生み出す。同様にシェンゲン協定に対する肯定的な振り返りが多い中、自国の人口が減っているのではないかと危惧する振り返りを提示することで、「どこの国で人口が減っているのか」「なぜ人口が減っているのか」といった生徒の思考を生み出し、資料に対する必要感を高めることができると考える。

　③　社会的価値の対立を含んだ問いの設定

　　第５時でシリアの幼い少年の悲劇的な写真や難民の苦しんでいる姿の動画、ギリシャやハンガリーが難民を追い返す姿を単元に組み込むことで、「難民を引き受けるべきだ」「ヨーロッパの姿勢は酷い」という生徒の率直な思い（人道主義的な立場）が引き出される。そこで、「ダブリン規約を続けるべきか、なくすべきか」という問いを設定する。この問いは、ダブリン規約を続ける立場をとると地中海沿岸国に難民申請が集中している現状が解決できず、なくす立場をとるとより豊かな国に難民申請が集中してしまうといったジレンマに至る。これらを解決するためには、他国と比較して「自分の国より○○である他国が難民を引き受けるべきだ」といった自国優先の姿勢を捨て、自国が難民を引き受けるという選択肢しかないが、自国の利益を守りたいからこそ、人道主義的な決断が難しくなるため、生徒の社会観を引き出すことにつながると考える。

5　本単元の目標

（1）本単元の「ものがたり」の授業構想図

『ものがたり』の授業

★授業者のねがい（授業を通して生徒に期待する成長や変容）
　難民問題を自国の問題として捉え、「人道主義」「自国優先」のジレンマを感じながら、これからの日本のあり方について考えてほしい。

●題材（　EUものがたり　）に対する「ものがたり」の変容

（学習前）
ヨーロッパ州は豊かな地域だ。EUとして多くの国が統合し、いろんなメリットを享受しながら発展していてすごい。

探究的な学び
他者と語り合う

（学習後）
ヨーロッパ州の国々には格差があり、それらの国が一つになって何かをするのは難しい。EUって何のためにあるのだろう。

≪（授業者が考えた）単元学習後の「振り返り」例≫　　＊「自己に引きつけた語り」部分
　私ははじめヨーロッパ州はすべての国が豊かであり、EUとして１つになって加盟国がどんどん発展していると思っていた。そんなヨーロッパの中で、自分の担当する国が決まった。ラトビアだった。全く聞いたこともない国だし、どこにあるのかも分からなった。調べていくと、とても小さい国で他の国と比べた時に正直がっかりした。けど、美しい田園風景が有名だったり、バルトのパリと呼ばれていたり、他の国に負けないくらい良さがあって、だんだんラトビアに対して愛着が湧いてきた。そんなラトビアから見るEUは私が思っていたものと全然違った。EUと言えば、自由に国境をまたいで移動できるとか、素晴らしい発展が待っていると思っていたからだ。けど、EUに加盟して、私の国は人口が20％も減ってしまった。自由に移動できるようになって、裕福な国へみんなが移住してしまったからだ。シェンゲン協定を続けるべきかどうかを議論した時には、周りの国の冷たさに傷ついたし、腹が立った。自分の国のことばかりで、元々のEUの理念とはかけ離れたものだったからだ。正直EUって何のためにあるのだろうって思うようになった。そんなEUが直面しているのが難民問題だ。シリアからの難民が地中海で亡くなったことを知ってショックだった。助けたいと思った。けど現実ではギリシャやハンガリーが国境に柵を作り、難民を追い払っておりとても腹が立った。かつて戦争の悲惨さを経験したヨーロッパだからこそ助けるべきなのに。けどダブリン規約やについて考えていく中で、助けたいという思いはあるけれど、いつの間にか、裕福な国に押し付けたいと思うようになっていた。<u>助けたいという思いが強すぎるとドイツみたいに国内に混乱を招くし、自国のことばかり考えると東欧のように難民を排除してしまう。このバランスはとても難しいと感じた。そして、私たち日本はほとんど難民を受け入れていない。けど、資金面では多額の難民支援をしている。これは自国優先と人道主義のバランスをとった結果じゃないかと感じている。けど、これからの日本は、バランスを保ちながらも、もう少し多く難民を受け入れていくことが必要なのではと考えている。</u>

（2）本単元で育成する資質・能力

知識 及び 技能	・世界各地で顕在化している地球的課題は、それが見られる地域の地域的特色の影響を受けて、現れ方が異なることを理解すること。 ・①から⑥までの世界の各州に暮らす人々の生活を基に、各州の地域的特色を大観し理解すること。	・ヨーロッパ州における人や資源、財などの不均等な分布、宗教・言語などそれぞれの国家が持つ固有性を理解することができる。
思考力， 判断力， 表現力等	・①から⑥までの世界の各州において、地域で見られる地球的課題の要因や影響を、州という地域の広がりや地域内の結び付きなどに着目して、それらの地域的特色と関連付けて多面的・多角的に考察し、表現すること。	・ヨーロッパ州の難民問題において、自国の地理的特色（ＧＤＰや人口）、ヨーロッパ州全体の地域的特色（豊かさや人口、難民申請の不均衡な広がり）を踏まえて、ダブリン規定の是非について、考察し、自分の立場とその理由を表現することができる。
学びに向かう力， 人間性等	・日本や世界の地域に関わる諸事象について、よりよい社会の実現を視野にそこで見られる課題を主体的に追究、解決しようとする態度を養うとともに、多面的・多角的な考察や深い理解を通して涵養される我が国の国土に対する愛情、世界の諸地域の多様な生活文化を尊重しようとすることの大切さについての自覚などを深める。	・地域的特色を踏まえたダブリン規定の是非や難民の公平な配分についての議論や考察を通して、「自国優先」と「人道主義」の視点から現在の日本のあり方を捉え直すことができる。

（3）単元構成（全7時間）

時間	学習課題（中心の問い）と◆学習内容	生徒の思考・反応・振り返り	
1	◆担当する国について調べ、調べた結果を交流する活動を通して、自国の固有性や他国との大まかな共通点や差異に気づく。 （学習課題）ヨーロッパ州にはどんな国があるの？ 授業前アンケートでは多くの人がヨーロッパ州には豊かな国が多いと書いてありました。本当にそうなのか調べてみましょう。 資料1 タブレットを使って担当する国のGDP・人口・面積・宗教・あいさつ・特徴などを調べる では他の子に紹介してみましょう。	ヨーロッパ州は豊かな国が集まって発展しているイメージ。（生徒の持つ当たり前） 僕が担当する国はラトビアか。GDPや面積・人口について調べてみたけど日本より大分少なかったな。他の国はどうなんだろう？ 僕の国はどの項目においてもヨーロッパの中でも低いのか・・・。 私の国はヨーロッパの中でも豊かな国なんだ！ドイツにはあいさつが伝わったけど、ラトビアとは全くちがうわ。 イギリスとは宗派の割合が似ていたけどフランスとはまったく宗派がちがったわ。	担当国について、自分たちが調べたいことを自由に調べる場を設けることで、その子なりの気づきや担当国に対する親しみを生みだしたい。 他の子との交流を通して「〇〇と似ている」「〇〇よりＧＤＰが多い！」といった気づきから、「ヨーロッパ全体における自分の国の位置づけは？」と第2時における地図化の必要感へとつなげる。
2	◆宗教や民族の分布図を作成することで、ヨーロッパ州における共通性と多様性を理解する。また、戦争が長い間多発したヨーロッパ州において、ＥＵが作られた目的やＥＵの掲げる理念を理解する。 前回の振り返りでは、〇〇と似ている、△△とはちがったといったものが多く見られました。では何が似ていて、何が違うのか、自分の国がヨーロッパ州全体		

総論 国語 社会 数学 理科 音楽 美術 保健体育 技術・家庭 外国語 学校保健 共創型探究 語り合いの時間

においてどんな位置づけなのか見てみますか？

（学習課題）ヨーロッパ州にはどんな共通点・相違点があるの？

資料2　前回自分たちが調べた項目の結果に基づき、民族や宗教の分布図を作成する

このような多様性の中で、ヨーロッパでは数百年こんなことが起こったそうです。

資料3　1620年～2020年までの世界のどこが戦場となったのかを表した動画

その通りです。第一次世界大戦では約850万人、第二次世界大戦では約3900万人の死者がヨーロッパだけで発生しました。

それは二度の大戦の反省から、この組織ができたからです。

では、EUはどんな目的で作られ、どんな理念を掲げているのでしょう。

資料4　マーストリヒト条約第Ⅰ-2·3条〔連合の価値〕〔連合の目標〕

3　◆域内統合によって、どのようなメリットが生まれるのかを考察する。また、それらのメリットを成り立たせているのがシェンゲン協定であることを理解する。
（学習課題）域内が1つの国のようになると何ができるの？

このすべてのEU市民が、自国を出て他の加盟国に自由に移動し、またどこでも居住することができることを取り決めているのがシェンゲン協定になります。

4　◆シェンゲン協定の是非をその国の立場やメリット・デメリットを踏まえて語り合う。

前回の振り返りで、多くの人がシェンゲン協定っていいなと書いていましたが、一方で、人が出て行く国があるのではと心配をしている人がいました。EU加盟後各国の人口がどうなっているか見ますか？

資料5　1997年～2021年におけるヨーロッパ各国の人口増減率

資料6　ヨーロッパ各国の平均賃金・GDPの主題図

人口が急速に減少したブルガリアやルーマニアではどんなことが起こっているそうです。

資料7　ブルガリアのアルティミール村における急速な少子高齢化と村民のインタビュー動画

資料8　ルーマニアにおける医師不足の動画

資料9　ルーマニアにおける高度スキル人材流出よってもたらされた経済損失

（学習課題）人口流出問題！どうする？シェンゲン協定？

意見が対立していますね。ではシェンゲン協定をどうすべきか、各国どのように考えますか？

このあたりはラテン系が、ここにはゲルマン系が集まっているんだ。

ラテン系とカトリックの分布は重なるところもあるけれど、全く違うところもあるわ。

こんなに毎年のように戦争が起こっていたの！あの大きな二回の爆発は世界大戦かな？

そんなに多くの死者が！けど、それ以降他の地域では起こっているけど、ヨーロッパでは全く起こっていないよ？

EUができたからか！

二度と戦争の惨禍が起きず、すべての人の平和と幸福の実現を掲げているのか。

域外の人権の保護や平和についても貢献することを掲げているのね。

関税がかからないから外国製品が同じ値段で買えるね

免許が一緒だからどこで仕事をしてもいいのか

自由に好きな国へ行けるのってうらやましい

生徒の認識のズレ

それって出て行かれる国もあるんじゃ？

ラトビアでは人口が23%も減っている！

やった！私の国は増えているわ！豊かな国へと人は移動しているのかな？

こんなに差があるの！GDPが低い国から高い国へと人口は流れているのね。

こんなの良くない。シェンゲン協定なんてやめるべきだ。

意見の対立

うーん…けど、私の国は困っていないし、たくさんのメリットがなくなるのはちょっと…。

絶対やめるべき。僕の国は23%も人口が減っているし、このままだと本当に国がなくなってしまう。

言っていることはわかるけど、人が自由に移動することでより経済が活発に回るし。

地図化することで、ヨーロッパ州における東欧と西欧の大まかな地域的差異を認識していく。また、地図化した資料は第7時の語り合う根拠となる。

マーストリヒト条約からEUが作られた背景や理念を理解する。これが第4時においてEUとしてどうあるべきかの語り合う根拠となる。

シェンゲン協定に対して人口流出を危惧する振り返りから第4時の語り合う問いを設定する。

人口流出によって苦しんでいる人々の声を聞き情意面にも働きかける場を設ける。

担当している国として選択し、語り合うことで、より題材の世界に入り込んでいく。

自分の行きたい国に行くって仕方がないし当然なことなんじゃない？

だからといって、豊かじゃない国がより貧しくなるなんて、EUの理念に反しているよ！

シェンゲン協定をやめるというのはなかなか合意が難しそうですね。ではシェンゲン協定を残したままで、どうやってこの問題に向かえばいいでしょうか？

シェンゲン協定をやめることは難しいけど、豊かな国が貧しい国にお金を分配することで少しは解消するんじゃないかな？

いろんな案があがりましたね。最終的に各国どの案がいいですか？

自由に居住してよいを制限するとか？

5

◆1人のシリア少年が亡くなった写真が、なぜ世界中からヨーロッパを非難する声につながったのかを考える中で、シリア難民とヨーロッパが抱える難民問題に出会う。

前回、域内の人の移動が問題となっていましたが、域外からの人の移動が問題となっているそうです。こちらの記事を見てください。

かわいそう…。けどなんで、「ヨーロッパの残酷な姿勢」とか「分断されたヨーロッパ」というタイトルがついているの？

| 資料9 | 2015年9月2日　トルコの浜辺に打ち上げられた少年の写真と記事 |

（学習課題）なぜ世界はヨーロッパを非難したのか？

シリアの幼い少年の悲劇的な写真とそれを報じヨーロッパの姿勢を非難している記事から「なぜヨーロッパが非難されるの？」という生徒の素朴な疑問を生み出す。

この少年はシリア内戦によって難民となった一人になります。

こんな悲惨な内戦が2011年からずっと続いているのか！

資料10	シリア内戦の様子の動画
資料11	トルコの難民キャンプの様子
資料12	国連難民条約

トルコが350万人の難民を抱えるなんて無理がある。もっと他の国が受け入れるべきだ。

難民に対して共感的な姿勢も不可欠なため、実際の難民の苦しい生活などを見せ、情意面にも働きかける場を設ける。

そこでトルコにいた難民が目指した場所が？

近いヨーロッパか。たしかにEUは人権を尊重することも掲げているし、トルコよりも豊かだから。

| 資料13 | ギリシャの国境のようす |
| 資料14 | ブルガリアの国境のようす |

え？難民を追い払っている？ギリシャやブルガリアはひどすぎる！

難民たちをギリシャやハンガリーが難民を追い返す姿などを見ることで「難民を助けるべきだ」「ヨーロッパの姿勢は酷い」という生徒の率直な思いが引き出される。

国境をふさがれた難民が次に行ったのが地中海を渡ってヨーロッパにたどり着くという方法でした。しかし、そこでは1年間で22000の死者が生まれ、その1人として記事に取り上げられたのです。

なんで難民の受け入れを渋ったの？

6

（学習課題）なぜヨーロッパの国々は難民の受け入れを拒んだのか？

◆ヨーロッパの国が難民を追い払った理由の一つとしてダブリン規約があることを知り、単元を通した資料に基づいてダブリン規約の是非について考える。

難民が最初に到着した国で難民申請手続きを義務付ける（ダブリン規約）って地中海沿岸国やシリアに近い国にとって不公平じゃない？

7
本時

（学習課題）ダブリン規約を続けるべき？なくすべき？

◆ダブリン規約の是非について資料に基づいて考えを語り合う。難民の公平な配分を考察することを通して、日本のあり方を捉え直す。

今のままだと、比較的豊かではない国も多く難民を受け入れているから不公平だと思う。

ヨーロッパの国々がなぜ難民を拒んだのかという振り返りから、第7時では難民受け入れにおけるデメリットを①資金面②土地③治安の悪化④異文化の流入という4つの視点から確認する。

資料15	シリア難民の分布とヨーロッパに入っている主なルート
資料16	2014年のヨーロッパ各国の難民申請数
資料17	ヨーロッパ各国のGDP主題図
資料18	ヨーロッパ各国の面積主題図
資料19	ヨーロッパ各国の人口主題図
資料20	1997年〜2021年におけるヨーロッパ各国の人口増減率

ダブリン規約がないとより豊かな国に難民が集中しそう

そもそも豊かな国が多く受け入れて、そうじゃ無い国が少なく受け入れるって公平なの！

それは、当然じゃない？豊かな国が多く受け入れるべきだろう。うちの国は面積も小さいし。

今公平性について出ましたが、GDPの比率によって公平に難民を分配した数を見てみますか？

| 資料21 | 各国のGDPに基づいて難民申請を分配した主題図 |

えっ、ラトビアは現状より増えるの…。

ダブリン規約を続けるとみんなが言うように地中海沿岸国に難民申請が集中している現状が解決できず、なくすとより豊かな国に難民申請が集中してしまいます。各国に配分するのが良い方法ですが。この数を各国受け入れることはできますか？

うーん…。

○「自国優先」と「人道主義」のジレンマを実感したあと、実際のヨーロッパでは、東欧が配分の受け入れを拒否したこと、ドイツで受け入れを進めて国内が混乱したことを知る。そして、日本の現状（難民の受入数はとても少なく、難民支援の金額はとても多い）を「自国優先」と「人道主義」の視点から捉え直させる。

6　本時の学習指導
（1）目標
- ・　ダブリン規約の是非について、自国の地理的特色（GDPや人口）、ヨーロッパ州全体の地域的特色（豊かさや人口、難民申請の広がり）を踏まえて、考察し、自分の考えを表現することができる。
- ・　難民の公平な配分についての議論や考察を通して、「自国優先」と「人道主義」の視点から現在の日本のあり方を捉え直し、今後の日本のあり方を考えることができる。

（2）学習指導過程

学習内容及び学習活動	予想される生徒の反応	○教師のかかわり
学習課題：ダブリン規約を続けるべき？なくすべき？		
1　学習課題について単元の学びに基づいて自分の考えを明らかにする。（四人班・同質・異質）	・　ほかの生徒との対話を通して、自分の考えを捉え直している。	○　資料の一覧を配布し、資料に基づいて説明させる。
2　ダブリン規約の是非について自分の考えを発表する。（全体）	・　他の考えを聞いて、自分の考えを捉え直している。	○どの資料からそう考えたのか、必ず資料に基づかせて語らせる。
		○　同質ごとに発表させ、異質の考えを持つ生徒に疑問点を質問させる。
		○　生徒の語り合いを踏まえ、論点を「公平性」に絞っていく。

立場　　S1、S2：ダブリン規約をなくすべき　　S3、S4：続けるべき

T　：では、考えを。どうですか？はい、○○さん、どうぞ。
S1：私は、なくすべきだと思います。資料3のようにギリシャやブルガリアなど比較的貧しい国が難民を多く受け入れており、また、難民が資料1のようなルートを通るとして、初めに着いた国が受け入れるのなら、地中海沿いの国やシリアなどのまわりの国の負担感が大きいからです。
T　：S2さん、うなずいていましたが、S1さんの考えについて、どう思いますか？
S2：私もなくすべきだと思っていて、資料2のようにヨーロッパ内でも貧富の差が大きいです。余裕があり面積も大きい国が受け入れるべきだと思うからです。
T　：今のS1さんとS2さんの話について、S3さん、どうですか？
S3：私は、ダブリン規約を続けるべきだと思います。なぜなら、現状でさえ難民申請数が多いとこ

ろは 202645 人、少ないところは 155 人と差が大きすぎるからです。この差は資料3のように、Ｇ Ｄ Ｐが高い国に難民は申請しており、ＧＤＰが少ない国に申請していないことがわかります。もし、ダブリン規約がなくなったら、余計にＧＤＰが高いところに集中するからです。

T ：S4さん、どうですか。

S4：たしかに、比較的貧しい国にも難民を多く受け入れている国はあります。けど、すべての国がそうではないですし、資料2を見ても地中海沿いの国も必ずしも多いわけではないと思います。だからそんなに負担感があるのかどうかと思うからです。

S1：言っていることは分かりますが、じゃあギリシャやブルガリアが多い現状をほっといてもいいってことですか？

S3：それを言ったら、現状ドイツが20万人も来ていることの方が不公平だと思うんですが。

T ：なるほど。今話を聞いていると、公平性が論点になっていますね。ではどんな国が引き受けたら公平だと思うのですか？ちょっと4人班で話し合って。

		○　仮に「なくすべき」という考えに偏った場合は、「ドイツが多いのは構わないの」と教師から問い、それはなぜなのか理由をさらに問う。
		○　論点が「各国の豊かさ」「各国の人口」「現状の申請数」が予想されるため、「豊かな国が多く引き受けなければならないってこと？」「人口が多い国、少ない国どちらが引き受けるの？」「とても申請数が少ない国があるけどこれはみんな納得なの？」など焦点化しながら4人班に返す。
3　資料「各国のＧＤＰに基づいて難民申請を分配した主題図」から、公平な配分を知る。	・　現状の難民申請数はドイツにとって公平性がなく、各国の申請数は増えることを認識する。	○　ＧＤＰによる公平な配分を各国が引き受けることができるか問う。
		○　「だとしても豊かな国が引きうけなければいけない」という考えが出た場合は、「前時の振り返りで助けたいと言っていたのに各国は難民を救いたくないの」と問い返すことで自国優先が強まっていることに気づかせる。
4　ヨーロッパと日本の現状を「自国優先」と「人道主義」の視点から捉え直し、これからの日本のあり方について語る。	・　日本はどんな国なのか、そしてこれから日本はどうあるべきなのか、を振り返りに書いている。	○　実際のヨーロッパでも難民申請を配分することが唯一の解決方法として、各国が議論を重ねたが、東欧が配分の受け入れを拒否したこと、一方でドイツが100万人の受け入れを認めることを発表して国内でデモが多発し難民排斥が生まれたことを紹介する。一方で日本は難民受入数・申請数ともに低いこと、ＵＮＨＣＲに対する拠出金は世界でも3位であることを紹介し、「日本とはどんな国なのか」を投げかける。

7 見取り

- ヨーロッパ州に対する「ものがたり」の変容（単元が始まる前のヨーロッパ州の捉え
  と単元を終えた段階での捉えの変容の記述）があるかを単元終了後のレポートで見取る。
- 自己に引きつけた語り（「自国優先」と「人道主義」の視点から現在の日本のあり方
  を捉え直し、今後の日本のあり方を考えている記述）があるかを単元終了後のレポート
  で見取る。

参考文献

- 川口マーン惠美（2019）『移民 難民 ドイツ・ヨーロッパの現実 2011-2019 世界一安全で親切な
  国日本が EU の轍を踏まないために』グッドブックス
- 川野祐司（2021）『ヨーロッパ経済の基礎知識 2022』文眞堂
- 小山洋司（2019）「ルーマニアからの人口流出の諸問題」『事業創造大学院大学紀要』10 巻 1 号
- 小山洋司（2019）「リトアニアからの移住と過疎化」『ロシア・ユーラシアの社会』12 月号
- 小山洋司（2020）「EU 周縁国からの人口流出と過疎化」『日本 EU 学会年報』40 号，pp. 175−198
- 友原章典（2020）『移民の経済学 - 雇用、経済成長から治安まで、日本は変わるか - 』中央公論新
  社
- 中井遼（2016）「リトアニア・ラトヴィア - 東欧の E（Im）migration 問題の極端例として - 」,
  岡部みどり編『人の国際移動－地域統合は「国境」をどのように変えるのか？－』法律文化社
- 永吉希久子（2020）『移民と日本社会 - データで読み解く実態と将来像 - 』中央公論新社
- 墓田桂（2016）『難民問題−イスラム圏の動揺、EU の苦悩、日本の課題 - 』中央公論新社
- 早川学（2020）『ドイツ通信「私の町の難民」－ヨーロッパの移民・難民の受入れと共生のこれか
  ら - 』柘植書房新社
- 宮島喬/佐藤成基編（2019）『包摂・共生の政治か、排除の政治か - 移民・難民と向き合うヨーロ
  ッパ - 』明石書店
- 渡邉哲也（2016）『貧者の一票 グローバル経済の崩壊と連鎖する無血革命』扶桑社
- Albert O. Hirschman /矢野修一訳（2005）『離脱・発言・忠誠－企業・組織・国家における衰退
  への反応－』ミネルヴァ書房
- Catherine Wihtol de Wenden/太田佐絵子訳（2019）『地図とデータで見る移民の世界ハンドブッ
  ク』原書房
- Douglas Murray/中野剛志訳（2018）『西洋の自死 - 移民・アイデンティティ・イスラム - 』東洋
  経済新報社
- Frank Tetart/蔵持不三也訳（2022）『地図で見るヨーロッパハンドブック』原書房
- Guillermo Abril/ Carlos Spottorno/上野貴彦訳（2019）『亀裂－欧州国境と難民－』花伝社
- Ivan Krastev/庄司克宏訳（2018）『アフター・ヨーロッパ - ポピュリズムという妖怪にどう向き
  あうか - 』岩波書店
- NHK 取材班（2019）『データでよみとく外国人 "依存" ニッポン』光文社
- Patrick Kingsley/藤原朝子訳（2016）『シリア難民 人類に突きつけられた 21 世紀最悪の難問』
  ダイヤモンド社

数　学　科

逸　見　翔　大　・　中　居　朋　子　・　松　添　啓　子

疑問や気づきを自ら生み出す生徒の育成
－　数学をつないで語ることで生まれる「ものがたり」を通して　－

　本校数学科では、生徒が数学を学ぶことの意味や価値を実感するための手立てについての研究に、一貫して取り組んできた。これまでに、「数学ものがたり」をつむぐ振り返る活動を取り入れた授業(2014)、数学から学ぶ価値に気づくための数学の本質に気づく「問い」と数学と自己との関わりを見つめ直す「語り直し」を取り入れた授業(2016)、他者と学び合うことから生まれた新たな問いや気づきを基に数学化のよさを実感できる授業(2018)、数学的な見方・考え方が豊かになる授業(2020)、「数学で語ること」の意味や価値を実感できる授業(2022)について研究を進めてきた。

　今期の研究では、これまでの研究を継承しつつ、数学的活動の中で、生徒自らが疑問や気づきを生み出すことで、数学を学ぶ意味や価値を実感できるのではないかと考え、その手立てについて追究していくこととした。

研究主題について

「生涯にわたって学び続ける生徒の育成」のために、数学を学ぶ意味や価値とは何だろうか。数学教育研究では、これまでの数学学習の目的を、人間形成的目的(陶冶的目的)、文化的目的、実用的目的の3種に分類している（長崎ほか、2007）。本校数学科ではこれらの中でも人間形成的目的に着目し、疑問や気づきを自ら生み出すことが重要であると考えた。それは、先行きが不透明な現代社会において、現象に対して問いをもち、論理的に思考したり、自らの思考を振り返って新たな視点から思考し直したりすることで、問題の解決策を見出していくことが大切であると考えたからである。このような問題解決過程において、数学は大きな力を発揮すると考えられる。そこで本校数学科では、研究主題を「疑問や気づきを自ら生み出す生徒の育成－数学をつないで語ることで生まれる「ものがたり」を通して－」と設定した。

なお、本校数学科では、数学をつないで語ることで新たに生まれる「ものがたり」を「自己にひきつけた語り」として、次のように定義している。

数学科における「自己に引きつけた語り」とは

数学的活動を通して、今までの学習や日常生活での経験と関係づけたり、他者の考えと比較したりしながら、自己の数学を学ぶことの新たな意味や価値を獲得した語りのこと。

研究の目的

上記の研究主題の具現化を図るために、次の3点について研究を進めることを研究の目的とする。生徒の主体的な学びを生み出すための<u>数学を活用する場面設定の工夫</u>、<u>問いから数学を生み出したり数学から問いを生み出したりする場面設定の工夫</u>、<u>「振り返り」や「語り直し」を通して「自己に引きつけた語り」を深める場面設定の工夫</u>、である。

<u>数学を活用する場面</u>について、生徒は数学を活用することで日常生活と数学がつながり数学の有用性を感じ、数学を学ぶ意味を感じていくことができる。このような活用の学習は、生徒の探究する学びをより促すのに効果的である（吉田ほか、2022）。<u>問いから数学を生み出したり数学から問いを生み出したりする場面設定</u>について、生徒は問題解決の場面で直観的に「なぜ？」と疑問に思ったり、「～ではないか」と予測したりする（相馬、2017）など、授業の中で感性を働かせており、そのような感性的な思考が、数学を学ぶ意欲につながっていることがわかった（鹿毛、2019）。<u>「振り返り」や「語り直し」を通して「自己に引きつけた語り」を深める場面設定</u>について、生徒の学びを深めるためには、生徒の既有のものがたりを変化させ続けていくことが重要である。そのために、既有のものがたりを振り返って思考し直したり、そのものがたりを語り直して他者と議論したりすることが必要である（大前ほか、2014）。

上記の研究の目的の具現化のために、下記の3点を研究の柱として研究を進めることにした。

研究の内容

（1）　これまでの学習経験を活かす題材や論理的に考えるための単元構成の工夫

（2）　疑問や授業での感情を表出する毎時間の授業の振り返りの工夫

（3）　学習したことをつないで語ることを促す「My Math Story」の活用

（1）　これまでの学習経験を活かす題材や論理的に考えるための単元構成の工夫

　数学を学ぶ意味・価値を実感するためには、学んだことを活かす場面があることや、学習したことからさらに深く考え、新たな知識・技能を獲得したり、新たな考え方が生まれたりすることが大切であると考えた。

　このことから、生徒が自ら学ぶために、これまでの学習経験を活かして考えることのできる題材を扱い、生徒が「なぜ？」や「どうして？」と疑問に思う場面を意図的にしかけることが必要であると考えた。例えば、図1の単元「正五角形の作図」の単元構想図のように、中学1年「平面図形」における作図について学習した後に、「正多角形の作図」を題材として扱う。正多角形の作図方法を学ぶだけではなく、「なぜその作図で正方形がかけるのか」や、「正〜角形まで作図できるのか」「正五角形は作図できるのか」などと問いかけることで、学習したことを用いて論理的に考えようとすることができる。このような題材を単元の中で扱うことで、生徒の中に疑問を生み、学んでいく中で「難しい」「悔しい」「できて嬉しい」などの感情をもつのではないかと考えた。

図1　単元「正五角形の作図」の単元構想図

時間	学習課題（中心の問い）と◆学習内容	生徒の思考・反応・振り返り
1年時	**（平面図形）** **正n角形はどのようにすれば作図できるのか？** ◆正方形、正八角形を作図し、他に作図可能な正多角形はないか考える。 ★①この考え方を使えば、正n角形の作図は、どのくらいの自然数までできそうですか。 ★②円に内接する正多角形は、無限に作ることができそうですね。正多角形の作図は、皆さんにどんな気づきや発見がありましたか。また、何か疑問に思ったことはありませんか。	2×2×2×…の数の正多角形は、角の二等分線を使って作図することができる。数が大きくなるにつれて、円に近づいていく。 正六角形も作図できるから、12、24、48…の正多角形も作図できるはず。 実際に正四十八角形なんてかくことはできないけど、方法を説明することはできる。今回しなかった正五角形や正七角形は、作図できないのかな。
2年時	**（平行と合同）** **凹多角形のへこんだ部分の角の大きさはどのように求めるのか？** ◆凹五角形のへこんだ部分の角の大きさを求め、その求め方を一般化し、証明する。 ★③いろいろな補助線のひき方で考えることができましたね。この単元を通して、学習前と後で、補助線の捉えは変化しましたか？	補助線は問題を解くためだけのものではなく、考え方を表すものだと感じた。 補助線をひくパターンは、ひとつだけではなくたくさんあることがわかった。いろいろな補助線から、みんなの考え方が見えてきてとても面白かった。

★①、②正多角形の作図可能性を考えることで、理論上無限に正多角形を作図することができることをおさえ、「正五角形は作図できるのか？」という問いを生み出す。

★③多様に考えたり、筋道立てて論理的に考えたりすることで、統合的・発展的に思考する力を身につけるとともに、証明の素地をつくる。

1	（3年時） （平方根） <u>√2cmはどのように作図するのか？</u> ◆無理数の長さを作図する方法を考える。 √2cmや√5cmは，正方形をかいて作図することができましたね。このことを使って、何か作図できるものはないでしょうか？	無理数をかくことなんてあるのかな。作図は角の二等分線など、角についてのものが多かったから、長さについては…この後の学習で何かに使うのかな。	無理数を作図することができることをおさえる。
2	<u>黄金比とは？</u> ◆黄金比について知り、どのようなところに黄金比が隠れているかを考える。 黄金比はTVの縦と横の長さの比などで使われています。他にどんな所に黄金比が隠れているでしょうか？	今まで黄金比なんて考えたことがなかった。紙の縦の長さと横の長さの比や、タブレットのディスプレイ画面の縦と横の長さの比も、黄金比なのかもしれない。	正五角形の1辺と対角線の長さの比である、黄金比について取り扱う。
3	（2次方程式） <u>解の公式はどのように使われるのか？</u> ◆2次方程式の解の公式が、どのように使われるかを考える。 ★④2次方程式を解の公式を使って解く方法を知る。2次方程式 $x^2 - x - 1 = 0$ の解を求める。	$x^2 - x - 1 = 0$ の解は $x = \dfrac{1 \pm \sqrt{5}}{2}$ だ。これは黄金比のところで出てきた値だ。	★④対角線の長さを求めるために扱う2次方程式の解き方について学習する。
4	（相似な図形） <u>正五角形の中にある相似な三角形にはどのような特徴があるか？</u> ◆正五角形の対角線をひき、相似な三角形がいくつ隠れているかを考え、証明する。 正五角形には、大きく分けて2パターンの相似な三角形の組がありますね。これが相似であると証明できますか？★⑤相似ならば、どんなことが次はわかりますか？	相似な二等辺三角形の組が2パターンある。 	★⑤正五角形の中にある相似な三角形を見つけ、対角線の長さを求めることを第5時の学習課題とする。
5 （本時）	<u>正五角形の対角線の長さにはどのような秘密があるのか？</u> ◆正五角形の対角線の長さを求める方法を考える。 正五角形の対角線の長さを求めることができましたね。★⑥このことを使って、正五角形を作図することはできないでしょうか？	相似ということは、対応する線分の長さの比が等しいから、1辺の長さと対角線の長さの比を求められるかも。 対角線が $\dfrac{1+\sqrt{5}}{2}$ になるのはわかったけど、そんな数を作図することなんてできるの？	★⑥対角線の長さをもとに作図できないかを考え、方眼を用いて作図することを第6時の課題とする。
6	<u>正五角形の作図はどのようにするのか？</u> ◆正五角形の対角線の長さをもとに、正五角形を作図する方法を考える。 正五角形の対角線の長さを使って作図できましたが、この作図したものが、★⑦なぜ正五角形ということができるのでしょうか？	平方根のところで、$\sqrt{5}$ の作図ができたから、$\dfrac{\sqrt{5}}{2}$ の作図もできるのではないかな。 面積が5の正方形の1辺の長さが√5になったけど、本当にこれは√5といっていいのだろうか。	★⑦なぜ正五角形といえるのかを考えることで、直角三角形と辺の長さの関係について考えることを促す。

7	**（三平方の定理）** **どのような比の直角三角形を作図することができるのか？** ◆三平方の定理を利用して、いろいろな辺の比の直角三角形を作図する。 三平方の定理を使うと、なぜ√5の長さになるか説明できますね。★⑧これまでの学習をつなげると、どんなことがいえるでしょうか？	三平方の定理がいえるから、直角をはさむ2辺が1、2になる直角三角形の斜辺の長さは√5といえるんだ。 ということは、正五角形の対角線の長さが$\frac{1+\sqrt{5}}{2}$になることも、三平方の定理を使えば説明することができそうだ。
8	**なぜ正五角形を作図できるのか？** ◆これまで学習したことを利用し、作図した正五角形が本当に正五角形であることを証明する。 これまでの学習をつなげて考えると、正五角形の作図ができる理由がわかりますね。★⑨この学習で、どんなことを感じましたか？	正八角形などは、いろいろな作図方法があったけど、正五角形には他の作図方法はないのかな？ 1年生のときに正多角形の作図をしたけど、正五角形が作図できるとはその時は思わなかったな。作図できる方法だけではなく、なぜ作図できたのかまで考えることができるなんて面白い。すごく頭使った。
課題	◆「正五角形の作図」に対するものがたりを記述する。 ★⑩3年間の自分の学習の振り返りを、My Math Storyで確認する。	

★⑧三平方の定理を用いると、正五角形の作図について証明できることに気づかせ、第8時の学習課題につなげる。

★⑨正五角形の作図を通して、学習がつながっているということを実感させる。

★⑩3年間の数学での学びは、自分にとってどんな意味や価値があったかを振り返らせる。

また、学習のサイクルが、一度きりで完結するのではなく、学習したことを活かしてさらに学習を進めることが大切であると考えた。図2のように、ある問題の解決を行い、その過程や自分の感じたことを振り返り、さらに統合的・発展的に考えたり、日常の生活や社会の事象とつなげたりすることで、新たに疑問が生まれる。また、その疑問を解決し、他領域・他学年の問題において、問題を解決していくということを意識し、図1のように、単元を構成する。このように、これまでの学びや今後の学びを見通して単元を構成していくことで、新たな疑問が生徒の

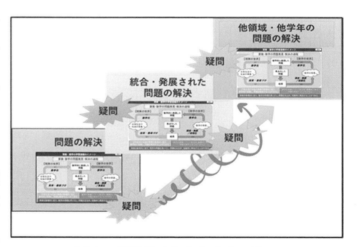

図2 学習サイクルのイメージ

中に生まれ、学んだことを根拠として論理的に考えることができるのではないかと考えた。また、生徒の数学的な資質・能力が繰り返し活かされていることや、他領域・他学年とのつながりも実感できることで、生徒の題材(単元)に対する「ものがたり」が変容するのではないかと考えた。

（2）　疑問や授業での感情を表出する毎時間の授業の振り返りの工夫

授業後の生徒の振り返りを分析すると、大きく次の3つに分類されることがわかった。

- ・「～ができた」「～がわかった」など、授業で身につけた知識・技能や、できるようになったことについて振り返るもの
- ・「～で嬉しい」「～と知ってびっくりした」など、自身の感情を振り返るもの
- ・「～になると、どうなるのか」など、疑問が生まれているもの

今期の研究では、できるようになったことについて振り返ることより、自身の感情や、疑問が生まれている振り返りを生むことに重点を置き、授業後の振り返りの手立てを考えた。

振り返りの手立てとして、図3のように、単元ごとの毎時間の授業の振り返りカードを作成した。まず、本時の「私の感情を表すと…」という振り返り項目を設け、自身の感情を表出するよう促した。このことで、自身がこの授業で「できた」「わかった」ことの振り返りにとどまらず、自分にしかない感情を表出し、どのように情意面が揺さぶられたかを表すことができるのではないかと考えた。

また、「本時の学習を生かして、これからどのように学んでいきたいか」という視点と、「本時の学習は、これまでの学習とどのようにつながっているか」という視点を設けた。このような視点を設けることで、図4のように、「共通点はあるのか」と、これまでの学習とのつながりを考えたり、「三角形以外では」と、条件が変わると

図3　2年「三角形と四角形」での生徒Aの
授業後振り返り

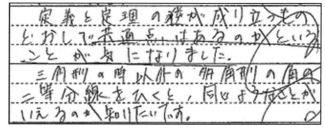

図4　3年「相似な図形」での生徒Bの
授業後振り返り

どうなるのか考えたりするなど、新たな課題や法則などを自分で見つけ、自ら主体的に学ぼうとするのではないか、また、このような振り返りを行うことで、より自己に引きつけた語りが生まれるのではないかと考えた。

（3）　学習したことをつないで語ることを促す「My Math Story」の活用

数学を学ぶことが、自分にとってどのような意味・価値があったかを語るために、中学校3年間で使用する「My Math Story」ファイルを準備する。

各単元の終末には、図5のように、研究の内容（2）での振り返りカードをもとに、単元での学習が自分にとってどんな意味・価値があったかを語る。また、この振り返りをポートフォリオとして蓄積し、学年の最後には、図6のように、その1年間での「My Math Story」を記す。このような語

りを行うことで、<u>下線部のように、自分なりの単元を学んだ意味や価値を実感する</u>ことができると考えた。

　このように、単元を学ぶ意味について蓄積していき、これまでの学習やこれからの学習をつなぐ手立てを行うことで、中学校3年間での自身の「数学ものがたり」を振り返る(語る)ことができ、数学を学ぶ意味・価値の実感につながるのではないかと考えた。

☆私にとって（　補助線　）とは、（自分の都合の良いように引い直せるもの）である。

> 正直言うと最初、補助線めっちゃ適当に引いてました！「なんとなくこの辺かな～」で後先考えずに何も補助してくれない線を書いて、消しをくり返していました。こういう問題が出てきたとき、まず、よくわからないところに補助かしてくれない線を書きました。当然わからなくて友達に教えてもらいました。こんなやつを引いてました。「お～っ」って言ったら、「どこの情報がほしいか考えてからひいたら良い」とアドバイスをもらいました。なるほど。次に凹四角形のへこんだ部分の角度をもとめる問題をしました。角から角に引くことにこだわらなくても、平行に引いて錯角を使うという方法もあったし、四角形の内角の和が360°という事を使っても求めることができました。ここで出た新しい発見は「補助線は何本でも引いていい」ということです。平行な線を錯角で証明したいぶんだからひいてく線は〇〇ないという事の証明ができました。線の引き方は少し難しくなるけど、証明のときに使える材料が増えるから、証明の方が苦手な私は、このやり方が一番かんたんだと思いました。凹四角形に慣れてきたころ…新たな問題、凹五角形の勉強をはじめました。具体的には凹五角形をやりました。凹五角形の∠Aの大きさを見ていくとa+b+c+d-180で求められることがわかったので、さっそく証明していきました。私は同位角を使った証明のための補助線を引こうと考えました。だけど、同位角に平行な線がいることを忘れていて、意味不明な線を引くは、証明に行きづまる事件がおきました。わかり、どこかの辺の延長上にこだわってしまうところがあったけど、練習問題を解いていくうちに大分適当な線が引けるようになってきました。この単元で大事となったのは、「考えることをやめないこと」と「平行」だったかなと思います！解けるようになってくると、楽しかったです。

図5　2年「三角形と四角形」での生徒Cの単元終了後の語り

My Math Story

（　2　）年生（　2　）組（　　）番（　　　　　　　　）

（　2　）年生での1年間の数学の学習を振り返って、感じたことや、自分の考え、見方や考え方が変容したことは何かを、自分の「ものがたり」として記そう。

☆私にとって（（　2　）年生の数学）は、（新しい発見をたくさんできたもの）である。

> 私は1年の時から数学がとびぬけて点が悪かったため、学習するモチベーションもあがらずに、ずっとできないままきていました。そんな中はじまった2年生での数学、始めは「とりあえずやってみよう」と思うもののなかなかあがりませんでした。1年の時なら、「ダメだった、あきらめよう」と思っていました。しかし、2年生になった私は、少しその考えが変わりました。「どうしてできないんだろう」そう考えるうちに、みんなはできているんだから、私もどうにかがんばればいけるのでは？と考えるようになりました。しかしやっぱり1人では、分からないものは分からない。とてもたいへんでした。だから班で話し合ったり、教えてもらったりすることで、私がわからないところをそのままにするのではなく、ちゃんと解決することができました。私が証明で困っていた時、班のメンバーが「どこからわからない」と聞いてくれました。私が分からないことを言うと、みんなが「定義と定理が分かれば解きやすいよ」と教えてくれました。すると自分が証明が苦手だったのが不思議になるくらいすらすら解くことができました。そこで私は、自分で全てやりきろうとするのではなく、班の人や周りの人や先生に、わからないところを質問する、ということが大切なんだと知ることができました。私が今1番学んだことは、とにかく自分でやってみることです。2年生のはじめの方は問題を見ただけで、むずかしいときめつけて解こうともしていませんでした。そうすると、自分で考えて解く力がどんどんなくなっていきました。しかしこの1年間を通して勉強していくうちに、単元がどんどんむずかしくなっていくと逆に、「むずかしくなっていったらどんどん解けなくなるのはくやしい」と思うようになりました。だから私は、むずかしそうでも解ってみないと分からない。まず解いてみよう。と思うようになりました。
> この1年間は私にとってたくさんの発見ができた1年間だったと思います。たくさん考えて、どうしてもわからなかったときは周りの人に相談する。私にとって1番大事なことを見つけることができたと思います。3年での数学でも、この1年間で身についたことを生かして学習していきたいです。

図6　2年生徒Dの「My Math Story」

成果（○）と課題（●）

研究内容（1）これまでの学習経験を活かす題材や論理的に考えるための単元構成の工夫

○　生徒の学習経験から題材などを考えたことで、「なぜ？」という疑問に対し、自身のこれまでの経験を活かし、筋道を立てて論理的に考察することができていた。日常生活から数学で扱えそうな題材を見つけるなど、今後も教材開発をしっかりと行っていきたい。

●　単元を構成していく中で、1時間の授業の中で教師が意図的にしかけ、生徒にもたせたいという疑問が、次の時間の授業と本当につながっているのか検討が必要である。生徒の反応や振り返りなどを分析すると、教師が思っているよりも、数学のつながりについて実感できていないように感じた。他学年・他領域の学習や、この単元で学ぶことは何か、生徒に何を学んでほしいのか、どのような生徒を育成したいのかを意識し、1時間1時間の授業の意図を考えながら単元を構成していく必要がある。

研究内容（2）疑問や授業での感情を表出する毎時間の授業の振り返りの工夫

○　疑問をもつような手立てを行うことで、新たな法則を考えようとしたり、次時へのつながりを持てたりしていた。また、「できて嬉しかった」「びっくりした」「わからなかった」などの感情を自分自身の言葉やマークで振り返ることで、研究内容（3）の「My Math Story」が、自分にとっての数学を学ぶ意味につながっていると感じた。自分自身で疑問をもつことから学びが深まっていくという意識をもち、授業の中での生徒の感性的な思考をこれからも大切にしていきたい。

●　生徒が「なぜ？」「どうして？」と抱く疑問は、振り返りの場面だけでなく、授業中のいろいろな場面で生まれている。しかし、問題解決場面で色々な解法について話し合ったり、自身の考えを伝えたりする授業に終始してしまい、生まれた疑問を表出できていない現状がある。授業後の振り返りの視点を常に黒板に掲示するなどし、授業の中で「この視点で考えると」などと問うことで、振り返りだけではなく、常に疑問をもち、それを共有できるような手立てを講じていきたい。

研究内容（3）学習したことをつないで語ることを促す「My Math Story」の活用

○　1年間または3年間の学習を振り返り、数学を学んだ意味や価値について自ら語ることで、自分にしかない学びの振り返りを蓄積していくことができた。また、各単元の学びについて振り返ることで、単元と単元をつなぐことができ、1年間の数学を学んできた意味について、考えるきっかけになったと感じる。

●　生徒の「My Math Story」を、価値づけていく取り組みを、今後考えていきたい。「My Math Story」に教師からコメントを書いたり、生徒同士で読み合って感想を述べたりする活動を取り入れるなど、数学を学んでよかったと思えるようにしたい。

引用・参考文献

石井英真(2020)『授業づくりの深め方』ミネルヴァ書房

大前和弘・中西健三・大西光宏(2014)『研究紀要』香川大学教育学部附属坂出中学校 pp65-80

大前和弘・渡辺宏司・大西光宏(2016)『研究紀要』香川大学教育学部附属坂出中学校 pp75-92

岡本光司・土屋史人(2014)『生徒の「問い」を軸とした数学教育―人間形成のための数学教育をめざして―』明治図書

鹿毛雅治(2019)『授業という営み』教育出版

加固希支男(2022)『「個別最適な学び」を実現する算数授業のつくり方』明治図書

片桐重男(1988)『数学的な考え方の具体化』、『問題解決過程と発問分析』明治図書

田村三郎(1994)『なぜ数学を学ぶのか』大阪教育図書

長崎榮三・滝井章(2007)『何のための算数教育か』東洋館出版

中島健三(1984)『算数・数学教育と数学的な考え方―その進展のための考察―』東洋館出版

相馬一彦(2017)『「主体的・対話的で深い学び」を実現する！数学科問題解決の授業ガイドブック』明治図書

永田潤一郎(2017)『中学校 新学習指導要領の展開』明治図書

中村義作・阿邊恵一(2002)『サクサクスラスラべんり速算術――一瞬でできる驚異の計算術―』日本実業出版社

馬場卓也(2020)『批判的数学教育の哲学―数学教育学の新しい地平―』丸善プラネット

福原満州男他(1981)『数学と日本語』共立出版

文部科学省(2008)『中学校学習指導要領解説数学編』

文部科学省(2017)『中学校学習指導要領解説数学編』

吉田真人・逸見翔大・渡辺宏司(2022)『研究紀要』香川大学教育学部附属坂出中学校 pp124-157

渡辺宏司・山田真也・大西光宏(2018)『研究紀要』香川大学教育学部附属坂出中学校 pp81-101

渡辺宏司・吉田真人(2020)『研究紀要』香川大学教育学部附属坂出中学校、pp109-134

第２学年２組 数学科学習指導案

指導者　中居　朋子

1　日　　　　　時　　令和６年６月７日（金）11：20～12：10
2　単　　元　　名　　平行と合同
3　学　習　空　間　　２年２組教室
4　単元について
（１）本単元は、「中学校学習指導要領解説数学編　数学科の目標及び内容　B　図形」に関する内容である。小学校算数科における図形の学習では、角度の測定や実験などの活動を行い、その性質について考察を行うなど、いわゆる「直観的」な取扱いをしている。中学校数学科における図形指導の意義については、学習指導要領解説では、「図形の性質や関係を直観的に捉え、数学的な推論により論理的に考察し表現する力は、いろいろな分野での学習や活動において重要な役割を果たす」とあり、直観的にわかるということだけを目的にするのではなく、「なぜそのように考えたのか？」を論理的に考察し、筋道立てて説明することが求められていると考える。第１学年では、作図や空間図形などの学習において、単なる操作や作業だけに終始せず、考察したことを筋道立てて説明する機会を設ける。第２学年では、図形の性質について学ぶとともに、図形の性質を演繹的に確かめ、証明することが取り扱われるようになり、証明する活動を通して、論理的に考察し表現する力を育成していくことを目標としている。

　　これらのことを踏まえ本単元では、平行線と角の関係や多角形と角の関係について、筋道を立てて論証することについて学び、図形に関する知識を深めるとともに、論証する面白さに気づくことを目標としたい。また、角度について探究的な学びを行い、自分なりに見いだしたこと、確かめたこと、工夫したことなどを数学的な表現を用いて論理的に説明し、伝え合う活動を行う。このような活動を通して、論理的に考察し表現するよさを実感させたい。

（２）本学級は35名である。事前のアンケート（n=35）で、「数学の授業で「なぜ？」「どうして？」と思うことがあるか」との質問や、「それを解決しようと取り組んでいるか」との質問に、32名が肯定的に答えた。しかしながら、「自分の考えが相手にうまく伝わるよう、根拠や話の組み立てなど、何か工夫している」と答えた生徒は11名、「解決までの過程を振り返って、他にも方法がなかったか考えている」と答えた生徒は３名であった。そこで、いろいろな図の見方や考え方ができる問題や題材を扱い、自分の考えの根拠を相手にわかりやすく伝えたり、互いの考え方の違いやそれぞれの良さを振り返ったりさせる機会を積み重ねていきたい。

（３）本単元（題材）を指導する（個の「ものがたり」をつむがせる）にあたって、次の点に留意したい。
   ・　この単元で学んだ内容が、前学年や他領域で学習したこととつながって、自身の数学に関する理解が深まっていると実感できるように、単元を構成する。例えば、文字式を用いて説明する活動を行うことで、代数領域と幾何領域のつながりをもたせる。
   ・　生徒が自分なりに工夫して数学的な推論を進めるために、書き方にこだわることをせず、表現に幅をもたせるなど、生徒なりの説明に耳を傾ける。
   ・　生徒が自分から「なぜ？」「どうやって？」と困難を感じる場面を設定するために、振り返りで生徒がもった問いを学習課題に設定したり、補助線のひき方が多様である題材を準備したりする。
   ・　単元の学習が、これまでの学習や、これからの学習とつながっているということを実感できるために、授業後の振り返りに「学習したことがどのように生かせるか」などの視点を設け、単元終了後には、単元を通して「自分にとってこの学習はどのような価値があったか」という学びの過程を語る活動を行う。

5 本単元の目標
（1）本単元の「ものがたり」の授業構想図

```
『 も の が た り 』 の 授 業
```

★授業者のねがい（授業を通して生徒に期待する成長や変容）
　平行の学習を通して、数学の授業で「なぜ？」とか「どうやって？」と疑問をもつことが、次の学習につながっていくのだということを実感してほしい。

●単元（　平行と合同　）に対する「ものがたり」の変容

（学習前）
　平行、垂直は身近に存在するものだが、数学の世界で使うものであり、特に何も感じない。「平行だから何？」って感じ。

探究的な学び
他者と語り合う

（学習後）
　なぜ平行なのかを考えることで、論理的に考える力が身についたと思う。平行の奥深さと、疑問をもつことの大切さを感じた。

≪（授業者が考えた）単元学習後の「振り返り」例≫　　＊「自己に引きつけた語り」部分

　「私たちがバランス良く立っていられるのは、平行のおかげ」と聞いても、「ふーん」くらいしか思えなかったです。でも、学習を進めていくうちに、「なぜ？」とか「どうして？」と感じることが、次第に増えていきました。これまで当たり前だと思っていた、「三角形の内角の和は180°」というのも、「なぜ？」と聞かれれば、「確かに…うまく説明できないぞ…。」と思ってしまいました。この単元では、証明というあまりイメージが良くなかったものと出会いましたが、証明は「なぜ？」の説明であり、この単元を通して、いろいろな「なぜ？」の説明ができるようになって、今は嬉しい気持ちです。でも、この単元が終わっても、図形に関する疑問はいっぱいです。正直まだまだ分からないことがあってモヤモヤしています。これからの数学の学習でも、何でも当たり前と思わず、「なぜ？」とか「どうして？」と考え、それを解決していきたいと思います。

（2）本単元で育成する資質・能力

知　識 及　び 技　能	・平行線と角の性質、多角形の角についての性質を理解するとともに、証明の必要性と意味、方法について理解する。	○平行線と角や、多角形の角の性質について理解し、補助線をひいて角度を求めたり、証明の際の仮定や結論を把握したりできる。
思　考　力, 判　断　力, 表　現　力　等	・平行線と角の性質、三角形の基本的な性質を論理的に確かめたり、新たな性質を見いだしたりする力を養う。	○図形の基本的な性質がなぜ成り立つのかについて、学習してきたことを使って説明したり、証明したりできる。
学びに向かう力, 人間性　等	・数学的活動の楽しさやよさに気づいて粘り強く考え、数学を生活や学習に生かそうとする態度、問題解決の過程を振り返って検討しようとする態度、多面的に捉え考えようとする態度を養う。	○証明に粘り強く取り組み、性質が成り立つ理由について考えたり、どんな場合でも使えるよう一般化したものを考えたり、新たに疑問を生み出せないかと考えたりする。

総論
国語
社会
数学
理科
音楽
美術
保健体育
技術・家庭
外国語
学校保健
共創型探究
語り合いの時間

（3）単元構成（全１４時間）

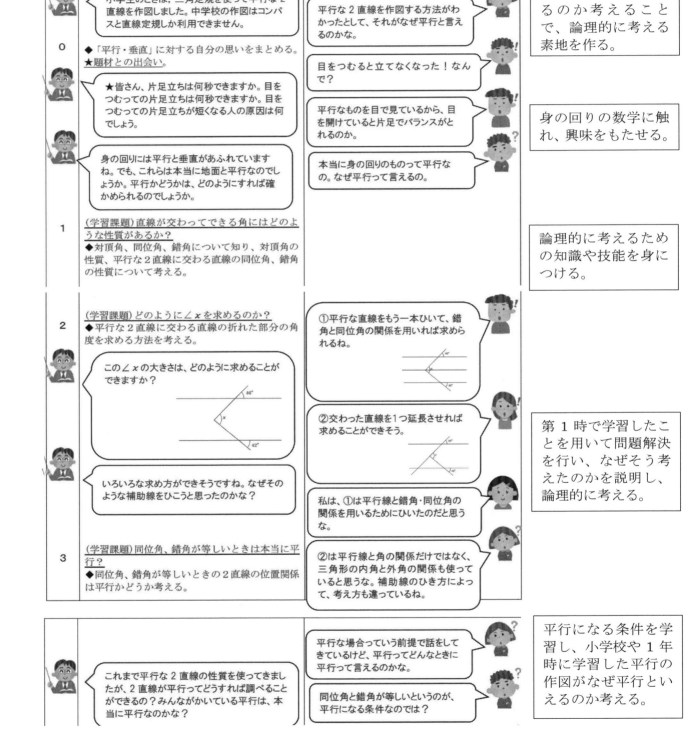

時間	学習課題（中心の問い）と◆学習内容	生徒の思考・反応・振り返り	
(1年時)	◆単元「平面図形」において、基本の作図の方法について知り、平行な２直線を作図する方法を考える。また、単元「空間図形」において、空間内の平面と直線の位置関係について考察する。	中学校で学習した作図を使うことで，平行な２直線を表すことができるのかな。	1年時の作図方法を確認し、その作図方法でなぜ平行といえるのか考えることで、論理的に考える素地を作る。
	小学生のときは，三角定規を使って平行な２直線を作図しました。中学校の作図はコンパスと直線定規しか利用できません。	平行な２直線を作図する方法がわかったとして、それがなぜ平行と言えるのかな。	
0	◆「平行・垂直」に対する自分の思いをまとめる。 ★題材との出会い。	目をつむると立てなくなった！なんで？	
	★皆さん、片足立ちは何秒できますか。目をつむっての片足立ちは何秒できますか。目をつむっての片足立ちが短くなる人の原因は何でしょう。	平行なものを目で見ているから、目を開けていると片足でバランスがとれるのか。	身の回りの数学に触れ、興味をもたせる。
	身の回りには平行と垂直があふれていますね。でも、これらは本当に地面と平行なのでしょうか。平行かどうかは、どのようにすれば確かめられるのでしょうか。	本当に身の回りのものって平行なの。なぜ平行って言えるの。	
1	(学習課題)直線が交わってできる角にはどのような性質があるか？ ◆対頂角、同位角、錯角について知り、対頂角の性質、平行な２直線に交わる直線の同位角、錯角の性質について考える。		論理的に考えるための知識や技能を身につける。
2	(学習課題)どのように∠xを求めるのか？ ◆平行な２直線に交わる直線の折れた部分の角度を求める方法を考える。	①平行な直線をもう一本ひいて、錯角と同位角の関係を用いれば求められるね。	
	この∠xの大きさは、どのように求めることができますか？	②交わった直線を1つ延長させれば求めることができそう。	第１時で学習したことを用いて問題解決を行い、なぜそう考えたのかを説明し、論理的に考える。
	いろいろな求め方ができそうですね。なぜそのような補助線をひこうと思ったのかな？	私は、①は平行線と錯角・同位角の関係を用いるためにひいたのだと思うな。	
3	(学習課題)同位角、錯角が等しいときは本当に平行？ ◆同位角、錯角が等しいときの２直線の位置関係は平行かどうか考える。	②は平行線と角の関係だけではなく、三角形の内角と外角の関係も使っていると思うな。補助線のひき方によって、考え方も違っているね。	
	これまで平行な２直線の性質を使ってきましたが、２直線が平行ってどうすれば調べることができるの？みんながかいている平行は、本当に平行なのかな？	平行な場合っていう前提で話をしてきているけど、平行ってどんなときに平行って言えるのかな。	平行になる条件を学習し、小学校や１年時に学習した平行の作図がなぜ平行といえるのか考える。
		同位角と錯角が等しいというのが、平行になる条件なのでは？	

| 4 5 | (学習課題)平行な2直線の作図の方法は、なぜ平行と言えるの?
◆1年時の平行な2直線の作図の方法を復習し、いろいろな作図方法を考える。また、その作図で本当に平行と言えるのか考える。 |

1年生のときの作図で平行ってかいてたけど、あれって本当に平行っていえるのかな?

★1年時の学習とつなげる

まずは罫線を使わずに平行をかいてみましょう。これが平行と言える理由も考えてみましょう。

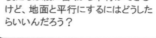
小学校のときにも平行は三角定規をずらしてかいてたけど、あれも理由を説明できるってことかな?

紙の上では平行になる理由を説明できそうですね。でも、空間内では作図することはできませんね。空間で平行を作ることはできるのかな?

僕たちは紙に書くから平行ができるけど、地面と平行にするにはどうしたらいいんだろう?

「なぜ?」と問い、論理的に考察することを促し、本時とつなげる。

★生徒の問いを次時の学習課題にする

| 6 | (学習課題)地面と平行にする方法は?
◆地面と平行な直線を作図する方法を考える。 |

紙の上では平行になる理由を説明できそうですね。でも、空間内では作図することはできませんね。空間で平行を作ることはできるのかな?たくさん方法を考えてみますか?

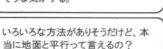
空間内の面と直線の位置関係については、1年生で学習したからできそうな気がする。

1年時や小学校の学習とつなげて考えることを促す。

いろいろな方法がありそうだけど、本当に地面と平行って言えるの?

★生徒の問いを次時の学習課題にする

第5時の内容を発展的に考え、その際に出た課題を第6時の学習課題とする。

| 7 | (学習課題)なぜ地面と平行と言えるの?
◆第6時で考えた地面と平行な直線が平行と言えるのか考える。 |

前回の授業ではたくさん地面と平行な直線をひく方法を考えることがでましたでも、本当に平行ですか?皆さんはどんな疑問が浮かびましたか?

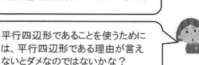
直方体をかけばいいのはわかるけど、正確な直方体がかけているの?

第6時で疑問に思ったことを考え、その疑問を第7時の学習課題とする。

理由を説明するには、どんな力が必要でしょうか?今日の授業では、どんなことを感じましたか?

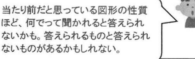
平行四辺形であることを使うためには、平行四辺形である理由が言えないとダメなのではないかな?

論理的に説明するために、必要なことは何かを考えることを促す。

理由を述べるときには、これまでの学習してきたことを根拠に説得力がある説明をしなければいけないな。

| 8 9 | (学習課題)三角形や四角形の角の大きさにはどのような秘密があるだろう?
◆三角形の角について理解し、多角形の内角と外角の和について考える。 |

当たり前だと思っている図形の性質ほど、何でって聞かれると答えられないかも。答えられるものと答えられないものがあるかもしれない。

当たり前のことに疑問をもたせ、論理的に解決することにつなげる。

| 10 | (学習課題)凹四角形の∠xの大きさには、どんな秘密があるだろう?
◆凹四角形のへこんだ部分の角の大きさを、いろいろな考え方で求め、その求め方について一般化する。 |

私だったら、こういう補助線をひいて考えるな。他の補助線のひき方はあるのかな?

第8、9時の内容を発展的に考え、多様な考え方を出す。

この∠xの大きさは、どのようにして求めることができますか?

「いつでもいえる」は、文字を使って説明する必要がある。内角の大きさをそれぞれ文字で置いて考えよう。

凹んだ角の大きさはいつでも3つの内角の和になると、どうすれば説明することができますか?

私なら下のように補助線をひいて説明するな。

○○さんの補助線のひき方は、どのような考え方をしていますか?

今日の授業で、皆さんは補助線について、どんなことを感じましたか？また、今日の問題を発展させると、どんな問題が考えられますか？

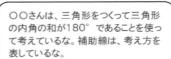

○○さんは、三角形をつくって三角形の内角の和が180°であることを使って考えているな。補助線は、考え方を表しているな。

本時を発展させた問題を考え、次時の学習課題とする。

補助線をひくことで、自分の考え方を表すことができるんだと感じた。

では次の授業では、皆さんが考えた凹五角形、凹六角形のへこんだ部分の角の大きさについて考えていきましょう。

今日は凹四角形だったけど、凹五角形とか凹六角形も、へこんだ部分の角の大きさと、内側の角の大きさの和に何か関係はあるのかな。

１１ (学習課題)凹多角形の∠xの大きさには、どんな秘密があるだろう？
◆凹五角形のへこんだ部分の角の大きさを求め、その求め方を一般化する。

第 10 時の内容を振り返り、論理的に考えるよう促す。

前回の問題を発展させて、角の数を増やしました。この∠xの大きさは、どのようにして求めることができますか？

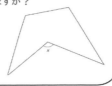

前回のように補助線をひいて説明できるかな。

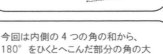

今回は内側の 4 つの角の和から、180°をひくとへこんだ部分の角の大きさを求めることができると思う。

今は凹んだ五角形だったけど、これが六角形、七角形、…になっても、へこんだ部分の角の大きさは求めることができますか？

凹六角形だと、内側の 5 つの角の和から 360°をひくと、へこんだ部分の角の大きさを求められる。何かきまりがありそう。表をかくと何か見えてくるかな？

筋道立てて論理的に説明(証明)することについて生徒に意識させ、第12時からその根拠となることがらについて学ぶことをおさえる。

１２ (学習課題)三角形が合同になる条件とは？
◆三角形の合同条件について考える。

補助線をひくパターンは、ひとつだけではなくたくさんあることがわかった。いろいろな補助線から、みんなの考え方が見えてきてとても面白かった。

証明の根拠となる事柄を学習する。

１３ (学習課題)性質を相手にわかりやすく伝えるにはどのようにすればよいだろう？
◆定義、定理などの言葉について理解し、証明の方法について考える。

何かきまりを見つけて、それがなぜか説明するためには、いろいろな図形の性質について知る必要があるね。

証明をしていきますが、証明を進めていく時に大切なことは何でしょうか？これまで学習してきたことで、証明できるものはないでしょうか？

1 年生のときの作図も、対称性という言葉で片づけたけど、対称ということは合同だから証明できるのかな。

筋道立てて証明する方法を考え、どのような事柄を証明できるか考え、次時の学習課題とする。

１４ (学習課題)作図の方法が正しいことはどのように証明するのか？
◆ 1 年時の作図の方法が正しい理由を、証明する方法について考える。

垂直二等分線や角の二等分線の作図が正しいことは、どのように説明したらいいのかな？

★生徒の問いを次時の学習課題にする。

これまでの学習でも、当たり前だと思っていたことに「なぜ？」と思ってみると、証明できることがあるかもしれませんね。

なぜ平行四辺形の向かい合う角の大きさは等しくなるのだろう？平行線の錯角・同位角の関係を使えば証明できるのかな？

証明できるものが他にないか考え、単元を学んだ意味や価値を自分なりに振り返る。

課題 ◆「平行と合同」に対するものがたりを記述する。

課題	◆「平行と合同」に対するものがたりを記述する。	
	◆単元「三角形と四角形」において、平行四辺形の性質を平行線の性質を用いて考えたり、平行線と面積について考えたりする。	今まで当たり前と思っていたけど、二等辺三角形の底辺の両端の角が等しいことも証明できるのかな？
		長方形の対角線の長さが等しいことも、三角形が合同であることを使えば証明できるのかな？
（3年時）	◆単元「相似な図形」において、平行線と線分の比の関係について考える。	
	◆単元「円周角の定理」において、中心角と円周角の関係など、円周角に関する性質について考える。	

２年時の学習を素地に、論理的に考察する力を身につける。

総論
国語
社会
数学
理科
音楽
美術
保健体育
技術・家庭
外国語
学校保健
共創型探究
語り合いの時間

6　本時の学習指導　（第11時）

（1）目標
- 凹五角形のへこんだ部分の角の大きさについて、補助線を用いて考察、説明する活動を通して、筋道立てて論証する方法について理解し、凹五角形のへこんだ部分の角の大きさの求め方について説明することができる。
- 凹n角形のへこんだ部分の角の大きさについて、補助線を用いて考察する活動を通して、自ら進んで未知の問題に取り組んだり考えたりしようとする態度を身につける。

（2）学習指導過程

学習内容及び学習活動	予想される生徒の反応	○教師のかかわり
1．前時までの復習をする。	・前回は、へこんだ角の大きさを求める方法を考えた。 ・多角形の角の数が変わっても、前回のようにきまりが見つかるかな。	○これまでの学習とのつながりを実感できるようにするために、前時の復習を行い、前時の振り返りから本時の学習課題を設定する。

> **学習課題：凹多角形の∠xの大きさには、どんな秘密があるだろう？**

2．凹五角形のへこんだ部分の角について考える。 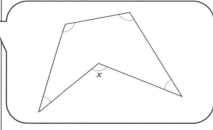		
(1)具体的な数で考える。	・いきなり文字だと難しいから、まずは具体的な数で考えたい。 ・前の授業でやった補助線のひき方を使うと求められると思う。 ・へこんだ角の求め方にきまりがありそうだ。 ・同じように補助線をひいて考えてみよう。 ・いつでもいえるようにするには、文字式を使って考えればいい。 ・すべての内角をたして180°ひくと、へこんだ部分の角の大きさを求めることができる。	○凹多角形のへこんだ部分の角の大きさについて、見通しをもって一般化できるようにするために、4つの内側の角を具体的な数でおき、∠xの角度を求める。 ○相手にわかりやすく伝えることができるようにするために、文字や記号など、自分の伝えやすいものを自由に扱ってよいことを伝える。
(2)へこんだ角の大きさが、内側のへこみ部分以外の角の大きさの和から180°ひいたものであることを証明する。	・右のような補助線のひき方がある。それぞれどのように考えているのだろう。	○いろいろな考え方を引き出すために、いろいろな補助線のかき方を称賛し、その補助線にどのような意味があるのかを問う。
(3)一般化で用いた補助線のひき方が、どのように考えているかを考える。		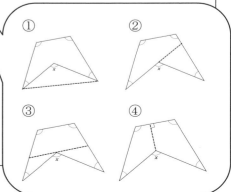

T：いろいろな補助線のひきかたがありますね。たとえば、①の補助線はどのような考え方をしているのでしょうか？ S1：①は、四角形の内角の和が 360°であることと、三角形の内角の和が 180°であることを使っていると思う。 S2：前の凹四角形のときも同じように考えた。 T：では、③の補助線はどうですか？ S3：③は、へこんだ部分を通って、上の辺に平行な線を引いているな。 S4：平行をひくということは、錯角や同位角が等しいことを使って考えている。 T：補助線をひいていることで、皆さんの考え方が見えてきますね。皆さんが「感動」した補助線はある？ S5：わたしは平行線をひくなんて発想が出てこなかったからすごいと思った。 S6：④のように垂線をひいても考えられるのかな。この方法でも証明できるなんて感動する。		
	・補助線が、問題を解くためのものでなく、みんなの考えを表しているものだって感じた。 ・補助線のひき方がいろいろあるように、みんなの考え方もいろいろある。	○生徒の情意面を揺さぶり、補助線に対する捉えの変容に気づくことができるようにするために、「どの補助線が感動したか？」と問う。
３．凹多角形のへこんだ部分の 　　角の大きさを求める方法は 　　ないか考える。		○生徒主体的な学びを促すために、それぞれの考えた発展的課題に取り組むよう伝える。
T：今は凹五角形だったけど、この問題を発展させるとどんな課題が考えられる？今は五角形だったから… S1：凹六角形、凹七角形とかも自分でかいてやってみようかな。 S2：これまでと同じ補助線のひき方をすれば、考えることができるのではないかな。 T：凹六角形、凹七角形、凹八角形、…と角を増やしていくのはいいね。 S3：凹 n 角形のへこんだ部分も決まりがあるのかな？ T：どうやって凹 n 角形のへこんだ部分の角の大きさの決まりを見つけられるかな？これまでに学習したことを使えないかな？ S4：多角形の内角の和や、正多角形の１つの内角の大きさを考えたときみたいに、一般化できないかな。 S5：なるほど。公式を自分でつくることができるかもしれない。 S6：これまでの学習をつなげて考えることもできるなんてすごい。		
４．本時の振り返りを行う。	・難しかったけど、前の時間に学習した補助線のひき方と同じように考えることができた。 ・今日のように、角度を求めるだけではなく、新たな公式を生み出していくのが面白かった。 ・補助線は、問題を解くための道具ではなく、自分の考え方を示すための道具だ。	○角度について学んだことをつなげて振り返ることができるようにするために、「今日の学習は、これまでの学習をどのように生かすことができたか」という視点で振り返りを行う。 ○数学を学ぶ喜びを実感できるようにするために、「この単元で、自分にどのような力が身についたか」という視点で振り返りを行う。

7　見取り

・　毎授業の振り返りや単元のまとめレポートにおいて、新たな疑問が生まれているか、その疑問を
　解決しようとしているか見取る。

第３学年１組　数学科学習指導案

指導者　　松添　啓子

1　日　　　　　時　　令和６年６月７日（金）13:10〜14:00
2　単　元　名　　　計算マスターへの道
3　学　習　空　間　　１年２組教室
4　単元（題材）について

（１）　本単元は、中学校指導要領解説数学編第３学年「Ａ数と式」における（２）簡単な多項式に関する内容である。「式の展開・因数分解」と聞くと、二次方程式を解くために必要であると考えられることが多いが、果たしてそれだけだろうか。小学校算数科の数と計算の領域では、第２学年で個数を考えることによって乗法を学習する。そして、第４学年の図形領域において平面図形の面積を学習することによって、乗法を図形として捉えることができるようになる。中学校数学科では、第１学年において正の数、負の数の乗法、文字式の乗法を学習する際に面積図を用いて考え、乗法は長方形の面積として考えられることを学習をする。また、第２学年では、文字を用いた式で数量の関係を説明したり、平面図形の性質を証明したりすることで、証明の必要性や意味について学習する。

　　そして第３学年の本単元につながり、式の展開・因数分解を学習する。学習指導要領解説には、「既習の単項式と多項式の乗法と関連付けて考察し、単に形式的に計算ができるようにするだけではなく、その方法が交換法則、結合法則や分配法則などを基にしていることを理解できるようにすることが大切である」、「目的に応じて式を変形したり式の意味を読み取ったりできるようになることが重要である」と記されている。本単元を学習することにより、これまでに学習したことを関連づけて考察することの必要性や、式と図形のつながりを感じることができ、統合的・発展的に考える力を養うことにつながると考えられる。また、単元構成や問いを工夫することにより、本校数学科が研究している生徒の「なぜ？」を生み出すことが可能になる。公式に当てはめて計算出来ればよいというのではなく、「なぜそうなるのか？」ということを大切にして授業を展開していきたい。

（２）　本学級は35名であり、数学に対して苦手意識を持っている生徒が多い。事前に行ったアンケートでは、「かけ算が得意である」と回答した生徒は12名であったが、「筆算を使わずに計算ができるようになりたい」と回答した生徒が32名いる。このことから、速く計算ができるようになりたいという生徒の考えに沿った単元構成を行う。また、「数学の授業で疑問に思ったとき、解決しようとしている」と回答した生徒が25名いることから、生徒自身が疑問を生み出せる単元構成や発問の工夫を行うだけでなく、その疑問を解決できたという達成感を味わうことができる機会の積み重ねを行っていきたい。一方で、「問題が解けたときに、他の方法がないか考えているか」という問いに対して「いつも考えている」と回答した生徒が５名であることから、答えは１つであってもその答えを導くまでの考え方が多様であるような問題や題材を、授業の中で扱っていきたい。

（３）　本単元（題材）を指導する（個の「ものがたり」をつむがせる・「情意」を働かせる）にあたって、次の点に留意したい。

・　疑問を持たせる手立てとして、普段の授業において、友達の発言を聞いたときに「◎分かったこと、つかめたこと」「？分からなかったこと」「☆もっとこうすればいいのでは」という３つの視点を提示し、ノートに書くよう指示する。

・　生徒の思考の流れに沿えるように、授業での生徒の発言や振り返りシートの記述をもとに、単元構成の修正を行う。

・　数学が得意な生徒も苦手な生徒も、こだわりを持って深く考えられるように、１つの方法で考えるのではなく、多様な考えを取り上げたり、なぜそうなるのかを論理的に証明させたりする。また、個に応じた解き方を選択できる場面を作る。

・　数式領域と図形領域のつながりを感じられるように、単元の最初から面積図を用いて考えさせる。

5　本単元の目標

（1）本単元の「ものがたり」の授業構想図

```
『 も の が た り 』 の 授 業
```

★授業者のねがい（授業を通して生徒に期待する成長や変容）

　計算の仕組みを自ら発見し、既習事項を用いてその仕組みを説明することで、「できた」という達成感を得るとともに、領域を超えた数学のつながりを実感してほしい。

●題材（　式の計算　）に対する「ものがたり」の変容

（学習前）

　展開・因数分解は公式を覚えて、その公式に当てはめて計算すればいい。答えが合っていればそれでOK。

探究的な学び
他者と語り合う

（学習後）

　計算の仕組みを発見することができたのがうれしい。展開・因数分解を使うことで、一般的にその仕組みを説明することもできてすっきりした。

≪（授業者が考えた）単元学習後の「振り返り」例≫　　＊「自己に引きつけた語り」部分

　最初は、展開・因数分解と聞いて難しそうとか嫌だなというマイナスな気持ちが大きかった。でも、面積図を使って考えていくことで、文字だけだとややこしい計算が視覚化されて、面積として考えられたので分かりやすかった。展開は公式を忘れてしまったとしても、順番に分配法則を使えばできるのでよかったけど、問題は因数分解でした。タイルを使って考えたとき、定数項が正の数なら面積として分かるけど、負の数になるとどうやって表すのか。それが解決しても今度は、どの公式の形に当てはまるのかをどうやって見極めるのかというように次々に疑問が出てきました。

　先生が速算を披露してくれたとき、どうやって計算してるの？と思ったけど、何個か式を見ていたら計算方法は理解できた。でも、「何でその方法で計算できるの？」と聞かれると、「…。」だった。これまでのことが使えるのかなと思って、面積図に表して「この計算方法だから、ここにこの長方形が必要で…」と友達と一緒に考えていくと、解決することができ、分かったときにはすごくうれしかったし、自分でできたという達成感があった。文字を使うことで、一般的な場合を説明することができて、便利だなと思った。文字を使った説明の方は難しくてまだ分からないけど、できるようになりたいなと思った。それに速算って他にもあるのか調べてみたいなとも思った。

展開・因数分解は公式に当てはめるだけと思っていたけど、小学校で習ったかけ算でも、計算の仕組みさえ分かれば、筆算よりも速くできるし、その理由も説明ができるようになって、計算への抵抗が少し減ったような気がする。そして、数学はいろいろなことがつながっている、学んだことを使って考えれば公式であっても自分たちで作ることができるということを実感できたのでよかった。

（2）本単元で育成する資質・能力

知　識 及　び 技　能	・数量や図形などについての基礎的な概念や原理・法則などを理解するとともに、事象を数学化したり、数学的に解釈したり、数学的に表現・処理したりする技能を身につける。	○単項式と多項式の乗法、多項式を単項式で割る除法の計算をすることができる。 ○簡単な一次式の乗法の計算、公式を用いる式の展開や因数分解をすることができる。
思　考　力， 判　断　力， 表　現　力　等	・事象を論理的に考察する力、数量や図形などの性質を見いだし統合的・発展的に考察する力、数学的な表現を用いて事象を簡潔・明瞭・的確に表現する力を養う。	○既に学習した計算の方法と関連付けて、式の展開や因数分解をする方法を考察し、表現することができる。 ○文字を用いた式で数量及び数量の関係を捉え説明することができる。

総論

国語

社会

数学

理科

音楽

美術

保健体育

技術・家庭

外国語

学校保健

共創型探究
語り合いの時間

学びに向かう力， 人間性　等	・数学的活動の楽しさや数学のよさを実感して粘り強く考え、数学を生活や学習に生かそうとする態度、問題解決の過程を振り返って評価・改善しようとする態度を養う。	○自ら疑問を生み出し、その疑問の解決に向けて、既に学習した内容と関連づけて、粘り強く考えたり、友達と話す中で解決を図ろうとしたりすることができる。	

（3）単元構成（全15時間）

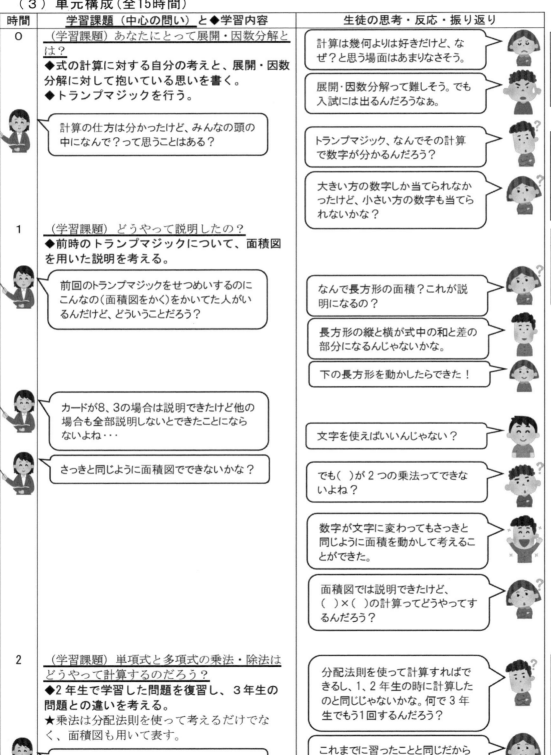

時間	学習課題（中心の問い）と◆学習内容	生徒の思考・反応・振り返り	
0	（学習課題）あなたにとって展開・因数分解とは？ ◆式の計算に対する自分の考えと、展開・因数分解に対して抱いている思いを書く。 ◆トランプマジックを行う。 計算の仕方は分かったけど、みんなの頭の中になんで？って思うことはある？	計算は幾何よりは好きだけど、なぜ？と思う場面はあまりなさそう。 展開・因数分解って難しそう。でも入試には出るんだろうなぁ。 トランプマジック、なんでその計算で数字が分かるんだろう？ 大きい方の数字しか当てられなかったけど、小さい方の数字も当てられないかな？	単元の最初に「あなたにとって展開・因数分解とは？」を書くことによって単元後と比較できるようにする。 トランプを用いたマジックに教師対生徒ではなく、2人1組で取り組むことで、当事者性を持たせ「なんで？」が生まれやすくする。
1	（学習課題）どうやって説明したの？ ◆前時のトランプマジックについて、面積図を用いた説明を考える。 前回のトランプマジックをせつめいするのにこんなの（面積図をかく）をかいてた人がいるんだけど、どういうことだろう？ カードが8、3の場合は説明できたけど他の場合も全部説明しないとできたことにならないよね・・・ さっきと同じように面積図でできないかな？	なんで長方形の面積？これが説明になるの？ 長方形の縦と横が式中の和と差の部分になるんじゃないかな。 下の長方形を動かしたらできた！ 文字を使えばいいんじゃない？ でも（ ）が2つの乗法ってできないよね？ 数字が文字に変わってもさっきと同じように面積を動かして考えることができた。 面積図では説明できたけど、（ ）×（ ）の計算ってどうやってするんだろう？	面積図を用いた考えが今後生徒から出てくるようにする手立てとして、教師側から課題を提示する。
2	（学習課題）単項式と多項式の乗法・除法はどうやって計算するのだろう？ ◆2年生で学習した問題を復習し、3年生の問題との違いを考える。 ★乗法は分配法則を使って考えるだけでなく、面積図も用いて表す。 1、2年生のときと何が違うのかな？	分配法則を使って計算すればできるし、1、2年生の時に計算したのと同じじゃないかな。何で3年生でもう1回するんだろう？ これまでに習ったことと同じだから簡単！	（ ）×（ ）の計算方法を考えるために、2年次に学習した問題を振り返ることで、既習事項と結び付けて考えられるようにする。

3

(学習課題) 長方形の面積を表してみよう！
◆縦の長さが a＋b、横の長さが c＋d で表される長方形の面積の表し方を考える。

何種類くらいの表し方ができるかな？

単項式と多項式だと計算できたけど、多項式どうしだったらどうなるんだろう？乗法はできそうだけど除法もするのかな？

(a+b)(c+d)以外に表せるのかな。

4つに分けれるから、ac+ad+bc+bd もいいと思う。

a(c+d)+b(c+d)なんてどうかな。

展開ってやり方は簡単だけど、4回もかけないといけないのは面倒くさいなぁ。

多項式どうしの積の計算方法を考えるために、面積図を用いる。また、「何種類」と問うことで、1つの図形に対して多様な見方ができるようにする。

4・5

(学習課題) 乗法公式って何のためにあるの？
◆乗法公式について知り、その公式がなぜ成り立つのか、また何のためにあるのかを考える。

乗法公式っていうものがあるんだけど、これって必要なのかな？

公式っていうくらいだから大切なんじゃないかな。

1つずつかけていけば計算できるんだから必要ないんじゃない？

公式を使うと機械的に計算できるし、1つずつかけるより時短になると思うな。

★公式文字に係数をつけたものや、( )²の中が項3つであるものも考える。

公式ってこの4つしかないのかな？( )の中の項の数が増えたらどうしたらいいんだろう？

生徒の「面倒くさい」という発言から、乗法公式の必要性につなげる。この時間で「( )の中の項の数が増えたらどうなるのか？」という疑問が出れば6時間目につなげていく。

6

(学習課題) 公式は使えるのかな？
◆前時の発展的な問題について考える。

公式を応用すればいいのか。たくさん計算したから疲れたなぁ。

乗法公式を用いて展開ができるようになる技能の定着を図るために、個に応じた難易度の問題・課題解決に取り組む。

7

(学習課題) 展開の逆はできる？
◆展開の逆、因数分解ができるのかを考える。

2年生の図形の証明を学習したときに、「逆」っていうことを習ったけど、展開も逆ができるのかな？

2年生の時は確かに逆のことも証明しないといけなかったけど、計算でもそれが必要なの？

係数が＋ばかりのときは面積で表せるけど、負の数になるとどうやって表すの？

負の数のときは消していくイメージで！なんとなくわかった気がする。

★1年生で素因数分解を学習したときに、ただ1通りに素因数分解できたことも併せて考える。
★タイルを用いて面積を表して考える。

展開から因数分解につなぐために、2年次に学習した「逆」の話を用いる。また、視覚的に理解しやすいようにタイルを用いて考える。それにより、負の数の表し方に対する疑問が生まれやすくなる。

8〜10	(学習課題) 因数分解をマスターしよう！ ◆どの公式に当てはまるのか、見極め方を考える。 どうやって因数分解していけばいいんだろう？	$a^2 - b^2$の形は項が2つしかないからすぐわかるよ！ 残りの3つのタイプはどうやって見分ければいいんだろう？ 項のタイプに注目すればいいんじゃないかな。	因数分解の技能を習得するとともに、見極め方を考えることで、論理的に考える力をつけられるようにする。
11	(学習課題) なぜその計算方法でできるのだろう？ ◆十の位が1である2桁の数の積を考える。 すご技を発見したんだけど、なんでそうなるのか分からないんだよね…。 ★その説明で今考えているすべての場合が当てはまる？	先生は何でそんなに早く計算できたんだろう？覚えてるのかな？ 答えの一の位は一の位どうしの積になっているんじゃないかな。 上2けたは片方の数にもう一方の一の位の数を足した数になっている気がする。 何でその計算方法で計算できるんだろう？ 文字を使えば説明できるんじゃないかな。 ずっと面積図を使ってきたからきっと面積図を使うはず…。 面積図を使えば今までと同じで動かすだけで説明できたよ。 すべての場合？やっぱり文字を使うしかないのか…。 展開して共通因数でくくり出せばできた！ この計算使えるかも！筆算するより速いし！ いやぁ、繰り上がりとか面倒くさそうだから筆算した方が楽なのでは？	共通の課題に取り組むことで、本時での考える手立てにする。 生徒からの「他にもあるのか？」という疑問から、次の時間の学習課題へつなげる。 自分で見つけ、それを証明することで、達成感を味わうことができるとともに、本時の課題に取り組むときの証明方法へのこだわりにつなげる。

12 (本時)	（学習課題）なぜその計算方法でできるのだろう？②		

◆十の位の数が同じで、一の位の数の和が10になる2桁の自然数どうしの積はどのように計算できるかを考える。

前回、筆算した方が楽という声があったので、もっとすごい技を見つけてきたよ。

十の位が1じゃないの？前回より難易度高そう…。

でも、計算してる数に決まりがありそう！十の位が同じ2桁の数だ！

一の位にも何かある？和が10だ！

分かった！前回よりも簡単！！

計算方法は分かったけど何でそれで計算できるの？

文字を使って展開すればいいんじゃないかな。

展開しただけじゃこの計算方法とは説明できなかったよ…。

面積図を使うと説明できる？

面積図でできた！でもこれって一般的に説明できたことになるの？

前やったみたいに文字を使わないとダメなんじゃないかな。

文字式を自分が説明したいように変形していかないといけないのか。

分かった！一の位の和が10っていうことがポイントになるよ！

★解決できたけど、今みんなの頭の中に？は浮かんでる？

十の位の数の和が10で、一の位の数が同じ2桁の積はどうなるんだろう？

速算ってまだまだあるのかな？

13	（学習課題）自分の？を解決しよう！		

◆前時で疑問に思ったことにについて調べたり考えたりする。

★タブレットを用いて考えてもよい。速算に関する本を準備する。

速算っていっぱいあるんだな。でもこれ全部前みたいに説明できるのかな？

前時よりも難しくなっているように見えるが、計算の仕組みとしては簡単で、生徒が次の疑問を持ちやすい（条件を変えやすい）問題を扱う。

生徒から出てきた疑問をもとに次の時間につなげる。

その速算の仕組みって説明できるのかな？

面積図でチャレンジしてみようかな！

文字式の方が一般的に説明できるから文字式で頑張ってみる！

14 　(学習課題) 展開・因数分解を振り返ろう！
◆「展開・因数分解」に対するものがたりを記述する。

展開・因数分解って、公式に当てはめて計算するだけだと思っていたけど、公式そのものも自分たちで作ることができてうれしかった。そして展開・因数分解を使えば、速算の仕組みも説明できるようになった。計算なのに面積を使って考えることも驚きだった。

6　本時の学習指導計画

（1）目標

　十の位の数が同じで、一の位の数の和が10になる2桁の自然数どうしの2数の積について、面積図や文字式など既習事項を用いることによって、その計算の仕組みを考え、証明することができる。また、解決したことから新たな速算を生み出すことができる。

（2）学習指導過程

学習内容及び学習活動	予想される生徒の反応	○教師のかかわり
1．十の位の数が同じで、一の位の数の和が10になる2桁の自然数どうしの2数の積について、計算の仕組みを考える。	・十の位が1じゃない。前回より難しそう…。 ・でも十の位は同じ。一の位の数にも何か決まりがある？ ・一の位の数の和が10だ。 ・1○×1△の応用なのかな。 ・どういう仕組みで先生は計算してるんだろう？ ・答えの下2桁は一の位の数どうしの積になってる。 ・十の位の数どうしをかけてもう一回その数を足してる？ ・十の位の数とそれより1大きい数をかけてるんじゃない？	○既習事項とのつながりを実感できるように、17×13、27×23の順で問題を提示する。 ○計算の仕組みに気がつけるように、筆算の形で式を提示する。 ○計算の仕組みが分かったところで、学習課題を生徒に尋ねる。 ○十の位の数どうしをかけてもう一回その数を足すことと、十の位の数とそれより1大きい数をかけることは同じなのか投げかける。

学習課題：なぜその計算方法で計算できるの？

2．計算方法の説明を考える。 （個人・グループ）		○生徒同士で説明しやすくするために、前時までに何を用いて考えていたのかをもとに座席を決めておく。 （面積図、文字）

S1：何を使って考えればいいんだろう？
S2：今までみたいに面積図を使えばいいのかな。
　T：長方形の面積図が使えるの？
S1：掛け算は長方形の面積って言ってた気がするけど。
S2：4つに区切って移動したらできそう。
　T：この図が計算の仕組みとどう関係してるの？
S1：右下の長方形はこの計算の部分だよね。

S3：文字を使って証明したいけど、十の位が1じゃないから何を文字でおけばいいのかな。
S4：1年生の時に2桁の数の表し方ってやったよね。10a+bかな。
S3：もう一方の数は一の位の数が違うから10a+cでいいかな。
S4：ということは、積は(10a+b)(10a+c)だから展開できるよ。
S3：あれ？一の位の数の和が10はどこで使うの？
S4：和が10…。b+c=10ってことだよね。

　T：式を展開したんだね。でもこれって計算の仕組みの説明になってる？
S5：100a(a+1)が表してる意味って何だろう？
S6：aが十の位の数字でa+1はそれより1大きい数だから、100倍すれば計算の仕組みと合うんじゃないかな。

　T：bcを答えの十の位と一の位に書くって言ってたけど百の位に書くことはないの？
S7：bcって一の位の数どうしの積だよね。
S8：最高でも9×9＝81だから2桁でおさまるよ。だから百の位に書くことはないよ。
S7：そこまで考えないといけないのか。

予想される生徒の考え①	**予想される生徒の考え②**	○1つの方法で考えられた生徒には、新たな疑問や他の疑問がないのかを考えるように助言する。

予想される生徒の考え①

27×23

$20 \times (23+7)$
$= 20 \times 30$

7×3

予想される生徒の考え②

十の位の数を a 、一の位の数をそれぞれ b 、c とすると、2数の積は

$(10a+b)(10a+c)$

$= 100a^2 + 10a(b+c) + bc$

$= \underline{10a(10a+b+c)} + bc$

このあとどうするのだろう…

○1つの方法で考えられた生徒には、新たな疑問や他の疑問がないのかを考えるように助言する。

○今考えているすべての場合で、その方法が当てはまるのかを考えるよう助言する。

予想される生徒の考え③

十の位の数を a 、一の位の数をそれぞれ b 、c とすると、2数の積は

$(10a+b)(10a+c)$

$= 100a^2 + 10a(b+c) + bc$

一の位の数の和が10なので $b+c=10$ を代入すると

$100a^2 + 10a \times 10 + bc$

$= 100a^2 + 100a + bc$

$= 100\underline{a(a+1)} + bc$

予想される生徒の考え④

十の位の数を a 、一の位の数をそれぞれ b 、c とすると、2数の積は

$(10a+b)(10a+c)$

$= 100a^2 + 10a(b+c) + bc$

一の位の数の和が10なので $b+c=10$ を代入すると

$100a^2 + 10a \times 10 + bc$

$= 100a^2 + 100a + bc$

$= 100\underline{(a^2+a)} + bc$

		○多様な考え方を取り上げられるようにするために、ノートに書いたものを写真で撮ってロイロノートの提出箱に提出するよう伝える。
3．計算できる理由を全体で共有する。(全体)	・文字を使うことでどの数でもこの仕組みが成り立つことが証明できた。 ・面積図の説明はこれまでとほとんど同じなんだ。	
	・一の位の数が同じで十の位の数の和が10だったらどうなるんだろう。 ・すべての2桁×2桁の計算を速算する方法はないのかな。	○新たに出てきた課題があれば書くように伝える。
4．本時の振り返りを行う。(個人)	・前回の速算は繰り上がりを足すのが面倒くさくて使えないなと思ったけど、今回のはこれから使えそうだな。 ・速算ってもっと他にもあるのかな。調べてみたいな。	○出てきた疑問を紹介することで、次の時間につなげる。

7　見取り

・　毎授業後の振り返りと単元のまとめレポートにおいて、考えがどのように変容したのかを見取ると同時に、その変容がどのような環境によって起きたのかを録画したものから見取る。

理科

島 根 雅 史 ・ 宮 崎 浩 行

進んで自然と関わり、
　　見通しをもって探究する生徒の育成
－ 　科学する共同体の中でつむがれる「ものがたり」を通して　－

　本校理科では、「自然の真理や摂理の追究」と「理科を学ぶ意味や価値の実感」を中心として研究を行ってきた。

　自然の真理や摂理を追究する過程を通して、学んだことに対する自分なりの意味や価値を見出すことこそが、進んで自然と関わろうとする意欲につながると考えている。本校理科では、意味や価値を実感する学びを実現するために、生徒の素朴概念や思考過程を踏まえた単元構成、対話を促す教師の関わり、「ものがたり」をつむぐための振り返りの工夫などについて研究を行ってきている。特に前回大会では、仮説を設定する場面における教師の関わりについて手立てを講じ、一定の成果が得られた。しかし、仮説の検証可能性や焦点化の仕方、個の思考にどこまで寄り添うかなど、さまざまな課題がある。

　そのため、今期も「自然観の変容を生むための単元構成」「仮説を立て、検証する力を育成するための手立て」「自己の『ものがたり』をつむぐ振り返り」の３つを中心に、研究を行っていく。

研究主題について

　本校は、自立した学習者を育てるため、学び続ける意欲について研究を行っている。理科における自立した学習者とは、「進んで自然と関わり、見通しをもって探究する生徒」であると捉えている。「進んで自然と関わり、探究する生徒」とは、積極的に自然に触れたり、学びを通して得られた視点で自然を捉えたりする中で、問いを見出し、探究する生徒であると考える。このような生徒の育成をめざし、研究を進めていく。

　「進んで自然と関わり、見通しをもって探究する生徒」を育成するために大切にすべきことは何か。それは、「生徒による探究」と「意味や価値の実感」の2つであると考える。まず、自然について探究することができる生徒を育成するためには、生徒が自然を探究する力を身につける必要がある。この力を育成するために必要なのが、「生徒による探究」の過程である。自然から見出した問いについて、生徒が仮説を立て、検証し、自然の摂理を解き明かす過程の中でこそ、自然を探究する力が育成できる。しかし、それだけでは、進んで自然と関わろうとする意欲を育むことはできない。生徒の意欲を育むためには何が必要か。それは、生徒が学んだこと、学んできた過程に対する「意味や価値の実感」である。

　では、生徒はどのようなときに学んだことの意味や価値を実感するのか。1つは、自分と自然との関わりに気づき、自然を新たな視点で捉え直したとき、すなわち自然観が変容したときであると考える。そのためには、「生徒による探究」の過程が、自然について他者と聴き合い、問い合いながら探究する過程であること、さらには、その土台として、他者と対話し、試行錯誤を繰り返しながら解明していくことを大切にできる集団（＝科学する共同体）づくりが重要である。もう1つは、自然を新たな視点で捉え直すことができるようになった自分に気づくことができたとき、すなわち自己の変容を自覚したときであると考える。そのためには、学びの過程を過去の自分の考えや感じ方とつなげながら振り返ることが重要である。

　前回大会では、「生徒による探究」の中でも、仮説を立てる場面に焦点化したアプローチを行った。その結果、仮説を立てることの有用性を実感する姿、見通しをもって検証する姿が見られたが、仮説の立案や、妥当性の検討などに課題が残った。また、前々回大会から理科における「自己に引きつけた語り」を設定し、単元を終えた生徒がつむぐ「ものがたり」について、量的・質的な分析を試みてきた。しかし、語りが一般論的で個人性が表出されていないものや、知識レベルでとどまっているものも見られた。

　そのような課題を踏まえ、今期も単元構成および仮説を立てて検証する力を育成するための手立てについて研究を継続する。そして、探究の過程が生徒の学びとなるよう、困難・葛藤と出会わせながら生徒の情意面を揺さぶるための単元構成、自分の意見、方法にとことんこだわって探究した足跡を「自己に引きつけた語り」として表出させるための手立てについて研究したいと考える。

理科における「自己に引きつけた語り」とは

　新たな視点で自然を捉え直し、理科を学ぶ意味や価値を実感した語り

研究の目的

進んで自然と関わり、見通しをもって探究する生徒を育成するために、次の2点が必要であると考えた。

> 「**生徒による探究**」＝自然から見出した問いについて、生徒が仮説を立て、
> 　　　　　　　　　　　　　　　　　　検証し、自然の摂理を解き明かす過程
> 　生徒が学んだこと、学んできた過程に対する「**意味や価値の実感**」

その具体的な手立てについて研究する。

研究の内容

上記の目的を達成するため、理科では研究の柱を次の3つに設定し、研究を行う。

> （1）自然観の変容を生むための単元構成
> （2）仮説を立て、検証する力を育成するための手立て
> （3）自己の「ものがたり」をつむぐ振り返り

（1）自然観の変容を生むための単元構成

理科における「自己に引きつけた語り」を生み出すためにはどのような学びが必要か。それは、自己の自然観（自己をとりまく自然の見方や考え方、自然に対する価値観）が変容する学びであると考える。単元での学びを通して自己の自然観が変容することで、学んだことに対する意味や価値を実感し、「自己に引きつけた語り」を表出しやすくなるのではないかと考える。では、自然観の変容を生むような単元には何が必要か。これまで本校理科では、単元構成の視点として、以下のことが重要であることを明らかにしてきた。

●単元構成の視点

> ① 生徒の自然事象に対する捉え方を把握し、単元の「ものがたり」が設定できているか（単元を通して、こんな語りをしてほしいというゴールを設定することができているか）
> ② 生徒の自然事象に対する概念を揺さぶり、対話を生むような教材が設定できているか
> ③ 学習のなかで生まれる生徒の文脈を見取り、そこから新たな問いを設定できているか
> ④ 題材が自分や自分をとりまく自然事象とどう関係しているかに気づかせるしかけがあるか

自然観の変容を生むためには、題材に対して見出した問いについて、自分たちの手で解決していくといった探究の過程が必要であり、上記の視点は、そのような学びを具現化するための手立てとなる。しかし、探究の過程を踏まえた単元構成を行っても、題材に対する知識・理解にとどまり、自然観の変容が見られない生徒や、学んだことに意味や価値を見出せていない生徒が見られるなど、課題が残った。

そこで今期は、教材に対する興味やこだわりをもって、探究に対して熱中する姿を生み出したいと考えた。そのために、対象物にじっくり向き合って、生徒の自由な視点で観察、操作をする自由試行の場面を設け、そこから見いだした事象をもとに問いや仮説を設定できるようにする。仮説の検証についても、結果の見通しをもちながら、生徒が考えた検証方法を試してみる場面を設定する。

自由試行の場面では、教師からの指示はできるだけせず、生徒の自由な発想に委ねる。教材とじっくり対話することで、生徒は自分なりの学びの文脈を形成していく。その中で自ら発見したことは、こだわりをもって他者に語ることができる。こだわりをもって教材や他者と向き合う先にこそ、困難や葛藤が生まれ、熱中する姿になっていくのではないか。このような試行錯誤を経て、他者と対話しながら、自然の真理や摂理を解明していく中で、生徒の自然観は変容していくのではないかと考えている。

（２）仮説を立て、検証する力を育成するための手立て

　「自然からどんな真理を引き出すことができるかは、自然に対するわれわれの問いかけ方いかんによる、つまりわれわれの仮説の立て方いかんによるのです。」（米盛、2007）とあるように、仮説を立てることができないと、自然の真理や摂理を追究することは困難である。このことから、仮説を立てる力を育成することは、自然を探究する力を育成するうえで欠かすことのできないものであるといえる。

　本校理科では、仮説とは、「ある自然現象に対する自分なりの仮の説明」であると捉え、妥当性の高い仮説を立てる力を育成するため、次のような手立てを講じてきた。

> ①　個人で仮説を立てる　※「何が」「どのように」などのキーワードを示しておく
> ②　班で仮説を１つ選ぶ（どの仮説が一番うまく現象を説明できているか）
> ③　各班の仮説に含まれる変数を黒板に集約し、共有する
> ④　各班の仮説を図式化（モデル化）する
> ⑤　全体で仮説を検討する
> 　　＜検討する視点＞
> 　　　・科学的に説明可能か　・実験で検証することが可能か　・根拠に基づいているか

　しかし、前回大会では以下のような課題が残った。
・仮説を立てたものの、その仮説を検証する方法を考えられない場合がある
・検証することが困難な仮説であった場合がある

　これらは、仮説そのものの質に関する課題である。ここでは、「なぜ」のような大きな問いを「疑問（探究課題）」と呼び、観察や実験によって科学的に解決可能な問いを「問い」と呼び、区別する。本校理科では、「疑問」を「問い」へと変換するための手立てや教師の関わりとしては、仮説と変数を意識させ、それらを生徒自らが設定することが有効であると考え、授業実践の中で検証を行ってきた。生徒が自ら探究するためには、教師が疑問（なぜ）に対する仮説を設定するような対話を促し、その仮説から生まれた科学的に解決可能な「問い」に対して、その仮説を検証するためには何を変数として設定すればよいかという次の対話に導くことが有効であることがわかっている。

　「疑問」から「問い」への変換過程における思考について、吉田、川崎（2019）は、次のような順序性を明らかにしている。

> ①　問題状況の確認　→　②　既有知識の想起　→　③　要因の検討
> 　　　　　　　　　　　　　　　→　④　仮説の形成　→　⑤　「問い」の設定

　このように、仮説の形成は、「疑問」から「問い」への変換過程の一部であるという認識のもと、今までの授業実践を省察した上で、授業研究を重ねているところである。
　前回大会の実践授業について、この観点から整理すると、次のようになる。

疑問　なぜコケ植物はじめじめした日影で生きているのか	
①問題状況の確認	確かに自分の家のコケも日影に生えている
②既有知識の想起	今まで習った植物は、光も水も両方が必要だった コケ植物は道管がなく、体全体で水分を吸収する
③要因の検討	日影にいるということは光合成をしていない？ でも、植物だから光合成はしているはず 光があることの不都合は…
④仮説の形成	光があると水分が蒸発してしまうから日影にいるのではないか
⑤「問い」の設定	コケ植物に光は必要なのか

　上記のように、④仮説の形成までには、②や③のような思考をしていると考えられる。特に②のような前提条件となる部分がずれていると、③や④でも、全く的外れな要因や仮説をあげることになってしまう。従って、②の既有知識を全体で共有化することは、科学的に妥当な仮説を立てる上で必要であると考えられる。③の段階では、複数の要因（変数）について洗い出しが行われ、そこから要因（変数）の絞り込みや、変数同士の関係づけを経て仮説が形成される。ここでは、光という要因によって水が奪われるという因果関係が仮説として導かれている。そして、水を奪う要因になる光は、コケ植物にとって必要なのかという問いが設定され、検証される。

> この「問い」の条件は、
> ・全員が立場をとれる問いであること　例）必要あるいは不必要
> ・科学的に検証可能であること
> 　　　　　　例）「結果がどうなれば、光が必要と言える？」などの関わりが必要である

　また、前回大会以降の実践においては、新たに以下のような課題があがっている。
・個人で仮説を考えている時点で、自分の考えにこだわりをもつことができていないため、対話が深まらない場面が見られた
・班で仮説を集約している時点で、自分の考えていた仮説と班の仮説が異なるものになってしまう場合がある

　これらは、<u>仮説設定の場面における生徒の情意面から見た課題</u>である。
　1点目の課題については、自分の仮説に自信がもてない場合や、そもそも題材に入り込めていない（そのためのしかけが足りない）場合などが考えられる。自由試行などを通して、自分なりの方法で自然に働きかける時間を保証することで、その子その子の学びの文脈ができ、自分の考えにこだわりをもつことにつながると考える。
　2点目の課題については、仮説を形成した時点で、同質の生徒同士でグルーピングするなどの手立てが考えられる。

（3）自己の「ものがたり」をつむぐ振り返り
　学んだことの意味や価値を実感するためには、自らの学びの過程を振り返ることが必要不可欠である。学びを振り返る中で、自然と自己との関わりや自然に対する新たな捉えを語ることで、その学びが自分にとってどのような意味や価値があったのかを俯瞰して捉えることができ、「自己に引きつけた語り」が生まれると考える。本校理科では、授業後や単元後に学びを振り返る際、次のような視点を与え、「ものがたり」を記述させている。

● 単元後の「ものがたり」を記述させる視点

> 1 学んだ過程の中で特に心に残っている部分（印象に残っている部分）とその時の自分の気持ち（驚き、困り、葛藤、感動など）を結びつけて語る。
> 2 学習を通して生まれた自然観（世界の見え方）の変容を語る（タンポポに対して学習前はどんなふうに思っていて、今はどう思っていますか？タンポポを学ぶことで生まれた新たな疑問や仮説は？タンポポだけでなく、そのまわりの自然に目を向けてみると・・・？）
> 3 この単元での学習は、自分にとってどんな意味や価値があったのかを語る。（自分にとってこの学習は○○であった。なぜならば・・・）

※　「私にとって○○は（・・・・・）である」といった振り返りのタイトルをつけさせる、
　　授業の流れがわかるスライドの一覧を配布する　などの手立ても有効であった。

● 授業後の「ものがたり」を記述させる視点

> ① 感じた情意をすべて書き出す（面白さ、驚き、喜び、悲しみ、困り、悩み、など）
> ② ①の理由を細かく具体的に書く（そう感じたのは、誰かの発言？実験やその結果？…）
> ③ 思い浮かんだ疑問や仮説を書く（〜〜が……なるということは・・・）

　前回大会でも、視点は与えていたものの、本時の学びと感性を結びつけた語りがあまり見られないという課題が挙がった。そこで今期は、学びの中で生じた自己の感情（喜びや不安、驚きなど）に焦点を当てる。自己の情意が動いたときこそ、学びと自己がつながっている（＝自分を主語として学びを捉えている）と考えられるので、毎時間の授業を終えたときの自分の気持ちとその理由を記述させるような視点（上記①）を新たに与え、学びを意味づけ、価値づける上での有効性について検証したい。また、生徒の思考に沿って、単元構成を柔軟に組み換えていく上でも、生徒がたどった学びを、情意の側面からも見取っていくことは重要であると考える。

成果（○）と課題（●）

研究内容（1）自然観の変容を生むための単元構成

○　単元の中に困難・葛藤をしかけることによって、より題材に対して熱中したり没頭したりする姿や、振り返りが見られた。

●　自由試行は生徒主体で進めていく方法であるため、制限なくいろいろなトライができる反面、時間がかかり、各班の結果のすり合わせなどが難しい。どこまで条件をそろえ、どの部分を自由にさせるのかを検討する必要がある。

●　その時間その時間の生徒の思考に寄り添った単元になっていない。生徒のリアルタイムの姿や、振り返りを通して生徒の学びを見取る視点をもつことが必要である。

研究内容（2）仮説を立て、検証する力を育成するための手立て

○　「なぜ」という「疑問」から、仮説を形成して「問い」へと焦点化するまでの過程を細分化したことは、生徒に仮説を立てる視点を与えたり、出てきた仮説を分類、整理するなど、学習指導に役立てたりすることもできる。

●　仮説の吟味では、班での対話が深まることなく、安易に誰かの意見を選んでいる状況も見られる。個人の仮説、考えに自信やこだわりをもって対話に臨めるよう、個人で仮説を立てる時間を保証し、対話の根拠となる材料をもたせる必要がある。

●　個人で立てている仮説や考え方が、各班での話し合いによってどのように変容したのか、各班でどのような話し合いを経て仮説を設定したのかなどについて、質的な分析が必要である。

研究内容（3）自己の「ものがたり」をつむぐ振り返り

○ 振り返りの視点を与えることは、単元の前後での自己の変容を自覚させたり、表出させたりする上で有効であると考えられる。

● 毎時間の振り返りを言葉として残しておかなければ、単元後の振り返りも誰にでも書ける一般論的なものになってしまう傾向にある。振り返りの時間を毎時間確保することと同時に、振り返りの視点の焦点化も検討したい。

● 毎時間の振り返りは、視点に沿って記述する形式であるが、数値などの指標を導入することで、その変化を単元後に振り返らせるなどの工夫が考えられる。ただし、どのように指標をつくるか、検討が必要である。

参考文献

榎本博明（2002）『＜ほんとうの自分＞つくり方〜自己物語の心理学〜』講談社現代新書

佐伯胖（1995）『「学ぶ」ということの意味』岩波書店

佐伯胖/藤田英典/佐藤学－編（1995）『科学する文化』東京大学出版会

佐伯胖（1995）『「わかる」ということの意味』岩波書店

戸山田和久（2011）『「科学的思考」のレッスン』ＮＨＫ出版新書

中山迅（2018）『理科の教育10』東洋館出版社

鳴川哲也・山中謙司・寺本貴啓・辻健（2019）『イラスト図解ですっきりわかる理科』東洋館出版社

村山哲也（2013）『「自分事の問題解決」をめざす理科授業』図書文化

森本信也（2017）『理科授業をデザインする理論とその展開』東洋館出版社

森本信也（2020）『授業で語るこれからの理科教育』東洋館出版社

日本理科教育学会（2022）『理論と実践をつなぐ理科教育学研究の展開』東洋館出版社

若林教裕・鷲辺章宏（2014）『研究紀要』香川大学教育学部附属坂出中学校、pp.81-94

若林教裕・鷲辺章宏（2016）『研究紀要』香川大学教育学部附属坂出中学校、pp.93-113

鷲辺章宏・山下慎平（2018）『研究紀要』香川大学教育学部附属坂出中学校、pp.103-116

山下慎平・島根雅史・鷲辺章宏（2020）『研究紀要』香川大学教育学部附属坂出中学校、pp.135-166

山下慎平・島根雅史（2022）『研究紀要』香川大学教育学部附属坂出中学校、pp.158-185

米盛裕二（2007）『アブダクション　仮説と発見の論理』勁草書房

吉田美穂、川崎弘作（2019）『科学的探究における疑問から問いへ変換する際の思考の順序性の解明に関する研究』

総論

国語

社会

数学

理科

音楽

美術

保健体育

技術・家庭

外国語

学校保健

共創型探究 語り合いの時間

第1学年2組 理科学習指導案

指導者　　島根　雅史

1　日　　　時　令和6年6月7日（金）11：20〜12：10
2　単　元　名　タンポポ
3　学　習　空　間　理科Ⅱ教室
4　単元（題材）について

（1）植物は生徒にとって身近な存在ではあるものの、豊かな自然が失われつつある昨今、日常の中で自然に触れる機会は、少なくなっている。生徒は、植物を育てたり観察したりした経験はあるものの、花や根、茎、葉のつくり、そして分類の仕方などについて意識することはあまりないと思われる。観察・実験を通して、植物のつくりの細部を目で見て確かめ、共通点や相違点などに着目しながら、植物のつくりの多様性と共通性に気づかせることや、本単元で扱うタンポポの在来種と外来種という身近な題材を通して、植物の生存戦略に探究的に迫ることは、子どもたちに植物への畏敬の念をいだかせ、進んで自然に関わろうとする態度を育てるうえで大変重要だと考える。また、本単元は、中学校に入学して初めての単元であると同時に、今後、2学年で学習する「生物の体のつくりとはたらき」や、3学年で学習する「生命の連続性」、「自然と人間」へと発展していく内容となっている。したがって、本単元を通して、生物について科学的に調べていくための基礎操作を習得させたり、仮説を立て、仮説の妥当性の検討、検証を行う場面を設定したりすることで、自然を科学的に探究する態度の基礎を養うことは意義深いと考える。

（2）本学級の生徒は男子18名、女子17名の合計35名である。多くの生徒が身近なところからタンポポを採集し、観察に意欲的に取り組んでいる。班で対話をする際には、自分の意見を積極的に伝えようとする姿勢がうかがえる。一方、探究の過程の中で，生徒が最も困難を感じているのは問い（疑問）を見つけること（29.4%）である。このことから，当たり前を疑ったり、批判的に見たりということに慣れていないという実態がうかがえる。植物について、小学校では、季節ごとの植物の変化、発芽するための条件、花から実への変化、植物のはたらき（蒸散、光合成など）について学習している。学習前生徒アンケート（n＝34、4段階で回答）では、「タンポポについて興味がある（4）」と答えた生徒は26.5%であり、「理科を学ぶことに意味や価値を感じる（4）」と答えた生徒は67.6%であった。その主な理由としては、「社会や日常生活で（受験にも）必要だから」、「生き物や花を育てる上で役に立つから」など、多くの生徒は、理科を通して得る知識が増えるという視点から学ぶ意味や価値を感じていると言える。一方、「研究者にならない限り理科は使わない」など、理科を学ぶことと自分の生き方にはあまり関係がないと考えている生徒もいる。

（3）本単元を指導する（個の「ものがたり」をつむがせる）にあたって、次の点に留意したい。

- 　生徒の語りや学習記録から、題材に対する生徒の学びの文脈やそこから生まれる疑問を把握し、生徒の思考に沿って単元を構成する。特に、疑問に対して既習事項を想起したり、要因を検討・抽出したりしながら、自分なりの仮説を形成できるようにし、そこから検証可能な問いを設定できるように単元を構成する。

・　興味・関心を高められるよう、身近なタンポポの採集や、花の分解など、実物にふれる場面を設ける。また、探究活動では、試行錯誤する時間を十分に保障し、「仮説が正しければ、どんな実験をしてどんな結果が得られるのか」を見通して、理科の見方・考え方を働かせることができるように教師が関わる。

・　生徒同士の対話を活性化させるため、個の考え方を把握した上で、「ＡｏｒＢ」、「ＡなのかＡではないのか」といった２項対立的な問いを設定したり、選択肢を用意したりして、立場を決めやすくし、全員が対話に参加できるようにする。

・　毎時間の学びをその時の感情（驚きや困難など）とともに振り返り、学習前後の自己の変容や、タンポポについての新たな視点での捉え直しを表出させることで、自分をとりまく自然と自己とのつながりを自覚させ、単元を学ぶ意味や価値を実感させる。

5 ■本単元の目標
（1）本単元の「ものがたり」の授業構想図

『 も の が た り 』 の 授 業

★授業者のねがい（授業を通して生徒に期待する成長や変容）
　タンポポに触れ、観察し、検証していく中で、タンポポは外来種も在来種も巧みな生存戦略をもっていることに気づき、身近なタンポポという存在を捉え直してほしい。

●題材（タンポポ）に対する「ものがたり」の変容

（学習前）
・タンポポはどこにでもあって珍しい存在でもない。
・外来種といえば、強くて、在来種の居場所を奪うイメージ。

探究的な学び　他者と語り合う

（学習後）
・タンポポには在来種も外来種がある。同じタンポポなのに、それぞれ違った生存戦略をもって、力強く生きている。

≪（授業者が考えた）単元学習後の「振り返り」例≫　　＊「自己に引きつけた語り」部分
　初めての授業で、タンポポには外来種、在来種があると聞き、校舎を出てタンポポを探すと、駐車場の草地に外来種があった。家の近くのタンポポを探してみると、そこにも外来種があった。外来種といえば、在来種の居場所を奪ってしまうくらい強いというイメージがあった。日本の各地で、タンポポの外来種がどうして広がってきているのかを検証したことが印象に残っている。私の班は「綿毛の落下時間」に注目して実験をしてみた。綿毛を落とすだけだから簡単にできると思っていたけれど、２つの綿毛を同時に落とせなかったり、データがばらついたりした。自分たちで考えて実験をするのはとても大変だと思った。でも、他の人の意見も聞きながら、「外来種の綿毛の方がゆっくり落ちるから、遠くまで飛ばされやすい」という結論を出すことができた。
　タンポポの外来種のつくりから、外来種が増えてきていることを上手く説明できると思ったら、その次の授業では、「最近、外来種の割合が減って、在来種の割合が増えている地域がある」という、前の実験からは説明のつかない事実を知って、また謎が深まってしまった。そこで、実験の結果をもう一度思い出してみると、在来種の綿毛は遠くまでは飛ばないけれど、自分の近くに確実に仲間をふやすことができるというよさがあることに気づいた。在来種は少しずつ確実に陣地を広げているのに対し、外来種はたくさんの種を遠くにばらまくととという全く違う生存戦略でお互い共存していた。「タンポポってすごい生き物だな」と思ったし、そんな生き物が身近にいると考えると、タンポポ以外にも、すごい秘密が隠れていそうな気がする…

（2）本単元で育成する資質・能力

知　識 及　び 技　能	・自然事象に対する概念や原理・法則の基本的な理解 ・科学的探究についての基本的な理解 ・探究のために必要な観察・実験等の基礎的な技能	・タンポポやアブラナなどの観察を行い、共通点や相違点について理解することができる。 ・観察器具の操作、記録の仕方などの基礎的な技能を身に付ける。
思　考　力， 判　断　力， 表　現　力　等	・自然事象の中に問題を見いだして見通しをもって課題や仮説を設定する力 ・計画を立て、観察・実験する力 ・得られた結果を分析して解釈するなど、科学的に探究する力と科学的な根拠を基に表現する力 ・仮説や検証方法の妥当性を検討するなど総合的に振り返る力	・外来種がふえている理由についてあらゆる仮説を立て、関係する変数を見いだして、検証計画を立てることができる。 ・課題に対する自分の考えを、根拠を示しながら筋道を立てて説明することができる。 ・結果を分析・解釈し、課題に正対した考察を行うことができる。
学びに向かう力， 人間性　等	・自然を敬い、自然事象にすすんでかかわる態度 ・粘り強く挑戦する態度 ・日常生活との関連、科学することの面白さや有用性の気付き ・科学的根拠に基づき的確に判断する態度 ・小学校で身に付けた問題解決の力などを活用しようとする態度	・身のまわりの植物を共通点や相違点、在来種や外来種などの視点から捉え直し、興味・関心をもつことができる。 ・外来種のふえ方について仮説を立てて検証する過程を通して、自然を科学的に調べる楽しさを感じることができる。

（3）単元構成（全10時間）

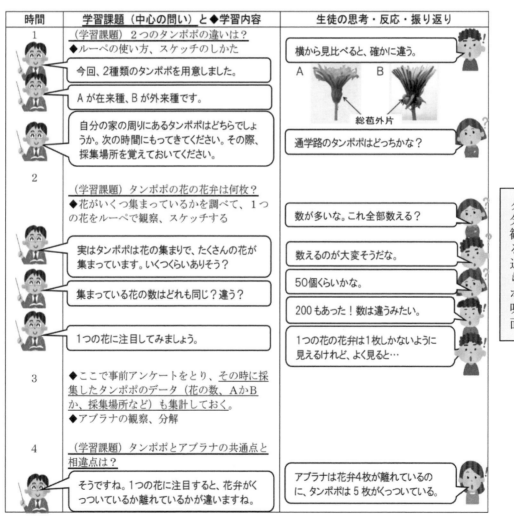

時間	学習課題（中心の問い）と◆学習内容	生徒の思考・反応・振り返り
1	（学習課題）2つのタンポポの違いは？ ◆ルーペの使い方、スケッチのしかた 今回、2種類のタンポポを用意しました。 Aが在来種、Bが外来種です。 自分の家の周りにあるタンポポはどちらでしょうか。次の時間にもってきてください。その際、採集場所を覚えておいてください。	横から見比べると、確かに違う。 A　B　総苞外片 通学路のタンポポはどっちかな？
2	（学習課題）タンポポの花の花弁は何枚？ ◆花がいくつ集まっているかを調べて、1つの花をルーペで観察、スケッチする 実はタンポポは花の集まりで、たくさんの花が集まっています。いくつくらいありそう？ 集まっている花の数はどれも同じ？違う？ 1つの花に注目してみましょう。	数が多いな。これ全部数える？ 数えるのが大変そうだな。 50個くらいかな。 200もあった！数は違うみたい。 1つの花の花弁は1枚しかないように見えるけれど、よく見ると…
3	◆ここで事前アンケートをとり、その時に採集したタンポポのデータ（花の数、AかBか、採集場所など）も集計しておく。 ◆アブラナの観察、分解	
4	（学習課題）タンポポとアブラナの共通点と相違点は？ そうですね。1つの花に注目すると、花弁がくっついているか離れているかが違いますね。	アブラナは花弁4枚が離れているのに、タンポポは5枚がくっついている。

タンポポを自分で採集し、観察、分解することで、身近なようで知らないタンポポについて興味を深める場面

共通点は？

がく、花弁、おしべ、めしべがある。

タンポポ、アブラナのように種（種子）で仲間をふやす植物を種子植物といいます。タンポポの種（種子）はどこにできるの？

どちらも種（種子）をつくっている。

もう一度花を見てみよう。タンポポの胚珠はどこかな。

アブラナに種子ができるとき、花は枯れて、果実ができていました。タンポポは？

綿毛ができる！じゃあ果実も…

タンポポをアブラナと比較し、共通点、相違点に気づく場面（単元後半に必要な知識を押さえている段階）

5

タンポポには在来種、外来種がありましたね。外来種のイメージは？

私が持ってきたのは外来種だった！

外来種の方が強いって聞いたことがあるな。

強いってどういうこと？在来種、外来種の違いに注目してみましょう。

在来種の居場所を奪っている。

（学習課題）在来種と外来種の違いは？
◆タンポポを採集した地点と種類、花の数などのデータ一覧を見て分析する。

花の数はこの前調べたけれど、在来種と外来種で違うのかな。

データからどんなことが読み取れましたか？

外来種の方が花の数の平均が多い！

花の数以外には何かありそうですか？

花の数が多いと、できる種も多いから、繁殖に有利！

自分たちで採集したタンポポのデータを使って分析する場面。（外来種、在来種の割合とその経年変化、それぞれの花の数など）

やはりタンポポも外来種の方が強いのかな。

外来種はコンクリートのような環境でも生きられる。

外来種の方が多いと思ったけど、だいたい同じ数だった

◆タンポポ調査2010,2015の結果を示す

でも、これだけのデータだけでそう言い切れそうかな

2010年では、タンポポの在来種が半数くらいは残っていますが…

2010年より新しいデータは？

2015年は外来種が増えている！

6 （学習課題）なぜタンポポの外来種がふえているのか？

前回はデータを分析しました。今回は、実物（綿毛）を見て考えます。みなさんがとってきた在来種、外来種の綿毛を使って、学習課題に迫ってみましょう。

★在来種と外来種の綿毛を使って、各班で観察、実験（自由試行）

種子の大きさが違うみたい。

大きさが違うということは、重さも違うのかな。

2種類の綿毛を同時に落としてみよう。

綿毛を落下させていますが、この違いで外来種がふえていることは説明がつきそうですか。

外来種の綿毛の方がゆっくり落ちるみたいなので、その方が遠くまで種子を運ぶことができそうです。

自由に綿毛を観察したり、落下させしたりして、外来種のどのような特徴が、繁殖に有利なのかを考える場面。各班で試行錯誤する姿をめざしたい。

7（本時）	（学習課題）なぜタンポポの外来種が増えているのか？ ◆自由試行の結果を共有 学習課題についてどう考えますか？ 班によって少しばらつきがありますが…落下時間は短い方が有利？長い方が有利？ 班によってのばらつきは？ 果実の大きさと落下時間に関係があるの？ ◆班での検証結果を共有 外来種は、数と軽さを武器に増えてきたということですが、外来種が減っている場所もあります。 ◆大阪泉北ニュータウンにおける外来種の減少を資料で確認	私の班は、外来種の綿毛が在来種の綿毛よりゆっくり落ちたけど… やっぱり、ゆっくり落下する外来種の方が、綿毛が風に乗りやすくて、その結果遠くにもなかまをふやせそう。 果実が大きな外来種や、果実の小さな在来種も混ざっているから、データがばらついていると思う。 果実が小さな外来種は、たくさんの種子を遠くまで種子を運べるので、数が増えていることを説明できそうです。 え、どうして…	自由試行で得られた結果をもとに、課題に対する仮説を立てる場面。他の班の結果とすりあわせながら、考え方を更新していく姿を生み出したい。
8	（学習課題）なぜ外来種の割合が減ってきたのか？ ◆丸亀市綾歌町内の団地におけるタンポポの分布を資料として考える この団地もできてから35年くらい経ちます。時代による数の変化は分かりませんが、現在の在来種、外来種の大まかな散らばりは分かります。 外来種は開発されたところに多いようですね。 分布のしかたも何か関係がありそう？	公園はほとんど在来種で、外来種は入り込んでいないみたい。 在来種がもともといるところには外来種は入っていかないのかな。 家の花壇にあるのはほとんど外来種だ。 家が建つ前は在来種があったのかも。工事されてから外来種が入ってきたのかな。逆に在来種は入り込めない？ それに、公園とかの在来種は、集団で咲いていて、外来種はそれほど密集はしていなかった。 近くにタンポポがいれば受粉もしやすいし、できた種子も遠くまで行かずに落下して、また集団が広がるのかな。	ここまで立てた仮説に反する事例を示すことで、在来種にも巧みな生存戦略をもっていることに、資料を通して気づかせていく場面。
9	◆この時点の自分の考えをまとめる ◆他者の意見を聞きながら、在来種、外来種の生存戦略と、分布の仕方の関係をまとめる 前回の話し合いから、外来種だけではなく、在来種も生き残る工夫をしているようですね。	外来種は数と飛距離で勝負して、在来種は少ない種子でも確実に自分の近くに落として、集団を拡大する。ただ、開発されると圧倒的に在来種は不利だ。	
10	◆単元の振り返りを記述		

6　本時の学習指導

（1）目標

- ・ タンポポの体のつくりと外来種がふえる理由を関係づけて説明することができる。
- ・ 課題に対して、仮説を立て、見通しをもって検証することができる。

（2）学習指導過程

学習内容及び学習活動	予想される生徒の反応	○教師のかかわり
学習課題：なぜタンポポの外来種がふえているのか		
1　学習課題について，各班で検証したことを確認する。	・ 果実の落ちる時間の違いが関係していそうだ。	○ 焦点化のため、「外来種の方が○○○から、ふえるのに有利」という形で、仮説を共有する。

立場（○○○の理由付け）　　S1：落下時間が長い　　S2：落下時間が短い　　S3：小さく軽い

> S1：「外来種の方が、<u>果実の落下時間が長い</u>から、ふえるのに有利」
> S2：「外来種の方が、<u>果実の落下時間が短い</u>から、ふえるのに有利」
> S3：「外来種の方が、<u>果実が小さくて軽い</u>から、ふえるのに有利」
> T　：「どうして落下時間が長いと有利なの？」
> S1：「種子がゆっくり落ちるということは、それだけ遠くまで広がるから。」
> S2：「はじめはそう思ったけど、実験してみたら外来種の方が、落下時間が短かった。」
> T　：「そのことと、外来種の方がふえていることは関係ありそう？」
> S4：「今生えているタンポポの近くに確実に種子を落とすことはできるかも。」
> S3：「でも、果実の大きさや重さから考えると、外来種の方がゆっくり落ちそう…」
> S2：「果実の大きさや重さって、個体差があると思うけど…」
> T　：「個体差があるけれど、みんなが見てきた傾向としては在来種と外来種の違いは？」
> S4：「外来種の方が果実が小さい。」
> T　：「…ということは、外来種は果実が小さいものが多いという事実は納得。そして、果実が小さければ、ゆっくりと落下するということでいいですか。（新たな仮説）」

2　再度各班で、新たな仮説が妥当かどうかを検証する。	・ 種子の大きさを変えて、落下時間を比べてみよう。	○ 検証方法と，予想される結果を共有し、見通しを持てるように関わる。
3　考察を確認した上で、新たな課題を設定する。	・ 外来種の方がふえるのに有利なつくりだな。	○ 客観的なデータを示し、根拠をもって考えられるようにする。

> T　：「この仮説が正しいと言えそうですか。また、その理由は？」
> S1：「果実の大きい在来種と果実の小さい外来種の綿毛を同時に落としたら、外来種の方がゆっくり落下したので、仮説は正しいと言えそうです。」
> T　：「もともとの課題に戻ると、外来種が増えてきた理由は？」
> S2：「1つは、外来種の方がたくさんの種子をつくれることと、もう1つは外来種の方が綿毛を遠くまで飛ばせることです。」
> T　：「では、在来種はどうなるのでしょう…」
> S3：「このまま減り続けるのかな…」
> T　：「でも、大阪では外来種の割合が減り、在来種の割合が増加した例があります。」
> S4：「え…」

4　本時の振り返りを行う。	・ 在来種が果実を近くに落とすことと関係がある？	○ 自分の感情（驚き、困難など）や新たな疑問などもふくめて記述させる。

7　見取り

　実験観察ノートの記述、単元後のものがたりの記述などから、学ぶ前後で、タンポポや外来種に対する捉え方がどのような過程を経て変容したかを見取る。

第３学年２組　理科学習指導案

指導者　　宮崎　浩行

1　日　　　　　時　　令和６年６月７日（金）13：00〜13：50
2　単　元　名　　作用・反作用の法則
3　学　習　空　間　　理科Ⅰ教室
4　単元（題材）について

（１）３年生の物理分野で学習する「運動の規則性」では、物体にはたらく力と物体が運動することに関連して、力とは物体どうしの相互作用であること、つまり作用・反作用の法則を学ぶ。作用・反作用の法則は抽象度が高く、生徒にとってなじみにくい内容である。一方で日常で目にする力学的現象の根幹を担う普遍的な法則であるがゆえに、生徒に学んでほしい内容である。学習指導要領にもあるようにローラースケートなどを用いてその法則を体感させることも、１つの教授法だといえるが、その方法では生徒に学ぶ意味や価値を実感させられにくいのではないかと考える。生徒が主体的に行っている探究的な学習の中で、生徒自身が法則を発見することで学習に対する達成感を得られたり、学ぶ意味や価値を実感できたりするのではないかと考える。

　本題材で主に用いる体重計は、生徒が少なくとも１年に１回は使用する身近なものであるという点と、実際には力を測定する装置であるが、体重の単位がkgで表示されているため、生徒にとって誤概念になりやすいという点で教具として優れている。また、体重を測定するときは体重計に静かにのり、測定中はまわりの壁などに触れてはいけないということを幼いころから教えられるが、そのルールの理由を考えたことのある生徒は少ないと思われる。これまでに意識せずに使用してきた体重計を生徒に自由に使わせることで新たな疑問が生まれ、探究へとつながりやすいのではないかと考える。

　このような学習のプロセスを通して、生徒が自然の中から見出した法則を使って現象を説明しようとする中で他者と議論したり、今まで気づかなかった身近な物理現象に興味や関心をもったりして、理科を学ぶ意味や価値を実感していくと考える。

（２）本学級の生徒35名（男子18名、女子17名）で理科を学ぶのが好きな生徒は22名であり、やや多いと言える。「理科を何のために学んでいると思いますか」という質問については、下の□内の通りに答えている。

> ○将来に向けて知識を得るため（９人）　　○身近な問題や不思議を解決するため（９人）
> ○受験のため（12人）　　○未来の科学の発展のため（１人）　　○わからない（４人）

　質量と重さのそれぞれについて説明する質問に対して、両方を正確に記述できていた生徒はわずか７人であった。多くの生徒が質量を「物体そのものの重さ」と説明しており、質量と重さの区別はついていないと言える。また、質量と重さはそれぞれ何という道具を用いてはかりますかという質問に対しても、下の表１、２のような結果が出ている。

【質量は何ではかりますか（表１）】

上皿てんびん（正）	電子てんびん（正）	メスシリンダー（誤）	ばねばかり（誤）	分からない
11人	11人	3人	2人	8人

【重さは何ではかりますか（表２）】

上皿てんびん（誤）	電子てんびん（誤）	メスシリンダー（誤）	ばねばかり（正）	分からない
4人	7人	0人	20人	4人

（３）本単元（題材）を指導する（個の「ものがたり」をつむがせる）にあたって、次の点に留意したい。

- 単元の初めに体重計を自由に使用させ、体重を１ｇでも軽くする方法を模索させる。この自由試行を入れることによって、生徒を題材に入り込ませ、生徒の文脈に沿った単元を構成していく。

- １年生で学習した重さと質量の違いについて、生徒一人ひとりがそれぞれの認識を語り合う場面の設定を行う。また体重計が重さと質量のうちどちらをはかっているのかの答え合わせとして体重計を分解し、中の構造を見ることで、単元に登場する疑問（探究課題）を解決するために必要な問いを設定していく。

- 力の視点で疑問を解決していく過程で、１年生のときに学習した力の表現方法である作図を想起させる。また、正しい作図方法をクラス全体で共有し、仮説を形成しやすくする。

- 単元全体の学びをそのときの感情（驚きや困難など）とともに振り返り、学習前後の考え方の変容や、身のまわりの現象や自身の行動を力の視点から見たときの捉え直しを表出させることで、自分をとりまく自然と自己とのつながりを自覚させ、本単元を学ぶ意味や価値を実感させる。

5　本単元の目標

（１）本単元の「ものがたり」の授業構想図

『 も の が た り 』 の 授 業

★授業者のねがい（授業を通して生徒に期待する成長や変容）
私たちはあらゆるところから力を受け、それを生かして生きていることを実感してほしい。

●題材（　　力　　）に対する「ものがたり」の変容

（学習前）
普通に生活していて力を感じるときはあまりない。

探究的な学び
他者と語り合う

（学習後）
私たちは、この瞬間も力を受けている。今立っている地面からも力を受けて、動くことができているんだ！

≪（授業者が考えた）単元学習後の「振り返り」例≫　　＊「自己に引きつけた語り」部分

　１年生のときに「身のまわりの現象」という単元で光と音を学習した後に、力について習いました。光と音は確かに常に感じていますが、力を受けていると感じる瞬間があまりないので、本当に「身のまわり」か？と思っていました。体重計の授業では、私は週１で使う体重計が質量をはかっているのか、それとも重さ（力）をはかっているのかについて考えました。私がよく使う体重計は、私の体重をkgで表示してくれるので、当然質量をはかっていると思っていました。クラスメイトの半分くらいは力と言っていましたが、いやkgって書いているし、と思って納得ができませんでした。この話し合いに決着がつかず、体重計を分解することになりました。すると中にばねが４つついていて、フックの法則か！、力をはかっているんだと実感しました。毎週見ている質量、kgは実は力だったということを知り、だまされている気分になりました。その力は作用・反作用の法則で与えたら、逆におよぼされるという性質があり、私たちが生きている人間社会でも起こる現象に似ているなと思いました。そんな恐ろしい性質を持っている力ですが、私が今いる地面を私が押すことで、私は反作用を受け、静止していられるのも、運動するときにジャンプできるのも、力のおかげなんだと思い、意識して力を受け、その力を生かしていく方法を体育の時間や部活動のときにも探っていきたいと思いました。

（２）本単元で育成する資質・能力

知　識 及　び 技　能	・物質やエネルギーに関する観察、実験などを行い、それらの事物・現象について理解するとともに、科学的に探究するために必要な観察、実験などに関する基本的な技能を身につける。	・自然現象において普遍的な法則である作用・反作用の法則を理解できる。 ・体重計と人にはたらく力を作図することができる。
思　考　力， 判　断　力， 表　現　力　等	・問題を見出す力や根拠のある予想や仮説を発想する力などを発展させ、物質やエネルギーに関する事物・現象について規則性を見出したり、課題を解決したりする方法を身につけ、思考力、判断力、表現力等を養う。	・体重計の内部構造から、体重計が力を測定していることを見出すことができる。 ・問いに対して仮説を立て、検証実験の計画を立てることができる。 ・既習事項や経験などの根拠に基づいて結果を予想できる。
学びに向かう力， 人間性　等	・物質やエネルギーに関する事物・現象に進んで関わり、自然を科学的に探究する活動を行い、科学的に探究しようとする態度を養うとともに、自然を総合的に見ることができるようにする。	・体重計のメーターが小さくなる現象を探究する過程から、力に注目することの意味や価値を見出している。 ・単元を学習する中で、日常の現象を力の視点から捉え直している。

（３）単元構成（全８時間）

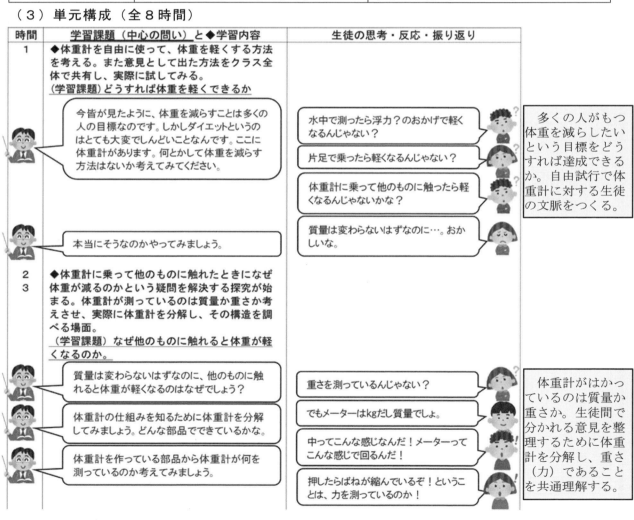

4 5	◆体重計で普通に体重を測っている図と、ものに触れている状態の図に力を描きこんでいく場面。1年生で学んだことをもとに正確な力の作図方法について学ぶ場面も組み込む。 (学習課題)体重計の上の人にはどのような力がはたらいているのか。

皆さんがしていた2種類の動作を図にしました。これに力を作図してみましょう。

力の作図方法を少しおさらいしましょう。

作図ができたようなので、はじめの疑問について仮説を立ててみましょう。

重力と垂直抗力は描き込めるけど、他の力は分からないよ。

なるほど。体重計を押す力の大きさが違うなあ。

体重計を押す力が小さくなったから、軽くなったんだよな。

> 力に注目している今、力を表現するために作図をさせる。また生徒にとっての困難である正確な作図についても学ぶ。

6 (本時) 7	◆体重計を押す力がなぜ小さくなったのかを探究していく場面。 (学習課題)なぜ体重計を押す力が小さくなったのか。

身のまわりの現象を感じるのは、みなさんの五感、力の場合は触覚です。自分の感覚を大事に、もう一回実験してみましょう。

学習課題に対して、仮説を立ててみましょう。

机を押すと、手にも力がきているような感じがするかも。

◆検証実験を通して、作用・反作用の法則を発見していく場面。2台の体重計を使って、検証計画を立てさせ、実験をさせる。

前回立てた仮説を検証していきます。体重計を2台使って、どのような実験をして、どんな結果が出たらよいか考えましょう。

片方の人が、もう片方の人を押したらいいんじゃない？それで体重の変化を見てみよう。

机が手を押し返しているから、その分体重計が支えなくて済むんだよな。

> 手が上に引っ張られると上向きの力を受け、体重が減るというのは生徒にとって当たり前である。この当たり前と机を下に押す動作とを比較することで反作用の存在に気づかせる。

8	◆作用・反作用の法則を発見した上で、もう一度始めの問い「なぜ他のものに触れると体重が軽くなるのか」に対して説明してみる場面。

前回の検証実験で机と手の間の力が描けるようになりました。これで始めの問いについて説明できるかな。

> 作用・反作用の法則を発見し、疑問に対する結論を出す。またその法則を知った後で、自然観がどのように変容したかを単元後の振り返りで見取る。

総論　国語　社会　数学　**理科**　音楽　美術　保健体育　技術・家庭　外国語　学校保健　共創型探究　語り合いの時間

6　本時の学習指導

（1）目標

- 　手が上に引っ張られているときの図と、手が机を押しているときの図を比較することで、体重計を押す力が小さくなるためには上向きの力が必要であることに気づき、問いに対する仮説を立てることができる。

（2）学習指導過程

学習内容及び学習活動	予想される生徒の反応	○教師のかかわり
学習課題：なぜ体重計を押す力が小さくなったのか。		
1　前時に力を描いた2種類の図を全体で吟味し、分類する。	・　自分の班の作図とは異なるものに注目している。	○　力がルールに基づいて作図できているかという視点を与える。
2　仮説を立てる。 （1）個人で仮説を立てる。	・　2種類の図に描かれている力を比較している。	○　2種類の動作によって出た結果は等しく、その要因が異なることという点を強調し、生徒が図を比較できるようにする。
（2）班で1つにする。		○　仮説から新たに力を見出した班には、力を描き加えてもよいことを伝える。
T　：自分の仮説ができましたね。これからその仮説を班で1つにしてください。自分のとは違う仮説を書いている人にはなんでそう思ったの？って聞いてあげてください。 S1：S2さんが言っている「力が分散した」というは、なんでそう思ったの？ S2：体重計は、人が体重計を押す力をはかっているから、それが小さくなるということは手が机を押す力の方に分けられたからと思ったからだよ。S1さんの「手が机に押された」というのは、なんでそう思ったの？ S1：手が吊り上げられているのとメーターの数値が減ったという結果が同じだから、ロープが手を引く力と同じ上向きの力がないとおかしいからと考えたんだ。 S3：私もそう思った。何かから上向きの力を受けているから体重が減るんだよ。結果が同じだから、それがロープか机かの違いなだけだと思うな。 S2：じゃあ、前に作図した力は1つ足りてないということか。描き加えておこう。		
（3）どの力に注目したか黒板に集約する。 （4）全体で検討する。	・　文章で書いた仮説と作図を見比べている。	○　どの部分にはたらく力か、また上向きか下向きか。この2点に絞って記述させる。
T　：「机　↓」派と「手　↑」派がありますね。それぞれの考えを聞いてみましょう。S1さん。 S1：「机　↓」と考えたのは、人が体重計を押す力が分散すると考えたからです。2人で上の人を支えているというイメージです。 T　：なるほど。「手　↑」派のS2さんの考えを教えてください。 S2：話し合いでロープの上向きの力と同じ役割の力がないといけないってなって、そう考えるとS1さんの下に押す力がはたらくのと同時に、手に上向きの力がはたらくんだと思いました。 T　：下に押すと、上に押されるという仮説が出ました。次回、検証してみましょう。		
3　振り返りを書く。		○　自分の感情（驚き、困難など）や新たな疑問なども含めて記述させる。

7　見取り

- 　実験観察ノートの記述、単元後のものがたりの記述から、目に見えない力の捉え方がどのような過程を経て変容したかを見取る。

音　楽　科

井　上　真　衣

音や音楽に意味を見出し、
音楽との関わりを深める学習のあり方
―　音楽観の捉え直しや変容からつむがれる「ものがたり」を通して　―

　本校音楽科では、音楽のよさや美しさを味わうことのできる学習のあり方について研究を進めてきた。その中で、音楽を形づくっている要素を支えとして思いや意図を伝え合い、音楽そのものに対するよさや美しさについて語ることについて成果が得られた。

　今期は、これまでの研究を継承しつつ、生涯にわたって音楽のよさや美しさを味わうことができる生徒を育成するために、生徒が音や音楽に意味を見出し、音楽との関わりを深めることができる学習をめざしている。その手立てとして、①題材曲に対する思いや感情を引き出す単元構成の工夫②〔共通事項〕を支えとして思いや意図を語り合う場の工夫③自己の「ものがたり」をつむぐ振り返りの工夫の3点について研究を進めていく。

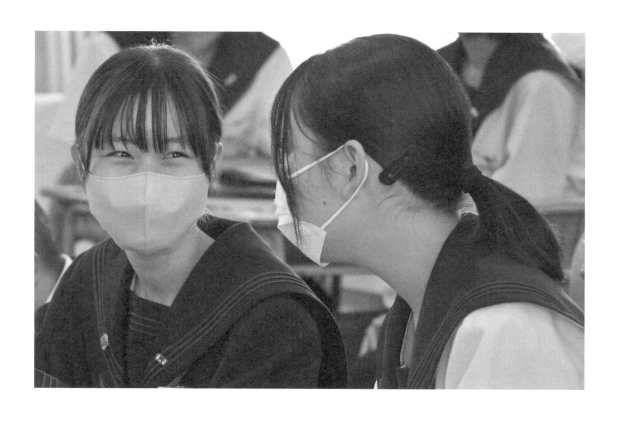

研究主題について

　音楽科の目標は、音楽的な見方・考え方を働かせ、生活や社会の中の音や音楽、音楽文化と豊かに関わる資質・能力を育成することである。本校音楽科では、生徒一人一人が生活や授業の中で出会う音や音楽に自分なりの意味や価値を見出し、身の回りの音楽と自己との関わりを深めることができる学習の在り方について研究を進めていく。

　「音や音楽」とは、そこで鳴り響く音響そのものを対象としており、自己のイメージや感情、生活や社会、伝統や文化などとの関わりの中で、私たち人間にとって意味のあるものとして存在するようになる。そのためには、その場で鳴り響く「音や音楽」を、音楽を形づくっている要素とその働きの視点で捉え、音楽がどのように形づくられているか、またどのように感じ取るかを明らかにしていく過程を経ることが必要となる。

　「音楽との関わりを深める」とは、生徒自ら、音楽に対する感性を働かせ、自己と音楽との関わりを深めることである。音や音楽とそれによって喚起される自己のイメージや感情との関わりや、生活や社会との関わり、伝統や文化などの音楽の背景との関わりなどについて考える活動を充実させることによって、生徒は音楽を学ぶことを通して、自己と音楽との関わりをより一層深めることができる。

　このことを踏まえ、今期、音楽科では、生徒が音楽と深くかかわり、自分なりの意味や価値を実感することのできる音楽学習をめざし、①題材曲に対する思いや感情を引き出す単元構成、②〔共通事項〕を支えとして思いや意図を語り合う場、③自己の「ものがたり」をつむぐ振り返りを工夫した実践を行い、研究を進めていく。

音楽科における「自己に引きつけた語り」とは

　題材曲に対する自分なりの捉えや思いを表現することを通して、自己の音楽観の変容や音楽を学ぶことの意味や価値を実感した語りのこと

研究の目的

　音や音楽に意味を見出し、音楽とのかかわりを深めるためには、音楽を表現したり鑑賞したりする中で題材曲に対する自分なりの思いをもつことが必要だと考えている。そのための有効な手立てを研究していく。今期は、①題材曲に対する思いや感情を引き出す単元構成の工夫②〔共通事項〕を支えとして思いや意図を語り合う場の工夫③自己の「ものがたり」をつむぐ振り返りの工夫の3点について研究を進めていく。

研究の内容

（1）　　題材曲に対する思いや感情を引き出す単元構成の工夫
（2）　　〔共通事項〕を支えとして思いや意図を語り合う場の工夫
（3）　　自己の「ものがたり」をつむぐ振り返りの工夫

（1）　　題材曲に対する思いや感情を引き出す単元構成の工夫

　音楽を学ぶ意味や価値を実感するためには、生徒が題材曲に関心をもち、自分なりの思いを試行錯誤しながら表現する経験が必要であると考える。そのためには、題材曲について自分たちで調べたり、楽曲の背景を深く学んだりする活動を組み込んだ単元を構成し、生徒が題材曲に関心をもったり、自分なりの思いを試行錯誤しながら言葉や音楽で表現する場や、これまで

に生徒自身が体験したことと重ね合わせて、「自分にとって〇〇は…」と語り合う場を設けることが有効ではないかと考えている。

　例えば、「赤とんぼ」の学習では、歌詞にある言葉の意味を学び、理解することに加えて、「夕やけの空を見るとどんな気持ちになる？」など、自己の感情に注目させる問いを投げかける。その後、作詞者の生い立ちや他の作品について知った後、「作詞者にとっての『夕やけ』とは？」と考えることで、生徒の中で楽曲に対する思いが生まれたり明確になっていったりすることにつながるか実践を行っていく。

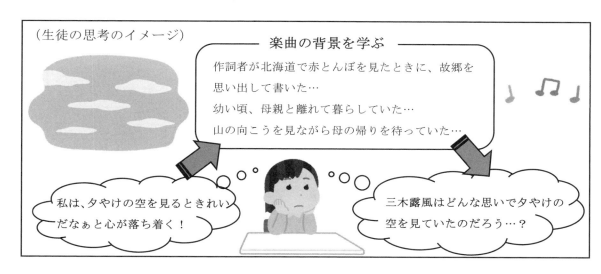

（２）　〔共通事項〕を支えとして思いや意図を語り合う場の工夫

　〔共通事項〕とは、「音楽を形づくっている要素を聴き取ることとその働きを感じ取ること」、「音符、休符、記号や音楽に関わる用語を理解すること」といった、表現及び鑑賞の全ての活動において、共通に指導する内容のことである。生徒が題材曲について語るとき、〔共通事項〕をもとに語れるようなしかけや場を工夫することで、音楽的な視点をもとに、題材曲に対して思いを深めることができると考える。

　授業において、〔共通事項〕をもとに、生徒が思考するポイントを絞っていく。そして、〔共通事項〕を根拠としながら、表現の活動では自分なりの思いをどのように表現したいかなど考えたことを伝えあう活動を取り入れ、鑑賞の活動では、感受したことと自分の感情を結びつけながら題材曲に対する思いを伝えあう活動を取り入れていく。この中で生徒が音楽の学習を通して自己を語るときに漠然とした思いに留まらず、〔共通事項〕に着目して明確な思いや意図を伝え合うことで、題材曲に対する思いをより一層深められるようにしていく。

（３）　自己の「ものがたり」をつむぐ振り返りの工夫

　単元を通して、題材曲をどのような自己の感情と関わらせて捉えるようになったかを、単元の最後に振り返りを行う。その際に、単元内の学びをつなぎ合わせていけるよう、毎時間の振り返りを工夫することで、単元を通しての自己の音楽観の変容に気付かせ、生徒が、題材曲に対する自分なりの意味や価値を実感できるようにしたい。

　このことから、毎時間の振り返りの中で、「嬉しかった」「悔しかった」「驚いた」など、自分の気持ちについて振り返ることができる欄を設けたり、学習を通して「自己の成長」「新たな疑問」「今後の課題」を見つけたりできるような手立てを行う。

私にとって今日の学習は…	10月24日(火) 1時間目	10月25日(木) 2時間目	10月31日(火) 3時間目	11月2日(木) 4時間目
嬉しかった	(○) 曲を聴いて感じた意見を交流できた。	( )	(○) 口の中は、「う」をベースとして歌うと、前回より良くなった。	(○) 「お」じゃなくて「oh」のように吐息をふくむと上達につながった。
悲しかった	( )	( )	( )	( )
悔しかった	( )	( )	( )	( )
悩んだ	( )	(○) どんな風に歌いたいと思っても、上手く歌に乗せなかった。	(○) どの母音の響きが合っているか迷った。	( )
驚いた	(○) 三木露風さんの想いに驚いた。	(○) 三木露風から見てと、私が見てで夕日の見え方が変わった。	( )	(○) 口の中を「お」にして吐息をふくみながら歌うとできた。
つまらなかった	( )	( )	( )	( )
その他	( )	( )	( )	( )
～振り返り～	成長(○) 疑問( ) 課題( ) 赤とんぼを聞いて、初めは、ゆっくりしていて、なんだか落ち着く曲だなーと思っていたけど、三木露風さんの背景を知ったら、かなり見方が変わって、切ない曲なんだと思った。	成長(○) 疑問( ) 課題(○) 私たちが普段見る夕日と、三木露風の思いを重ねて見た夕日は、気持ちが全然違うと知った。また、もっと落ち着いた雰囲気を歌で出したいのに、なかなか表現するのが難しかった。	成長(○) 疑問( ) 課題( ) 母音と子音の組み合わせを少し変えるだけで、感じ方や雰囲気がかなり違った。この曲には、「ねや」の「ね」などの「な行」や、「ゆ」などが、優しい曲調とマッチしていると思う。	成長(○) 疑問( ) 課題( ) 前までは、高音の部分をのどをしめ上げるような苦しそうな出し方をしていたけど、吐息をまぜて、優しい裏声で歌うと、さみしい落ち着いた雰囲気が出せた。

成果（○）と課題（●）

（１）　題材曲に対する思いや感情を引き出す単元構成の工夫

○　作詞者の思いを探ることで、生徒の中でどのように表現したいかが明確になり、自分なりの思いと楽曲の背景を関わらせ、情意を働かせながら歌唱表現を創意工夫することにつながった。

●　作詞者の思いなどの楽曲の背景に注目させることは有効であったが、その楽曲が表現している音楽的な特徴から考えるという視点とのバランスを保つ必要があることが課題となった。

（２）　〔共通事項〕を支えとして思いや意図を語り合う場の工夫

○　どの音楽を形づくっている要素に注目して、生徒に考えさせるかを明確にすることで、自分の考えと比較しながら他者の考えを聞いたり、互いに同じ視点でアドバイスし合ったりすることにつながり、より深く学ぼうとする姿が見られた。

●　どの要素も関わり合って音楽表現が成り立っているため、本時や単元の中で着目する音楽の要素を絞ることは効果的な反面、他の単元との関わりも重要になってくると感じた。

（３）　自己の「ものがたり」をつむぐ振り返りの工夫

○　１時間ごとの振り返りで、自分の成長や課題、活動中や授業後の気持ちに注目させることで、単元後の振り返りで自己の変容をより実感したものが見られた。

●　振り返りの視点を与えることで、視点に沿って順々に記述するようになるため、形式的な書きぶりになってしまう生徒もいた。

引用・参考文献

荒岡真衣（2022）『研究紀要』香川大学教育学部附属坂出中学校、pp.167‐186
伊福部昭（2003）『音楽入門』全音楽譜出版社
可児智恵子（2010）『研究紀要』香川大学教育学部附属坂出中学校、pp.47-52
可児智恵子（2012）『研究紀要』香川大学教育学部附属坂出中学校、pp.81-88
可児智恵子（2014）『研究紀要』香川大学教育学部附属坂出中学校、pp.95-103
公益財団法人音楽鑑賞振興財団（2015）『季刊　音楽鑑賞教育 Vol.21』
小島律子（編著）（2015）『音楽科　授業の理論と実践』あいり出版
中島寿・髙倉弘光・平野次郎（2017）『音楽の授業で大切なこと-なぜ学ぶのか？何をどのように学ぶのか？』東洋館出版社
橋本美保・田中智志（監修）『音楽科教育』一藝社、2015
フィリップ・ボール（夏目大訳）（2018）『音楽の科学─音楽の何に魅せられるのか？[新装版]』、河出書房新社
堀田真央（2016）『研究紀要』香川大学教育学部附属坂出中学校、pp.115-124
堀田真央（2018）『研究紀要』香川大学教育学部附属坂出中学校、pp.127-142
堀田真央（2020）『研究紀要』香川大学教育学部附属坂出中学校、pp.167-186
文部科学省（2017）『中学校学習指導要領解説音楽編』

総論
国語
社会
数学
理科
音楽
美術
保健体育
技術・家庭
外国語
学校保健
共創型探究語り合いの時間

第１学年２組　音楽科学習指導案

指導者　　井上　真衣

1　日　　　　　時　　令和６年６月７日（金）　13：00～13：50
2　単　元　名　　「赤とんぼ」
3　学　習　空　間　　音楽室
4　題材について

（１）本題材「赤とんぼ」は、作詞者である三木露風の幼いころの思い出を歌った、どこかなつかしさやあたたかさを感じる日本情緒豊かな曲として、人々に愛されて親しまれてきた曲である。そのなつかしさやあたたかさなどの雰囲気は、ゆるやかな速度や、歌詞の言葉の抑揚に合わせて語るように歌われる旋律、だんだん強くだんだん弱くを繰り返す強弱の変化など、作曲者である山田耕筰の思いが表れた、楽曲の特徴から感じ取ることができる。楽譜を記されていることをヒントに歌詞を朗読する活動や、強弱の表現を考える活動を通して、日本の我が国で長く親しまれている歌曲の奥深さを感じ取ることができる題材である。

（２）本学級の生徒は、男子１８名、女子１７名の計３５名である。事前のアンケートで「音楽が好きか」という問いに対して、「好き」と答えた生徒は３３名、「嫌い」と答えた生徒は２名であった。「あなたにとって歌を歌うこととは」という問いに対しては、「楽しいこと」「好きなこと」など、肯定的な回答をした生徒は１０名、「好きだけれど、人前で歌うことは恥ずかしい」など、場合によって異なる回答をした生徒は２０名、「苦手なこと」「歌いたいと思わない」など、消極的な回答をした生徒は５名であった。音楽は好きだけれど、自分一人の世界で音楽を楽しむことを好み、人との関わりの中で歌唱表現を楽しむことに価値を見出していない生徒が多い。また、「赤とんぼ」や「夏の思い出」など、「日本の歌として受け継がれている歌に魅力を感じるか」という問いに対して、「魅力を感じる」と答えた生徒は１４名、「楽曲によっては魅力を感じる」と答えた生徒は１１名、「魅力を感じない」と答えた生徒は１０名であった。「現代の楽曲と違うからこその魅力がある」と感じている生徒もいる一方で、ノリがよく盛り上がる楽曲を好み、「昔の曲は面白くない」と感じている生徒が過半数いる。

（３）本題材を指導する（個の「ものがたり」をつむがせる・「情意」を働かせる）にあたって、次の点に留意したい。

・　生徒が自分の思いや意図を歌で表現する難しさを実感したり、自ら問いや課題を見つけたりできるよう、録音機器を使用し、自分なりの思いや意図が歌唱表現に表れているか確認させる。

・　「赤とんぼ」の学習を通して、生徒一人一人が感じた自身の音楽観の変容を自分の思いや経験をもとに自分の言葉で語りなおすことができるよう、毎授業後に自身の成長や疑問、活動の中で感じた思いに着目して振り返りをさせる。

5　本単元の目標
（1）本単元の「ものがたり」の授業構想図

総論

国語

社会

数学

理科

音楽

美術

保健体育

技術・家庭

外国語

学校保健

語り合いの時間

共創型探究

『ものがたり』の授業

★授業者のねがい（授業を通して生徒に期待する成長や変容）
　「赤とんぼ」の音楽の特徴や歌詞の内容から、我が国で長く親しまれている歌曲の奥深さを感じ取り、声の音色を工夫しながら歌唱表現に臨んでいる。

●題材（　「赤とんぼ」　）に対する「ものがたり」の変容

（学習前）
ゆったりとなめらかに歌うと「赤とんぼ」の雰囲気を表現することができる。

探究的な学び
他者と語り合う

（学習後）
旋律の動き方や、強弱記号に込められた作曲者の意図を考えて表現を工夫することで、"なつかしい"感じが伝わる演奏に近づく。

≪（授業者が考えた）単元学習後の「振り返り」例≫＊「自己に引きつけた語り」部分
　「赤とんぼ」はゆったりと落ち着いた雰囲気の曲だと思っていたが、いろいろな「赤とんぼ」の演奏を聴いて、同じ曲でも演奏している人や、どのように演奏されているかが変わると、雰囲気が違って聞こえたので驚いた。「赤とんぼ」の歌詞では、故郷を思い出してなつかしんでいる気持ちが表現されているので、"なつかしい"気持ちで歌いたい。しかし、私たちの録音を聞くと、全く"なつかしい"雰囲気を感じられなかったので、どうすれば"なつかしい"気持ちが伝わる演奏になるかを考えていきたいと思った。歌詞を朗読する活動の中で、旋律の音の上り下がりは、言葉を声に出した時の自然な動きと同じになっていることや、強弱が歌詞のまとまりごとにだんだん強くなり、弱くなっていることなど、楽譜の中に多くのヒントがあることに気づき、その通りに読んでみると、前回の読み方とは大きく変化していて嬉しかった。しかし、歌ってみるとクレシェンドやデクレシェンドが上手くできていないことや、なめらかに歌えていないことから、まだ"なつかしい"感じが伝わる演奏にはなっていないと感じた。楽譜に記された強弱の変化をもっと上手くできるようになれば、"なつかしい"感じが伝わる演奏になるのではないかと思い、一生懸命練習をした。苦戦したデクレシェンドも少しできるようになり、自分たちの歌の録音を聴いてもずいぶんよくなっていて嬉しかった。しかし、その後に聞いた、強弱の変化がほとんどつけられていない演奏の方が自分たちの演奏よりも"なつかしい"感じが伝わる演奏になっていてかなりショックだった。その後、『強弱は、単に音の強さ・弱さではない』という言葉を聞いて、初めはよく分からなかったが、"なぜここはpなのか""なぜデクレシェンドをするのか"と考えていくうちに少しずつ気持ちがこもった演奏になっていき、最後に私たちが歌った「赤とんぼ」は、今までの演奏とは違い、"なつかしい"感じが少し伝わる演奏になっていてとっても嬉しかった。私は、歌を歌うことは大好きだが、楽譜を読むことや記号を覚えることは苦手で、覚えなくても困ることはないと思っていたが、作曲者はこの強弱記号で何を表現しようとしたのか？など、曲に込められた思いを考えながら表現を工夫することで、その曲らしい演奏ができることに気づいたので、これからは楽譜を読むことや記号の意味を調べたり覚えたりすることも含めて音楽を楽しんでいきたいと思った。

（2）本単元で育成する資質・能力

知 識 及 び 技 能	・曲想と音楽の構造や歌詞の内容との関わりについて理解する。 ・創意工夫を生かした表現で歌うために必要な発声、言葉の発音、身体の使い方などの技能を身に付ける。	・速度、旋律、強弱の特徴が「赤とんぼ」のおだやかで切ない曲想を生み出していることを理解する。 ・「赤とんぼ」の表現にふさわしい音色で歌うための発声を身に付ける。
思 考 力， 判 断 力， 表 現 力 等	・歌唱表現に関わる知識や技能を得たり生かしたりしながら、歌唱表現を創意工夫する。	・歌詞や曲想をもとに「赤とんぼ」に対する自分なりのイメージを膨らませ、強弱の捉えを工夫しながら「赤とんぼ」にふさわしい歌唱表現を創意工夫する。
学びに向かう力， 人間性 等	・音楽活動の楽しさを体験することを通して、音楽文化に親しむとともに、音楽によって生活を明るく豊かなものにしていく態度を養う。	・「赤とんぼ」にふさわしい歌唱表現を創意工夫する活動を通して、我が国で長く歌われ親しまれている歌曲に興味をもったり、人々の生活の中で音楽が生まれていることに気づいたりすることで、音楽によって生活を明るく豊かなものにしていく態度を養う。

（3）単元構成（全4時間）

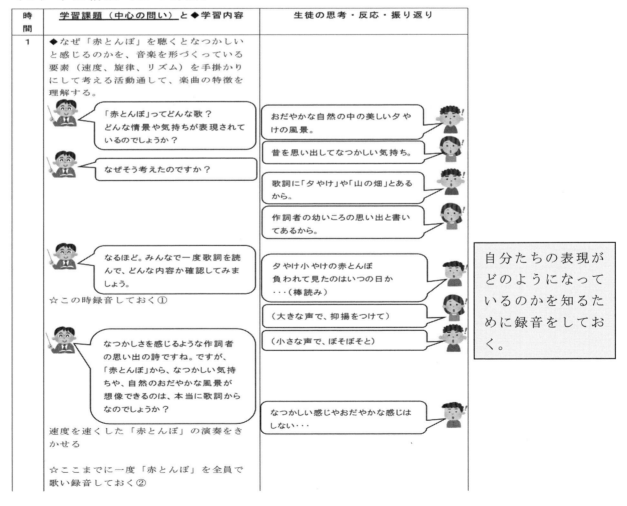

時間	学習課題（中心の問い）と ◆学習内容	生徒の思考・反応・振り返り
1	◆なぜ「赤とんぼ」を聴くとなつかしいと感じるのかを、音楽を形づくっている要素（速度、旋律、リズム）を手掛かりにして考える活動通して、楽曲の特徴を理解する。	

「赤とんぼ」ってどんな歌？どんな情景や気持ちが表現されているのでしょうか？

おだやかな自然の中の美しい夕やけの風景。

なぜそう考えたのですか？

昔を思い出してなつかしい気持ち。

歌詞に「夕やけ」や「山の畑」とあるから。

作詞者の幼いころの思い出と書いてあるから。

なるほど。みんなで一度歌詞を読んで、どんな内容か確認してみましょう。

☆この時録音しておく①

夕やけ小やけの赤とんぼ　負われて見たのはいつの日か・・・（棒読み）

（大きな声で、抑揚をつけて）

（小さな声で、ぼそぼそと）

なつかしさを感じるような作詞者の思い出の詩ですね。ですが、「赤とんぼ」から、なつかしい気持ちや、自然のおだやかな風景が想像できるのは、本当に歌詞からなのでしょうか？

速度を速くした「赤とんぼ」の演奏をきかせる

☆ここまでに一度「赤とんぼ」を全員で歌い録音しておく②

なつかしい感じやおだやかな感じはしない・・・

自分たちの表現がどのようになっているのかを知るために録音をしておく。

（学習課題）なぜ「赤とんぼ」の演奏を聴くと "なつかしい" と感じるのだろう？

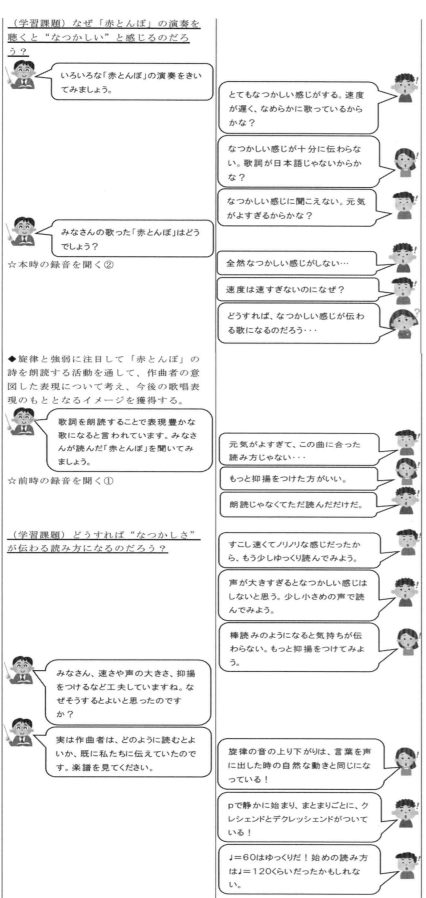

いろいろな「赤とんぼ」の演奏をきいてみましょう。

とてもなつかしい感じがする。速度が遅く、なめらかに歌っているからかな？

なつかしい感じが十分に伝わらない。歌詞が日本語じゃないからかな？

なつかしい感じに聞こえない。元気がよすぎるからかな？

みなさんの歌った「赤とんぼ」はどうでしょう？
☆本時の録音を聞く②

全然なつかしい感じがしない…

速度は速すぎないのになぜ？

どうすれば、なつかしい感じが伝わる歌になるのだろう・・・

いろいろな「赤とんぼ」の演奏を聴き、なつかしいと感じる演奏の特徴をインプットする。

2 ◆旋律と強弱に注目して「赤とんぼ」の詩を朗読する活動を通して、作曲者の意図した表現について考え、今後の歌唱表現のもととなるイメージを獲得する。

歌詞を朗読することで表現豊かな歌になると言われています。みなさんが読んだ「赤とんぼ」を聞いてみましょう。

☆前時の録音を聞く①

元気がよすぎて、この曲に合った読み方じゃない・・・

もっと抑揚をつけた方がいい。

朗読じゃなくてただ読んだだけだ。

（学習課題）どうすれば "なつかしさ" が伝わる読み方になるのだろう？

すこし速くてノリノリな感じだったから、もう少しゆっくり読んでみよう。

声が大きすぎるとなつかしい感じはしないと思う。少し小さめの声で読んでみよう。

棒読みのようになると気持ちが伝わらない。もっと抑揚をつけてみよう。

みなさん、速さや声の大きさ、抑揚をつけるなど工夫していますね。なぜそうするとよいと思ったのですか？

実は作曲者は、どのように読むとよいか、既に私たちに伝えていたのです。楽譜を見てください。

旋律の音の上り下がりは、言葉を声に出した時の自然な動きと同じになっている！

pで静かに始まり、まとまりごとに、クレシェンドとデクレッシェンドがついている！

♩＝60はゆっくりだ！始めの読み方は♩＝120くらいだったかもしれない。

まずは朗読で表現の工夫を探ることで、全員が参加可能になり、達成感を感じられる活動になる。この後に歌うことで、なぜ上手くいかないのか、生徒から疑問が生まれることにつながる。

総論 国語 社会 数学 理科 音楽 美術 保健体育 技術・家庭 外国語 学校保健 共創型探究 語り合いの時間

－155－

歌詞を読んだのと同じように歌ってみましょう。

☆歌った後に録音を聞く

前回よりも、とてもよくなっている！

まとまりが感じられる歌になったが、まだなつかしい感じにはなっていない気がするな・・・最後のデクレッシェンドの部分が上手くいっていないな・・・難しい・・・

朗読では上手くいったけど、歌ってみると上手くいかなかったという経験をすることで、どうすれば…と生徒から新たな問いが生まれる。

3　◆なつかしさを感じられる演奏をめざし、強弱に着目して、表現の技能を身につける。

作曲者の意図を読み取り、歌詞を朗読することで、みなさんの演奏が豊かになりましたね。しかし、まだなつかしい感じが伝わる演奏にはなっていないという意見がありましたが・・・どうすれば、なつかしい感じが伝わる演奏になるのでしょうか？

強弱を意識することはできたが、実際に歌ってみると急に大きくなったり、小さくなったりしてなめらかに聞こえなかったからではないかな？

「いつの日か」の「か」がどうしても強くなってしまい、デクレッシェンドが上手くできていなかったからではないかな？

（学習課題）どうすれば "なつかしさ" が伝わる歌になるのだろう？
予想：強弱の変化を上手くコントロールできるようになると "なつかしさ" が伝わる演奏に近づくのではないか？

まずは、どれぐらいの音量で歌うとよいか確認しましょう。

☆騒音機を使用することで音量を視覚化し、全員で共通認識できるようにする。

はじめのpは60デシベルくらいかな。

mfになるところは80～90デシベルくらいかな。fではないから100を超えると強すぎると思う。

pとmfの差はつけられるようになったけど、だんだん強くしたりだんだん弱くしたりするのは難しいな・・・

息をたくさん使うと、なめらかに強弱の変化ができた！

強弱の変化をとことん練習することで、歌うことに自信をもてるようになり、音色を工夫する活動が可能になる。

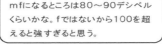

本当に、強弱の変化を上手くコントロールできるようになると "なつかしさ" が伝わる歌に近づくのか、みなさんの予想を確かめてみましょう！

☆前回の録音と聞き比べる

強弱の変化がよく分かる！上手くなった！

なつかしい感じになったかというと、どうだろう・・・

1時間目に聴いた「赤とんぼ」の演奏と比べるとどうでしょう？

自分たちの演奏の方が強弱の変化が付いているのに、Aの演奏の方がなつかしい感じが伝わるな・・・

自分たちの演奏からなつかしい感じが伝わってこなかったのは、強弱の変化が上手くできていないからではなかったのか・・・

なぜ、自分たちの演奏からはなつかしい感じが伝わらないのだろう・・・

4
(本時)

◆強弱記号と歌詞の内容から、どんな気持ちを込めて歌うとよいか、自分なりに解釈し、音色を工夫することによって表現する。

(学習課題)どうすれば"なつかしさ"が伝わる歌になるのだろう？

1時間目にいろいろな「赤とんぼ」の演奏を聴いたとき、なつかしいと感じた演奏はどんな演奏でしたか？

落ちついたやさしい声で歌っていた。

子どもたちが元気に歌っている演奏はあまりなつかしい感じがしなかったな・・・

予想：やさしく落ち着いた声で歌うと、"なつかしさ"が伝わる演奏になるのではないか？

強弱よりも、どんな声で歌うかが大切なのではないか？せっかく練習を頑張ったけど・・・

音楽の世界では、こんな言葉をよく耳にします。「強弱記号は、単に音の強さ・弱さを表しているのではないのです。」この言葉の意味が分かりますか？

1時間目に考えたなつかしいと感じる音楽の特徴を根拠に、表現方法を試行錯誤する。

もし、みなさんならどんな気持ちを表す時にpを使いますか？どんな様子を表す時にfを使いますか？

さみしい気持ちを表す時。

にぎやかな様子を表す時。

作曲家は、何か表現したい気持ちや様子があるから、そこに強弱記号を記すのです。

どうしたら上手くデクレッシェンドができるか・・・しか考えていなかったな。

強弱の変化を上手く付けられるようになって嬉しかったけど、何を表現しているかは考えて歌っていなかったな・・・

「赤とんぼ」の強弱には作曲者のどんな意図が込められているのでしょうか？みなさんはどう考えますか？

デクレシェンドがあるのは、少しさみしい気持ちを表していると思う。

クレシェンドからmfの部分は、感情の高まりを表現しているのかな。

最後にややおさえてと書いてあるのは、なぜだろう…？

強弱の変化に気持ちをのせて歌ってみましょう。

☆歌った後に録音を聴く

少しさみしい気持ちをイメージして歌うと、だんだん消えていくようなデクレシェンドになってよかった。

気持ちを込めて歌うと自然となめらかなクレシェンドができた。

最後の部分が一番なつかしいと感じる部分なので、開放的にならずぐっと気持ちをおさえるように歌うことができた。

みなさんが一番初めに歌った「赤とんぼ」と、今の「赤とんぼ」の演奏を聴き比べるとどうですか？なつかしい感じが伝わる演奏になったでしょうか？

☆単元後の振り返りを書く

6　本時の学習指導

（1）目標

- 「赤とんぼ」にふさわしい声の音色で歌うための発声を身に付け、歌唱表現を創意工夫することができる。
- 自分なりの思いや意図をもって「赤とんぼ」を歌うことができる。

（2）学習指導過程

学習内容及び学習活動	予想される生徒の反応	○　教師のかかわり
1　前時の演奏の録音を聴く。	・　強弱の変化は上手く付けられたけど、まだなつかしさが伝わる演奏にはなっていないな。	○　自分たちの演奏を聴き課題となっていることを確認することで、本時の目標をもたせる。
学習課題：どうすれば "なつかしさ" が伝わる演奏になるのだろう？		
2　学習課題に対する予想を考える。 3　強弱記号に込められた気持ちを考えながら歌う。	・　やさしい声で歌うとなつかしい感じの演奏になるのではないか。 ・　落ちついた声でなめらかに歌うとなつかしい感じの演奏になるのではないか。	○　目標となる演奏のイメージをもたせるため、1時間目の活動を振り返らせる。
T ：「赤とんぼ」の強弱には作曲者のどんな意図が込められているのでしょうか？みなさんはどう考えますか？ S1：「さみしそうな声」で歌いたいけど、ただ音が小さくなるだけで思うような表現ができない… S2：やさしい声で歌いたいと思って小さめの声で試してみたけど、不機嫌な感じになった… T ：まずS1さんの困りについて…どうすれば「さみしそうな声」になるのだろう？ T ：この中で「さみしそう」と感じる声はありますか？（いくつか例を示す） S1：2番目がいちばんイメージにあった「さみしそうな声」だった。 S2：明るさが変わったような気がした。 T ：声の明るさはどのように変化させることができそうですか？・・・		
4　本時の振り返りを行う。	・　少しさみしい気持ちをイメージして歌うと、だんだん消えていくようなデクレシェンドになってよかった。	○　自身の成長や疑問、活動の中で感じた思いに着目して振り返りをさせる。

7　見取り

- 活動の様子や振り返りの記述から、自分なりの思いや意図をもって「赤とんぼ」にふさわしい歌唱表現を創意工夫することができたかを見取る。

美　術　科

渡　邊　洋　往

感性を働かせ、自分にとっての美を更新する創造活動
－　自己や周囲との関わりを通して変容する感性に気づく

授業づくりをめざして－

　前回研究では、創造活動を色、形をもとにした美術的な見方、感じ方をはたらかせながら表現と鑑賞が一体となって共通のテーマに迫るように関連した活動と捉え、実践を行った。
　前回研究における美術ノートの分析より、生徒には「"美しいもの"を作る、見る技能を身につける」というイメージが根強く、他者の価値観をそのまま取り入れたものが多く、自分にとっての美を見出す生徒は少なかった。
　これまでの生活の中で他者から得た"美"の概念をそのまま持ち続けるのではなく、創造活動を通して自らの"美"を捉え直し、更新することを通して、自分にとっての"美"を見出すものがたりをつむぐことが求められるのではないかと考える。本研究では、自らの美を見出すためには、感性を広げ、深め、変容した自分に気づくことが必要であると考え、3年間を見通して感性の変容に気づかせることをねらいたい。また、日常生活と遠いものとならないよう、本物や、社会で実際に機能する美術文化を題材として扱う。これらの期間、題材を、他者と関わることで深め、自らの変容に気づくことをねらった実践研究を行い、これらの手立てが効果的であるかを検証したい。

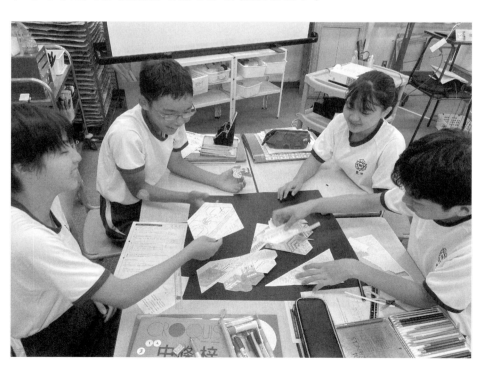

研究主題について

創造活動とは、表現と鑑賞の両方をさす、美術科教育の本質的な活動である（図1）。美術科では創造活動の価値を、①歴史的、地理的にあらゆる場面で営まれてきた人間活動の基礎、②「自分だけのものの見方」で世界を見つめ、「自分なりの答え」を生み出し、それによって「新たな問い」を生み出すこと[末永, 2020]、③その活動自体の喜び、の3点と考えている。創

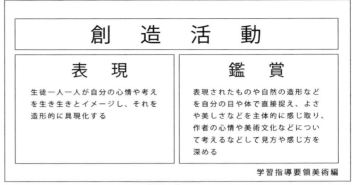

【図1】

造活動は自己、他者によるものに関わらず、必ず創造物を介して行われるものであり、創造物を介した活動は自己が主体となって行われるため、感覚や感性を働かせる経験を伴いながら行われていく[1]。感覚や感性を伴った創造活動を通して、それらの価値を見出すことが美術科の本質であると考える。

本校美術科では、創造活動の喜びを見出すことができる生徒の育成のために、思いを語り、互いの表現のよさを認め合う活動を授業に取り入れてきた。また、自分らしい表現や味わい方ができるよう、学習過程の工夫や支援の方法を探ってきた。前回研究では、創造活動を色、形をもとにした美術的な見方、感じ方をはたらかせながら表現と鑑賞が一体となって共通のテーマに迫るように関連した活動と捉え、実践を行った。

近年VUCAと呼ばれる、不確定で正解がない、あるいは無数にある時代の到来が叫ばれている。また、AIの進化は目覚ましく、2022年には人間特有の活動とされていた美術作品の制作すら、AIが実現できるようになった。ただ"美しい"ものを求めるならば、キーワードを与えるだけで、誰でも数秒でAIに過去の巨匠のタッチに似せた新作や、誰も見たことのない景色を描かせることができる。人間にとっての創造活動とは何なのか、どのような価値があるのかが問い直されている時代が到来したと考えられる。

美術科は作品主義、制作主義の時代から、資質能力の育成に目的がシフトしたとはいえ、前回研究における美術ノートの分析より、生徒には「"美しいもの"を作る、見る技能を身につける」というイメージが根強い。ここで生徒の考える"美しい"とは、一般的な"美"（美しい景色やリアルな作品、有名な芸術家の作品など。それを選ぶことがが悪いわけではないが）であり、他者の価値観をそのまま取り入れたものが多く、自分にとっての美を見出す生徒は少ない。

このような時代の中で、これまでの生活の中で他者から得た"美"の概念をそのまま持ち続けるのではなく、創造活動を通して自らの"美"を捉え直し、更新することを通して、自分にとっての"美"を見出すものがたりをつむぐことが必要なのではないかと考える。

以上のように考えて、研究主題を設定した。

美術科における「自己に引きつけた語り」とは

造形的な見方、感じ方をもとに感性を働かせ、創造活動を通して学びを深め、自分にとっての意味や価値を捉え直している語り

研究の目的

ものの見方や感じ方である感性とは生来のものでありセンスという一言で済まされてしまいがちなものである。自らの美を見出すためには、感性を広げ、深め、変容した自分に気づくことが必要であると考える。しかし美術科の授業数では、題材のみでこれらの変容を図ることは難しい。そこで、3年間を見通して、感性の変容に気づかせることをねらいたい。また、日常生活と遠いものとならないよう、本物や、社会で実際に機能する美術文化を題材として扱う。これらの期間、題材を、他者と関わることで深め、自らの変容に気づくことをねらった実践研究を行い、これらの手立てが効果的であるかを検証したい。

研究の内容

（1）	題材をまたいでものがたりを育むための3年間のカリキュラムの工夫
（2）	本物にふれさせる題材設定・単元構成の工夫
（3）	美術で語り合い、思考を深めるための問いの設定

（1）　題材をまたいでものがたりを育むための3年間のカリキュラムの工夫

　1週間に1回、年間35（45）時間、3年間で115時間の授業の中で、生徒のものがたりを育むため、単元構成だけでなく、3年間を通して生徒のものがたりを育て、変容させるカリキュラムの工夫を行う。

1年	2年	3年
美術の見方を広げる	自己と向き合う	自己と社会との関わりを考える
・共通事項の習得 ・様々な素材にふれる ・様々な視点を獲得する ・うまいもの→自分が心惹かれるものへの価値観の変化	・人はどのように自己を表現してきたか ・表現したい自己とは何か ・どのように自己を表現するか ・なぜ人は自己を表現するのか	・美術を通した人と社会の関わり ・美術を通してどのように自分は社会と関わるか

【育てたい生徒像】
　　感性を働かせ、自分にとっての美を更新する生徒

【図2　それぞれの学年で意識するテーマ　3年間のカリキュラムイメージ】

　また、日常の感性の発露の記録として「美術ノート」という課題に週に1回、3年間取り組んでいる。生徒は1週間の中で「心惹かれたもの」をノートに貼り、①それは何か、②なぜ心惹かれたのか、を記述する。分量、内容は問わないので、生徒は思い思いのものを提出していく。年に1回程度見返したり、回し読みをしながら、3年間続け、最後の授業で感性の記録を振り返ると、自分の感じ方の変化に気づくことができる。また、自分が惹かれたものの記録であるため、作品制作時の最適な資料としても機能する。

（2）　本物にふれさせる題材設定・単元構成の工夫

　実物や、それに近い資料、作品、美術の現場で働く美術館の職員など、できるだけ本物に近づいて関われるような要素を題材設定・単元構成を組むことで、社会の中で存在し、はたらく美術の力や、その中に自分たちの学習も位置付けられているという実感を持たせることをねらう。

（3）　美術で語り合い、思考を深めるための問いの設定

美術科では、主観の強い自分の見方・感じ方に関わる場面が必ずあり、美術科の本質に迫るものであると考える。一方で、主観の強い内容に関して語り合うことは、対話が交差せず、思考が深まらない懸念もある。鑑賞体験のフィールド（図2）[三澤一実，2021]をもとに、主観と客観のバランスを意識しながら、美術科における生徒の思考を深めるための対話の目的、形、そのための問いを整理・厳選した授業を行う。

「琳派の美　～風神雷神図屏風の鑑賞～」の授業では、はじめに個人のⅠ、Ⅱの往還と他者との共有をねらって、①「作品から見つけたことを自由に発言しよう」という問いから対話鑑賞を行う。その場で、Ⅲの簡単な知識（風の神と雷の神であること、持っている道具について、屏風の構造と特徴、用いられ方など）を伝えていく。次に、自分なりに考え、ⅡとⅣの中間の位置の思考をすることをねらって②「ここでなにがおきているのか」という学習課題を提示する。生徒の意見は大別すると「戦っている、競っている」「一緒に災害をもたらしている、一緒に遊んでいる」となるため、さらに問いを深め、③「2人の関係は対立か、協力か」という2項対立の問いを投げかける。ここでの答えは、ⅡとⅣの中間から、Ⅳの個人性のやや強いものとなるが、その根拠はⅠ、Ⅱから出てきたものである。問いの全ての段階において、対話型鑑賞の手法を用い、生徒の意見に対し「ど

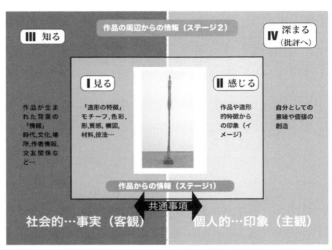

【図2　鑑賞体験のフィールド（三澤より引用の図）】

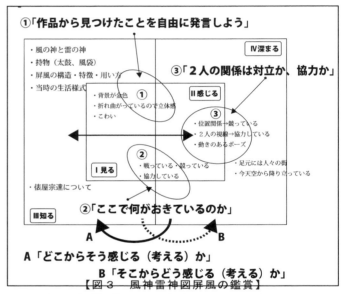

【図3　風神雷神図屏風の鑑賞】

こからそう思うの？」「そこからどう思うの？」という投げかけを行う。このことにより、ⅠとⅡ（ときにはⅢ）が結びついた意見を表出、生徒間で共有したものを授業の中で蓄積していくことができる。（図3）これらを材料として生徒は③における自分なりのⅣを、作品を根拠として考えることができる。次時以降では他作者の風神雷神図屏風を比較することにより、またⅠ～Ⅲを往還しながらⅣを深め、さらに単元を進めることにより自分としての学びの意味や価値の創造に繋げていく。

参考文献

秋元雄史（2019）『アート思考』プレジデント社
安齋勇樹・塩瀬隆之（2020）『問いのデザイン』学芸出版社
佐々木健一（2004）　『美学への招待』中公新書
末永幸歩（2020）　『13歳からのアート思考』ダイヤモンド社、pp.13
田尾亜紀（2014）『研究紀要』香川大学教育学部附属坂出中学校、pp.105-113
橋本　治（2002）　『人はなぜ「美しい」がわかるのか』ちくま新書
フィリップ・ヤノウィン（2015）　『どこからそう思う？　学力を伸ばす美術鑑賞　ヴィジュアル・シンキング・ストラテジーズ』淡交社
三澤一実（2021）　『現代彫刻作品における鑑賞の可能性』芸術系教科等担当教員等全国オンライン研修会

渡邊洋往（2018）『研究紀要』香川大学教育学部附属坂出中学校、pp.143-156
渡邊洋往（2020）『研究紀要』香川大学教育学部附属坂出中学校、pp.187-204
渡邊洋往（2022）『研究紀要』香川大学教育学部附属坂出中学校、pp.204-224

総論

国語

社会

数学

理科

音楽

美術

保健
体育

技術・
家庭

外国語

学校保健

共創型探究
語り合いの時間

第３学年３組　美術科学習指導案

指導者　渡邊　洋往

1　日　　　　時　　令和６年６月７日（金）13：00〜13：50
2　単　元　名　　願いのある場をつくる　〜香川県庁舎東館と本校校舎〜
3　学　習　空　間　　美術室
4　単元（題材）について

（１）　　本題材は指導要領A表現イ（ウ）およびB鑑賞イ（イ）に該当する内容である。香川県庁舎東館及び香川県内の建築物を扱う。香川県庁舎東館は1958年5月26日に竣工（当時は本館）、屋上に3階建ての塔屋が付いた8階建ての建物と、県庁ホールがある3階建ての建物で構成されている。金子正則知事の要請で建築家の丹下健三氏が設計し、1階は猪熊弦一郎が壁画を担当。金子の要請で丹下が戦後の県内の工芸、工業技術を駆使して建築されている。日本の伝統建築を思わせるデザインが特徴であり、民主主義の精神を体現したモダニズム建築として、丹下建築代表作および以降の公共建築の手本となった。2019年に耐震工事を完了、1999年「DOCOMOMO Japan」の「日本の近代建築20選」、2021年にニューヨーク・タイムズ「世界で最も重要な戦後建築25作品」に日本で唯一選出、2022年、旧本館及び東館が国の重要文化財に戦後の現役庁舎として初めて指定された。1階を開放し、気軽に利用できる空間は、60年以上たった今も県民に親しまれ、丹下建築を一目見ようと県外からも多くの建築ファンが訪れている。また、本庁舎をきっかけに、丹下健三と香川県の繋がりを生み、山本忠司など後の県内建築を牽引する建築人材を生み出すことにもつながっている。

　一方で、2023年、旧香川県立体育館（丹下設計）の取り壊しが決定するなど、当時の県内の建築は保存か解体かの瀬戸際にあり、何を残して何を新しくするか、市民の選択の時期にきている。

（２）本学級の生徒は男子18名、女子17名の合計35名である。２年時に「心の街」という、等角投影図法を用いて建築による自己表現の題材に取り組み、自分の内的世界を建築物で表現するときに、建築物の構造及び空間への意識をもつ機会があった。

　本題材に関するアンケートを行い、生徒の実態調査を行なった。結果をもとに、次のようなものがたりを本題材に対する学習前にもつ生徒を想定した。「自分にとって建築とは意識しない風景の一部であり、使っていて不便と感じることはあっても誰かの思いをもとに誰かが造形した人間の創造物であるという意識は低い（そう言われればそうだと思うが）不便であればなんとかしてほしいと思うが、こうあってほしいと願って建築が作られているという意識はなく、自分が建築を考えるときもそのようにして建築を創造するという意識もない（建築について過去方向の思考をもち、未来方向の思考が希薄）」

（３）本単元（題材）を指導する（個の「ものがたり」をつむがせる）にあたって、次の点に留意したい。
　・本物に触れさせる手立てとして、以下の点を実施する。
　　　a.生徒が２年間過ごしてきた本校の校舎を題材とする。
　　　b.地域の教材であり、現在も社会で機能している香川県庁東館を鑑賞する。
　　　c.香川県庁の研究を専門とする学芸員を講師として招く。
　・単元のはじめと、県庁東館の鑑賞の後でもう一度校舎を観察する機会をつくり、自分

の空間の見方の変化に気づかせる。
・題材にこだわり、夢中になる手立てとして、以下の点を実施する。
　　　a.校長先生、学芸員など第三者からの評価を予告する。
　　　b.高評価の案は実現の可能性があることを伝える。
・制作の活動では、同じ願いをもとにプランを作る同質集団でグループを作ることで、共通した対話の土台をもった活動を目指す。
・毎時の自己の学びを振り返るため、制作中の写真を含めた振り返りを記録し、考えや作品の変化に気づかせる。
・対話の手立てとして、背景や資料など造形以外の情報、造形要素（どこから）を根拠として、印象（どんな感じ）、考察、批評（そこからどう考えるか）を意識するように指導する。

5 本単元の目標

（1）本単元の「ものがたり」の授業構想図

```
『 も の が た り 』 の 授 業
```

★授業者のねがい（授業を通して生徒に期待する成長や変容）
　建築空間を、その場を使う人々の未来のあり方を願って作られた空間として捉えられるようになってほしい。

●題材（　願いのある場　）に対する「ものがたり」の変容

（学習前）
① 建築は周りの風景と同じ。自分を取り巻くだけのもの
② 名建築というのはわかるが、お金がかかるし、それで豊かになるわけでもなく、優先度は低いでしょ。

探究的な学び
他者と語り合う

（学習後）
　建築は人々の暮らしがこうあってほしいという願いがあって、そのために工夫され形作られている。それを変えるのも、守るのも、同じく願いをもってやるべきだ

≪（授業者が考えた）単元学習後の「振り返り」例≫　　＊「自己に引きつけた語り」部分
・・・自分たちで校舎を変えていく活動になったとき、普段あれだけ不満を感じていたが、いざ自分が変えるアイデアを出すとなると、全然思いつかなかった。これはきっと自分には校舎や学校への不満はあるが金子正則や丹下健三、猪熊弦一郎のような、「これからの学校はこうなってほしい」という願いがなかったからだろうと思う。チームで話し合う中でなんとか自分たちの願う「これからの学校生活」のイメージをもつことができた。しかしそれから建築のアイデアを出すのにも苦労した。自分たちのアイデアを学芸員さんに評価してもらえたときはうれしかった。自分たちができたアイデアはほんの小さな工夫だが、それだけでもものすごい知恵が必要だった。きっと、県庁舎を立てる時は、はるかに超える苦労があったのだろうな。香川には県庁舎のような建築が多いと聞いた。こんな思いをさらに大きくもって作られた県庁舎や他の建築を守りたいと考える人の気持ちはわかる。色々建築を見に行きたいと思う。

（2）本単元で育成する資質・能力

知 識 及 び 技 能	・対象や事象を捉える造形的な視点について理解している。 ・意図に応じて自分の表現方法を追求し，創造的に表している。	・装飾などの建築要素など空間を捉える造形的な視点について理解している。 ・グループの採用した願いに応じて表現方法を追求し，創造的に表している。
思 考 力， 判 断 力， 表 現 力 等	・美術作品の造形的なよさや美しさ，表現の意図と創造的な工夫などについて独創的・総合的に考えるとともに，主題を生み出し豊かに発想し構想を練ったり，美術や美術文化に対する見方や感じ方を深めたりしている。	・建築全体や構成要素の造形的なよさや美しさ，表現の意図と創造的な工夫などについて独創的・総合的に考えるとともに，主題を生み出し豊かに発想し構想を練ったり，美術や美術文化に対する見方や感じ方を深めたりしている。
学びに向かう力， 人間性　等	・美術の創造活動の喜びを味わい主体的に表現及び鑑賞の学習活動に取り組もうとしている。	・建築に関わった人々の願いや工夫に触れたり，自分たちで願いやプランを作ることの喜びを味わい主体的に表現及び鑑賞の学習活動に取り組もうとしている。

（3）　単元構成（全 10 時間）

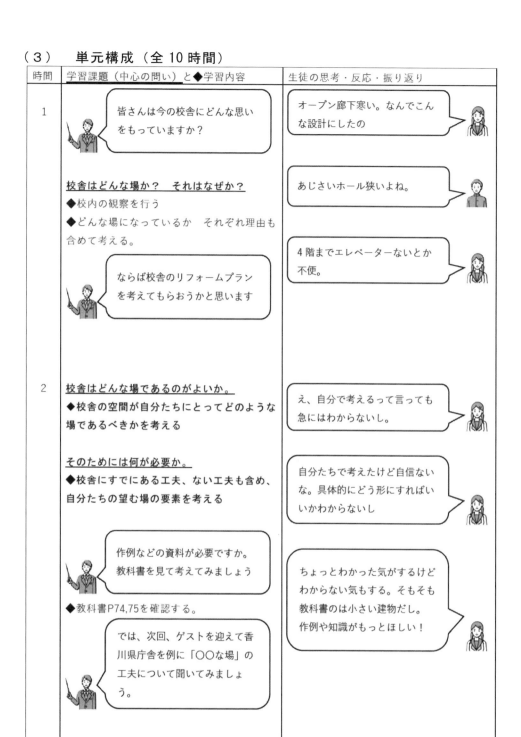

時間	学習課題（中心の問い）と◆学習内容	生徒の思考・反応・振り返り
1	皆さんは今の校舎にどんな思いをもっていますか？ 校舎はどんな場か？　それはなぜか？ ◆校内の観察を行う ◆どんな場になっているか　それぞれ理由も合めて考える。 ならば校舎のリフォームプランを考えてもらおうかと思います	オープン廊下寒い。なんでこんな設計にしたの あじさいホール狭いよね。 4階までエレベーターないとか不便。
2	校舎はどんな場であるのがよいか。 ◆校舎の空間が自分たちにとってどのような場であるべきかを考える そのためには何が必要か。 ◆校舎にすでにある工夫、ない工夫も含め、自分たちの望む場の要素を考える 作例などの資料が必要ですか。教科書を見て考えてみましょう ◆教科書P74,75を確認する。 では、次回、ゲストを迎えて香川県庁舎を例に「〇〇な場」の工夫について聞いてみましょう。	え、自分で考えるって言っても急にはわからないし。 自分たちで考えたけど自信ないな。具体的にどう形にすればいいかわからないし ちょっとわかった気がするけどわからない気もする。そもそも教科書のは小さい建物だし。作例や知識がもっとほしい！

（欄外・右上）
生徒に現校舎に対する不満を出させる。（未来思考の思いはなく、不満ばかりが出ることを予想する）

不満はあれど「どうあってほしいか」「そのためには何が必要か」という視点がなかったことに気づかせることをねらっている

| 3 | 香川県庁にはどんな場が願われ、どのような工夫がされているか | え、こんなすごい建物が高松にあったなんて知らなかった。 | |

香川県庁にはどんな場が願われ、どのような
工夫がされているか

◆香川県庁東館の鑑賞をする

・県立ミュージアム学芸員（日置さん）の解説を聞く

【概要】県庁東館について

【造形の工夫】県庁東館1階の工夫
  ・センターコア構造→柱のない広い空間
  ・ガラス張りの壁→外部と一体化した空間
  ・ピロティ→道路と一体化した空間
  ・猪熊の作品「和敬清寂」
  ・剣持勇による什器や椅子→過ごしやすい家具

【関わった人の思い】金子正則、丹下健三、猪熊弦一郎の思いについて

え、こんなすごい建物が高松にあったなんて知らなかった。

昼におじさんが県庁で昼寝してるとかいいなあ。役所のイメージと全然違う。

香川県庁は「戦後の民主主義の時代に、開かれた香川県の開かれた県庁にしたい」という思いを形にしたことが評価されました。

日置さん

そんな未来への強い願いがあって設計をしていたのか。だから要素も一貫してるんだな。

前時に教科書で見た建築は震災の復興でしたが、香川県庁も戦後の復興として、これからの自分たちのありかたへの願いを象徴しようとしたのでしょうね

じゃあ校舎をもう一度観察しましょう。
県庁と同様に、校舎も設計した人の願いがあるはず。読み取れるかな。

県庁のすごさはわかったけど、校舎と違いすぎて・・校舎しょぼいし。

　願いをもち、願いをもとにかたち作られた場（願いから造形までがつながっている場）の例に触れさせる。

4 (本時)	◆【視点】近代建築の原則について知る ・ピロティ ・自由な平面 ・自由な立面 ・独立骨組みによる水平連続窓 ・屋上庭園	

原則の先に設計者の工夫、工夫の先に願いがあるかもしれません。

本校校舎の設計者の願いは何か
◆改めて本校校舎を観察する
・近代建築の原則に従った要素を発見する。
・建築要素から、設計者の願いを推測する。

オープン廊下（あじさいホール）の願いは何か

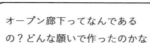

校訓や教育目標、学校の使命などの資料からわかるかもしれません。

願いを自分たちで解釈しなおしたり、自分たちの願いをプラスしてもいいかもしれませんね。それが、自分たちの「願う場」への答えです。

自分（たち）は校舎にどんな願いをもつか
◆自分だけでなく、未来の後輩も利用する場に対する願いを考える。
◆他グループの願いと交流させる。表現では自分たち以外のグループの願いをプランにし

変な作りの校舎だと思ったけど結構原則に忠実だなあ。

オープン廊下ってなんであるの？どんな願いで作ったのかな

そんな願いがあってあの形になったのかも・・そうだと辻褄が合うな

でも今の学校生活の形に合ってなくて不便。

思いを大切にして、形を変えていくのはいいんじゃないかな。

前時で視点を獲得し、改めて校舎をリサーチする。場から作った人の願いを考える。

生徒の思考の流れに合わせ、全校生徒に関わる場であるあじさいホールか、オープン廊下の願いについて考える

	てもよいこととする。
5 6 7 8	<u>願いを現在に合わせた校舎にするならどんな</u> <u>プランが立てられるか</u> ◆校舎のリメイク（リノベーション）プラン を考える ・1階限定とする（あじさいまたは廊下） ・県庁「和敬清寂」のように、側面に装飾を 　施すことを主とする。 ・それ以外で操作できるのは、壁面、窓、扉、 　家具、天井など。柱は動かせない。 ・グループワーク ・「これからの附坂中の学校はこうありたい」 　という願いを形にすること ・模型とパネルで提案する ・校長先生、学芸委員、美術科、生徒で評価 　する。 ・アイデアによっては、評価の高いものは実 　現の可能性がある。
9 10	◆グループごとに模型、パネル展示による発 表を行う。 ◆学芸員の講評を聞く ◆パネル、模型の記録写真、ものがたりレポ ートを執筆する

作った人の思いもあるけど、今の自分たちの思いが反映されるような形にしてもいいと思う。作った人の思いと自分たちの思いは繋がっているから。

このグループの願いはとても素敵。後輩にこんな願いをもった場を残したい。このグループの願いをプランにしてみよう。

他のグループの願いも自分たちのと違っていていいけど、やはり自分たちの願いを空間にしたい。

生徒の願いを交流させるため、他グループの願いを採用してプランすることも可能にする。

生徒が夢中になるしかけとして
①第三者も交えた評価
②実現の可能性
を設定する

6 本時の学習指導

（1）目標

・校舎を「願い」という視点で観察することを通して、場を設計した意図について考えることができる。

・校舎を自分たちの「願い」という視点で捉え直すことを通して、自分たちの場への願いを考えることができる。

（2）学習指導過程

学習内容および学習活動	予想される生徒の反応	指導上の留意点
学習課題：本校校舎の設計の願いは何か		
1. 校舎を観察・考察する。 (1) 校舎を観察する（班） (2) 設計の願いを考察する（班） (3) 全体で共有する 2. 興味・疑問の多かった空間について対話する。	・結構原則に忠実に作られているんだな（自由に設計できる原則に基づいてる） ・オープン廊下はなんのために外に作っているのだろう ・あじさいホールって、「明るく自由で爽やかな居場所」っていう願いがあるけどどこからそれを形にしているのだろう ・中庭は特徴ある。生徒がこの中を歩けるようにしていたのじゃないかな。	○近代建築の原則について、前時までに資料を渡しておく。 ○造形要素(広さ、高さ、装飾、位置 等)をもとに印象を感じ、考察をするように指導する。 ○願いを考察する資料として、教育目標、学校の使命などを提示する。（学校要覧）

> T ：オープン廊下について考察した班が多かったようですが、どのような願いで設計されたと考えますか。
> S1：教育目標に「広い視野をもった生徒」、「個性豊かな生徒」になってほしいという願いがあるから、変わった形にして、遠くが見えるようにしたのじゃないかな。
> S2：めざす子供の姿に「心身ともに健康で」、とあるから元気になれるように外に廊下を作ったんじゃないかな。

> T ：あじさいホールについて考察した班が多かったようですが、どのような願いで設計されたと考えますか。
> S1：教育目標に「広い視野をもった生徒」、「個性豊かな生徒」になってほしいという願いがあるから、玄関のすぐのところをホールにして、生徒会の活動や、生徒の表現の場になるようにしたんじゃないかな。だからピアノや黒板がある。
> S2：でも、それだと狭いからそうじゃないと思う。それなら見る人のスペースやステージみたいに一段高いところがあると思うから。
> S3：当時は今の大きさで発表できていたけど、今は演奏とかしているから狭く感じるようになったんじゃないかな。

3. 今の自分たちは校舎にどんな願いをもたせるか考える	・前に観察したときは不便なところばかり目がいっていたけど、こんな場にしたい、っていうのは考えていなかったな	○あじさいホールは当時はホールとして設計されていなかったことを伝える。

> S1：あじさいホールをなんとかしたい。もっと生徒が自由に発表できるようにしたい。
> S2：自分の特技を自由に発表できて、見る人もそれを見て刺激を受けるような。
> S3：それでいて、本を読みたい人やただ通るだけの人も迷惑にならないような
> T ：まとめるとどんな場にしたい、と言えますか。
> S1：それぞれが自分らしく行動できる場になってほしい、にしよう。

4. 本時の学習を振り返る		○校舎に願いをもち、それに合わせた校舎の改善プランを考える活動を伝える。

7 見取り

・本時の振り返り、設定された願いの記述、制作されるプラン、単元後のものがたりの記述から、建築や場への捉え方がどのように変化したかを見取る。

保健体育科

徳 永 貴 仁 ・ 廣 石 真 奈 美

健康やスポーツの価値を実感する保健体育学習のあり方
― 自分の「からだ」を土台として健康やスポーツと関わることで
生まれる「ものがたり」を通して ―

　前回の研究では、コロナ禍の中でスポーツの存在意義を生徒が実感するため、そして豊かなスポーツライフの実現につなぐために、前提として「健康やスポーツの価値を実感する」必要があると考え、研究を行った。そのためには保健と体育の両面からのアプローチが必要であると仮定し、研究を進めた。その結果、運動習慣を生活の中で日常化し、健康への意識（前回は生活習慣病の予防について）も高めることができた。また、「ものがたり」の記述にも健康の視点で書いているものもあり、保健と体育を一体として捉える意識ができつつある生徒もいた。

　今回は、保健と体育を一体として捉え、「健康やスポーツの価値を実感する」ために、その共通の土台である「からだ」に焦点を当て、「からだ」を土台として健康やスポーツと関わる中で、情意を表現できるようなしかけを講じ、その有効性について迫っていく。

総論
国語
社会
数学
理科
音楽
美術
保健体育
技術・家庭
外国語
学校保健
共創型探究 語り合いの時間

研究主題について

　長く続いたコロナ禍の中でも、世の中は「スポーツはなくてはならないもの」と捉える人が多く存在した。それは、スポーツがもつ価値を、多くの人々が実感しているからである。では、現在の子どもたちはどうだろうか？音楽は必要だが、体育は必要ではないという生徒も少なからず存在する。しかし、スポーツがもつ価値を実感することができれば、その考えは変わり、人生を豊かにすると思われる。人生を豊かにするためには、自分の「からだ」を土台として、心と身体、両方の健康が必要不可欠である。本校保健体育科では、「（教科を学ぶ意義を通して）日々の生活の中で自他の心と身体に関心をもつ生徒」をめざす生徒像としている。保健と体育を一体として捉え、「健康やスポーツの価値を実感する」ために、その共通の土台である「からだ」に焦点を当て、「からだ」を土台として健康やスポーツに関わる中で、情意を表現できるようなしかけを講じることで、本主題に迫ることができると考え、設定した。

【研究のキーワード】

健康とは	肉体的、精神的及び社会的に完全に良好な状態であり、単に疾病又は病弱の存在しないことではないこと。
からだとは	心身。触れることのできる肉体と、その肉体がもつ心も含めたもの。
豊かなスポーツライフとは	いつでも、どこでも、だれとでも、運動・スポーツと多様に関わり（する、見る、支える、知る等）続けることができる生活や営みのこと。

【めざす生徒像についてのイメージ図】

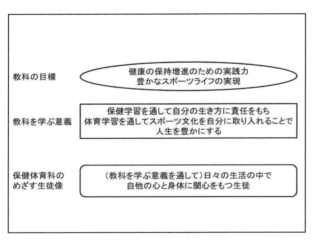

【教科を学ぶイメージ図】

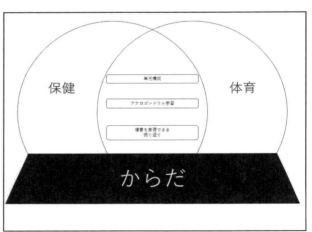

保健体育科における「自己に引きつけた語り」とは

　健康やスポーツに対する題材の変容によって獲得された新たな視点をもとに、自己と健康やスポーツとの関わりに対する意味付けや価値づけをした語りのこと。

研究の目的

　「健康やスポーツの価値を実感する」ための手立てとして、自分の「からだ」を土台として健康やスポーツに関わることで生まれる「ものがたり」を構想し、その実践の中で今期は①自分の「からだ」を土台として健康やスポーツと関わる単元構成の工夫、②自己の課題に応じて選択するアナロゴンドリル学習の開発、③自己の情意を表出できる振り返りの工夫、の３点を柱として、研究を進めることとした。

総論
国語
社会
数学
理科
音楽
美術
保健体育
技術・家庭
外国語
学校保健
共創型探究
語り合いの時間

研究の内容

> （1）　自分の「からだ」を土台として健康やスポーツと関わる単元構成の工夫
> （2）　自己の課題に応じて選択するアナロゴンドリル学習の開発
> （3）　自己の情意を表現できる振り返りの工夫

（1）　自分の「からだ」を土台として健康やスポーツと関わる単元構成の工夫

これまで、本校保健体育科では、単元構成の中に、主に以下のしかけを行ってきた。

> ○　個々の学びの履歴（長所・短所・成功・失敗・達成・不安・思い・願いなど）やその運動やスポーツに対してのこれまでの「ものがたり」が表れるよう促し、把握し、それらを変容させようとするしかけ。
> ○　生徒に応じた「教材・教具」の準備。これは主に運動が苦手な生徒も含め、全員が体育活動に参加できるしかけである。
> ○　生徒やチームにとって切実感のある問いの設定。
> ○　単元内に保健分野や体育理論の内容を取り入れ、体育分野との関連をはかるようになるしかけ。
> ○　パラスポーツを取り入れ、新たな見方や考え方ができるようにするしかけ。
> ○　「自己に引きつけた語り」を生み出すために、意図的に困難を設け、欲求を駆り立て、生徒自らが探究するしかけ。

それぞれのしかけは、成果や課題がありながらも、一定の効果は見られた。今期は、前回までの研究もふまえた上で、「健康やスポーツの価値を実感する」ためには、自分の「からだ」を土台とし、健康やスポーツと関わる中で、自分の「からだ」が内的にも外的にもどう変化していくかを生徒自身がメタ認知する必要があるのではないか、と考えた。

為末（2022）は「『自分を扱う』は、思い通りにならなさも含めて、むしろそこに何か可能性があるかもしれない、それを手がかりに新しい世界が見えるかもしれない、そんな可能性も含んだ言葉」と述べている。そこで、単元内に「自分の『からだ』を土台として健康やスポーツと関わる」ためのしかけとして、体育活動では、毎時間のドリル学習のなかに「からだ」の一部をキーワードとした技能向上ドリルを設定したり、振り返りで「からだ」をキーワードとしてその時間を振り返ったりする活動を行う。また、保健分野では、学習内容と自分の「からだ」を関連付けた問いを投げかけたり、単元内に保健や体育理論の単元を組み込み、心と身体を一体として捉えたりする工夫を行う。

【「からだ」の一部をキーワードとした
技能向上ドリルで使用したテールボール】

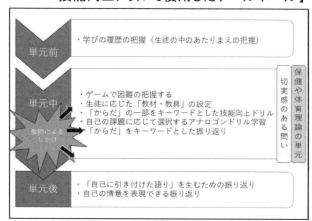

【自分の「からだ」を土台とした単元構成図】

（2）　自己の課題に応じて選択するアナロゴンドリル学習の開発

　体育授業での技能向上のために、毎時間行うドリル学習があるが、それは全員に一定の課題を与えるにとどまり、生徒の課題に応じたアプローチができていない現状が見られる。そこで、生徒自身が自己の課題に応じて選択できるドリル学習を準備することで、生徒は自己の「からだ」を見つめなおし、技能に応じた選択をすると考えられる。この活動を毎時間繰り返すことで、今までは漠然と考えていた「できる」「できない」を、毎時間変わってくる自分のからだの様子で気付くことができると考えた。単元前半は、自分の「からだ」を上手く使うために類似運動（アナロゴン運動）を教師側が設定する。単元後半になるにつれ、生徒が自らの課題に応じた準備運動を考えることで、生徒の必要感に応じた準備運動を設定する。

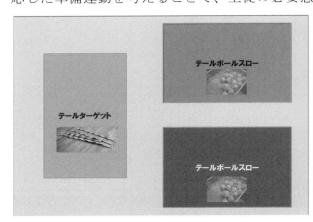 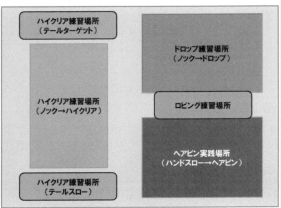

【アナロゴンドリル学習の場の設定（Before）】　【アナロゴンドリル学習の場の設定（After）】

（3）　自己の情意を表現できる振り返りの工夫

　カタールW杯、WBC、世界水泳、バスケットボールやラグビーW杯での活躍を観て、感動する人は多く存在する。それは、自分の中の情意が揺さぶられたからである。体育でも、「できた」や「勝った」時に、生徒の情意が表現されていることは多い。しかしなぜその情意が表現されたか、生徒は分からないまま学習を進めているのではないだろうか？そこで、今回は毎時間の振り返りの中に、「○○ができて（できず）うれしかった（悔しかった）。もっと○○してみたい！」などといった情意を表現できるような視点を与え、振り返りを行う。「自分の『からだ』を土台として健康やスポーツと関わる」ことを通して、なぜその情意に至ったのか、その理由まで表現できるよう促すことで、自分の情意の揺さぶりを認知しやすいと考えた。

6	学習課題：		その理由を書きましょう。
日付	この時間で悩んだことや熱中したことはありましたか？	あった　　なかった	▶
／	自分の「からだ」についての振り返り キーワード「　　　　　　　　　　」	心の面 身体の面 両方	

【ワークシートにある1時間の振り返りの視点】

成果（○）と課題（●）

研究内容（1）自分の「からだ」を土台として健康やスポーツと関わる単元構成の工夫

○　からだの一部をキーワードとした技能向上ドリルをすることで、自分のからだの使い方が上達したと感じる生徒が多かった（91.9%）。また、ハンドボールの授業において、「テイクバックの際に肘をあげること」「距離感と力加減」をキーワードとした「的あて」を実施したことで、投球技能が向上したと感じる生徒が多かった（83.7%）。普段から自分のからだを見つめる習慣を体育授業で育むことが健康やスポーツの価値を実感することにつながるのではないかと考えられる。

●　体育の技能面に寄ったところが大きくあるので、保健での「からだ」について実践を多く積み、心と身体の一体化について研究を進めていきたい。

研究内容（2）自己の課題に応じて選択するアナロゴンドリル学習の開発

○　できることをわざわざしない、自分の向上させたい技能を選択して練習することが生徒の実感にもつながった。

●　今回はシングルスでのアナロゴンドリルを設定していたので、単元が進むにつれてダブルスゲームになった時に変化をつけていなかった。今後は単元の流れによって躓くポイントや、生徒が求めている動作をアナロゴンドリル学習に取り入れるなど、柔軟に変更していきたい。

研究内容（3）自己の情意を表現できる振り返りの工夫

○　自己の情意を表現できるよう促し、その理由についても記述させることで、生徒がメタ認知するだけでなく、教師側の単元の組み方の一助にもなることが分かった。

●　「からだ」だけではなく、毎時間の感性をキーワードとして表れるよう促し、その理由を記述する方法について、研究を進めたい。

引用・参考文献

石川敦子・徳永貴仁（2018）『研究紀要』香川大学教育学部附属坂出中学校、pp.157-180
石川敦子・徳永貴仁（2020）『研究紀要』香川大学教育学部附属坂出中学校、pp.205-234
為末大（2022）『体育科教育8月号』大修館書店、巻頭2P
徳永貴仁・廣石真奈美（2022）『研究紀要』香川大学教育学部附属坂出中学校、pp.226-259
三宅健司・石川敦子（2016）『研究紀要』香川大学教育学部附属坂出中学校、pp.129-148
森由香里・三宅健司（2014）『研究紀要』香川大学教育学部附属坂出中学校、pp.115-134

第３学年３組　保健体育科学習指導案

指導者　　德永　貴仁

1　日　　　　　時　　　令和６年６月７日（金）11：20〜12：10
2　単　　元　　名　　　球技　「ネット型（バドミントン）」
3　学　習　空　間　　　体育館
4　単元（題材）について

（1）　本単元は学習指導要領保健体育編「Ｅ　球技　第３学年　イ：ネット型」に対応しており、役割に応じたボール操作や安定した用具の操作と連携した動きによって空いた場所をめぐる攻防をすることで、作戦に応じた技能で仲間と連携し、ゲームを展開することをねらいとしている。

　　豊かなスポーツライフを実現するためには、スポーツがもつ面白さを深く感じ、今日的にどの分野でも言われているような「持続可能な」面白さを感じなければならないと考えられる。事実、東京2020オリンピック・パラリンピックを契機に普及してきたパラスポーツ（アダプテッドスポーツ）も初めは教材がもつ面白さを感じ、生徒はのめり込むが、だんだんとその面白さは薄れてくる傾向が見られる。それは教材がもつ表面の面白さ（ルール・勝敗方法・できた・できないなど）のみを感じ、そこで学習が終わってしまうからではないか。どのスポーツももっている、その競技の本質の面白さを感じた時、それが「持続可能な」面白さになり、豊かなスポーツライフにつながるのではないか。

　　その競技の本質の面白さの一つに「駆け引き」がある。「駆け引き」とは「相手の出方や状況に応じて、自分に有利になるように事を運ぶこと」とされており、多くのスポーツにも「駆け引き」は有されるものである。

　　ネット型のスポーツは「相手のいないところにボール等を落とし、一定の得点に早く到達するもの」である。そのためには、ボール等のコントロールだけではなく、相手との「駆け引き」が非常に重要であると考えられる。

　　本単元で扱うバドミントンは、一般的にレクリエーションスポーツとしてよく知られており、自由にシャトルを打ち合うだけの遊び段階からコートの中で体力・精神力をベースに、技術・戦術などを駆使する高い段階まで、極めて幅広い人たちが、その体力・年齢・技能レベルに応じて、手軽に楽しむことができる、生涯スポーツの代表格である。また近年、日本人選手が大活躍しており、その中でも桃田賢斗選手は香川県出身のため、生徒の中にもバドミントンというスポーツは身近な存在である。

　　競技特性として、バドミントンは球技の中で最速のスポーツであり、その速度は一流選手の場合、初速が時速300〜400km/hを超える。一方、バドミントンで使用するシャトルは、他の球技で使用するボールとは性質が大きく異なり、ラケットで打った直後から大きな減速が見られる。つまり、相手がどんなに強く打ったとしても手元では大きく減速して到達するため、他の球技と異なり、返球もしやすい。また、ラケットを振るというひとつの動作で攻撃と守備を同時に行わなければならないことも特徴である。さらに、多様なフライトの種類（打球の種類）があることから、「駆け引き」の場面を最も生み出しやすいスポーツである。

　　今までは漠然と楽しいと感じながらスポーツをしていたことが、「駆け引き」を意識してプレーすることによって、そのスポーツならではの面白さに気づく。そうすることで「する」だけではなく「見る」力も向上した豊かなスポーツライフにつながると考えられる。以上のことから、本単元を扱うことにした。

（2）　本学級の生徒は男子18名、女子17名、計35名の学級である。事前のアンケート（n=35）では、「バドミントンをしたことがありますか？」という問いには77％の生徒が「はい」と回答している。その場面としては「遊びで」といった回答が81％と一番多く、その次は「部活動で」であった。バドミントン部は男子３名、女子１名が在籍している。

　　また、単元前の「バドミントンについて思うこと」という問いに対しては「楽しそう」「好

-178-

き」などの肯定的な回答が 19%、「難しそう」「不安」が 66% であった。

　以上のことから、単元前の生徒の学習前の題材に対する当たり前を「遊びの中でやったことがあり、ラケット操作は難しそうでできるか不安だが、楽しそうなスポーツ。」と設定した。

（３）本単元（題材）を指導する（個の「ものがたり」をつむがせる）にあたって、次の点に留意したい。

　・　駆け引きの種類を主に前後方向限定するため、単元前半のゲーム時はコートを縦半分に区切ったハーフコートシングルスゲームを行う。後半では、ハーフコートのままで２対１のゲームを行い、限られたショットだけで点数を取れるよう工夫する。

　・　前後の揺さぶりによる駆け引きを生み出すために、技能として扱うフライトの種類はハイクリア、ドロップ、ヘアピン（後半のみプッシュは解禁）に限定する。

　・　バドミントンにおける一番の難関であるラケット操作を取り除いた上での、インディアカを使ったタスクゲームを行うことで、相手コートのどこに返球すれば得点を取れるか、をパターン化し、実感しやすいようにする。

　・　ラケット操作が難しい生徒に対しては、バドミントンラケットのほかに、クロスミントン、ジャンボラケット、ミニラケットを準備し、シャトルを当てやすいように工夫する。

　・　単元前後で一流選手のゲームを見て、その記述から「見る」視点としての変容も感じさせたい。また、データを取ることでゲームの様子を見て、「見る」視点を養い、豊かなスポーツライフにつながる一助にする。

5　本単元の目標
（１）本単元の「ものがたり」の授業構想図

『 も の が た り 』 の 授 業

★授業者のねがい（授業を通して生徒に期待する成長や変容）
　駆け引きを意識してスポーツをしたり見たりすることで、その競技（バドミントン）ならではの面白さを感じてほしい。

●題材（バドミントン）に対する「ものがたり」の変容

（学習前）
　遊びの中でやったことがあり、ラケット操作は難しそうでできるか不安だが、楽しそうなスポーツ。

探究的な学び
他者と語り合う

（学習後）
　多彩なショットを駆使し、相手を前後に揺さぶって点をとる、考えてするスポーツ。

≪（授業者が考えた）単元学習後の「振り返り」例≫　　＊「自己に引きつけた語り」部分
　バドミントンは今まで遊びの中でやったことがあり、相手と羽を打ち合うことが楽しかった覚えがある。学校の昼休みの時間にもやったことはあり、とにかく羽を落とさずに打ち合うことが楽しい。
　今回の授業を通して、単なる打ち合いの楽しさより、もっと奥深い「駆け引き」の楽しさを感じることができた。それは、自分の思ったように打つことで相手が思ったように動き、それによって点を取ることができる面白さを実感したからである。今までは単に相手のミスや偶然で得点を重ねていたが、「駆け引き」をして得点をすることで、より点を取った実感が湧いた。これは今までのスポーツで感じることがなかったことだ。今まで何気なく見ていたスポーツの中にも、実は「駆け引き」はたくさん行われているのではないか？見るときもその視点をもってみてみたい。

総論

国語

社会

数学

理科

音楽

美術

保健体育

技術・家庭

外国語

学校保健

共創型探究語り合いの時間

（2）本単元で育成する資質・能力

知　識 及　び 技　能	・技術の名称や行い方、体力の高め方、運動観察の方法などを理解するとともに、作戦に応じた技能で仲間と連携しゲームを展開すること。 ・ネット型では、役割に応じたボール操作や安定した用具の操作と連携した動きによって空いた場所をめぐる攻防をすること。	○各ショットの打ち方を理解すること。 ○サービスでは、シャトルを狙った場所に打つこと。 ○シャトルを相手側コートの空いた場所や狙った場所に打ち返すこと。
思　考　力， 判　断　力， 表　現　力　等	・攻防などの自己やチームの課題を発見し、合理的な解決に向けて運動の取り組み方を工夫するとともに、自己や仲間の考えたことを他者に伝えること。	○選択した運動について、合理的な動きと自己や仲間の動きを比較して、成果や改善すべきポイントとその理由を仲間に伝えること。 ○球技の学習成果を踏まえて、自己に適した「する、みる、支える、知る」などの運動を継続して楽しむための関わり方を見付けること。
学びに向かう力， 人間性　等	・球技に自主的に取り組むとともに、フェアなプレーを大切にしようとすること、作戦などについての話合いに貢献しようとすること、一人一人の違いに応じたプレーなどを大切にしようとすること、互いに助け合い教え合おうとすることなどや、健康・安全を確保すること。	○バドミントンの学習に自主的に取り組もうとすること。 ○一人一人の違いに応じた課題や挑戦及び修正などを大切にしようとすること。 ○互いに練習相手になったり仲間に助言したりして、互いに助け合い教え合おうとすること。

（3）単元構成（全15時間）

時間	学習課題（中心の問い）と◆学習内容	生徒の思考・反応・振り返り	
0 （単元前）	事前アンケート 1．あなたはバドミントンをしたことがありますか？ 2．バドミントンに対してどのような印象がありますか？ 3．自分が考える「駆け引き」とは何ですか？ 4．動画を観て感じたことを書いてください。	バドミントンはしたことがある！（77％） 遊びでしたことがある！（81％） ラケット操作は難しそうだが、楽しい！ 狙ったところに打ったり、拾ったりすることが難しいな。	
1	<u>（学習課題）ネット型って何？バドミントンってどんなスポーツ？試しのゲーム①</u> ◆オリエンテーションで知識の獲得をする。バドミントンの歴史に触れる。 ◆シャトル遊びを行う。	バドミントンは貴族のスポーツだったんだ！ 香川県出身の桃田選手が有名だよ。 ラケットでシャトルを拾ったり、連続してシャトルを上げたりするのが楽しい！	まずゲームをすることで、何に困難を抱いているかを振り返りから見取り、教師側も生徒側も認知する。
	◆ルールを確認し、班内で対戦相手を替えながらゲームを行う。 [ルール] ・ハーフコートシングルスゲーム。 ・5点先取デュースなし。	でもシャトルがなかなかラケットに当たらないな…。 バド部のスマッシュは反則だよー。	制限なしのゲームを行うことで、生徒から「スマッシュを禁止してほしい」というワードが出てくるようにしかける。

2	（学習課題）サーブを狙ったところに打つには？試しのゲーム②		

なかなか当たらないという意見が多かったので、ラケット選択制にします！

ジャンボラケット最高！これで当たるようになった！

「ラケットに当たらない」という困難性を解決する教具を準備し、意欲化を図る。

ネット型の競技はサービスから始まりますね？サービスには種類があります。

サーブが思った方向に飛ばない。

◆サービスの種類やルールを確認し、実践する。
◆ルールを確認し、班内で対戦相手を替えながらゲームを行う。

サーブが入らない。うまくシャトルをラケットに当てることができない。

ルール
・ハーフコートシングルスゲーム。
・5点先取デュースなし。
・スマッシュ、プッシュ禁止。

前回はバド部のスマッシュが反則だったから制限してほしいよ～。

スマッシュ、プッシュ禁止でどうやって点を取ればいいんだ！

ショット制限を行うことで、狙いである「前後のゆさぶり」を行う生徒が出てくる。そして、そのゆさぶりだけでも勝利できることに気付きっかけにする。

点を取っている人は、どうやら前後に揺さぶって点を取っているぞ？自分もできたら勝てるかもしれない！

3	（学習課題）前後に動かすショットにはどのようなものがあるのか？～後編～		

前後に打てるようになると、得点をとれて勝つ確率が上がるってことでいい？後ろのフライトを「ハイクリア」といいます。

後にゆさぶる「ハイクリア」の技能を習得する時間。

◆ハイクリアを打つ。
・何も指導しない状態で打つ。
・全員がiPadで動きを撮影し、記録する。

遠くに飛ばすことが難しい！なかなか相手コートの奥まで打つことができない。

ハイクリアの飛距離を数値化することで、自分の「からだ」の変化に気付きやすくする。

ハイクリアは自コートのBBラインから相手コートのBBラインまで、13.4mを飛ばすことを目標にしていますが、実際に何m飛ばすことができるでしょうか？

10mにも届かない。

バドミントン部はなぜあんなに遠くに飛ばせるんだろう？力が関係あるのかな？10m以上飛ばす人の動画を見てみたい。

◆メジャーでハイクリアの距離を測る。（動きの変化を確かめる手立て）

4	（学習課題）どうすればシャトルを遠くに飛ばすことができるか？		

◆前回10m以上飛ばした人の動画を見比べて、共通点を探す。

上手な人の動画を観て、自分と比べることで「からだ」のポイントに着目することができる。

10m以上飛ばす人はどんな共通点があるかな？

シャトルに対して半身の姿勢をとっているぞ！

◆桃田選手の動画を見る。
・動画の中で「力」は必要ないという言葉を聞く。

力は必要ないの！？桃田選手も半身の姿勢から体のひねりで打っているな。（新たな視点の獲得）

◆練習ツールを使う。
・テールボールを使ってスローを行う。
・テールターゲットを使ってシャトルを打つ。

このポイントで練習して、飛ばす距離をまた計測したい！

練習ツールを使うことで、軌道のイメージや「からだ」の部位に意識を向け、技能習得の一助とすることができる。

テールターゲットを使って練習すると、ハイクリアをどうやって打てばいいか分かるぞ。

総論
国語
社会
数学
理科
音楽
美術
保健体育
技術・家庭
外国語
学校保健
共創型探究 語り合いの時間

5	（学習課題）どうすればシャトルを遠くに飛ばすことができるか？		練習ツールを自由に選択して使用できるようにすることで、生徒の必要感によって教具選択できるようにしかける。

5　（学習課題）どうすればシャトルを遠くに飛ばすことができるか？
◆練習ツールを使う。
・テールボールを使ってスローを行う。
・テールターゲットを使ってシャトルを打つ。

◆ハイクリアを計測する。

> 前回より記録が伸びた！

> じゃあ、ハイクリアという武器を手に入れたので、もう一度ゲームをやってみよう。

> 実際のゲームでハイクリアを打ってみたい！

◆ゲームを行う。
ルール
・ハーフコートシングルスゲーム。
・5点先取デュースなし。
・スマッシュとプッシュは禁止。
・ハイクリアを打って相手がノータッチは2点。

> 何回かハイクリアを打てた！

> でもハイクリアだけでは勝てない。ハイクリアを取りに行ったあと、前に落とされてしまう。

> 今度はシャトルを前に落とす方法を知りたい。

6　（学習課題）前後に動かすショットにはどのようなものがあるのか？〜前編〜

> これまではコートの後ろに飛ばす「ハイクリア」を練習してきたけど、前回の試合では、ハイクリアの後、前に落とされて点を取られた人が多かったようです。

前にゆさぶる「ドロップ」「ヘアピン」の技能を習得する時間。

> では、前に落とすショットはどのようなものがあるでしょうか？

> ドロップやヘアピン！

◆ドロップを打つ。
・ノッカーがノックをしてドロップを打つ。
◆ヘアピンを打つ。
・桃田選手の動画を見る。
・ネット際でシャトルを投げてヘアピンを打つ練習をする。

> 桃田選手の動画を見て、打ち方は少し分かったが、実際は難しい。だけど武器が増えたのでゲームをしたい！

前後にゆさぶる3種類のショットをここまでで経験する。ショットの練習はアナロゴン準備運動によって自分で選択し、行う。

7　（学習課題）ランク戦①をしよう！
◆ゲームを行う。
ルール
・ハーフコートシングルスゲーム。
・5点先取デュースなし。
・スマッシュとプッシュは禁止。

> 試合を通して、武器であるショットを少しは打てるようになった！

> でもどういう時にそれぞれのショットを打てばいいかわからない。

8　（学習課題）ショットをどのように使い分ければいいのか？ランク戦②

> どんなときにそれぞれのショットを打てばいいでしょうか？

> ハイクリアー→ミスしたくない時、落ち着きたい時、相手が前にいる時
> ドロップ→相手が後にいる時
> ヘアピン→ネット際に落としたい時、相手が後にいる時

> じゃあ打つショットを限定できたり、ラケット操作がなかったら打ちやすくなるかな？

> 場面におけるショットは分かったけど、その時にすぐ考えて打てない。

キャッチ＆スローができるインディアカスローを使って、ゆさぶりのパターン練習をする。

◆タスクゲームをする。（ねがいに達するためのしかけ）
・インディアカスローをする。
・キャッチ＆スローを繰り返し、相手のいないところにスローし、空いたスペースを狙う。

> インディアカスローならキャッチできるから、判断しやすい！でもすぐ投げないと相手に取られてしまう！

> インディアカスローで実感したことを試合でも活かそう！

9	（学習課題）ランク戦③をしよう！

◆ゲームを行う。

ルール
・ハーフコートシングルスゲーム。
・5点先取デュースなし。
・スマッシュとプッシュは禁止。

> 3回のランク戦を通して、チームを再編成したいと思います。

> ショット制限でのゲームをしたり、前後にゆさぶるショットを学んだけど、やっぱり勝てない相手がいる・・・。どうしても勝ちたい！

10 11 12	（学習課題）相手をゆさぶり点をとるにはどうすればいいのか？

> 今日から2対1のゲームをしていきたいと思います。2対1なら勝てるかな？

◆2対1のタスクゲームをする。（ねがいに達するためのしかけ）
・インディアカスローをする。
・キャッチ＆スローを繰り返し、相手のいないところにスローし、空いたスペースを狙う。

◆2対1のゲームを行う。
ルール
・ハーフコート2対1ゲーム。
・5点先取デュースなし。
・スマッシュ禁止。前衛のみプッシュ解禁。
◆ゲーム時のデータをとる。
・「相手をゆさぶる」という定義を「2歩以上動かす」とし、その本数をショット別にデータをとる。
◆振り返りを共有する。
・2人側のペア同士の振り返りや、1人側の振り返りを共有し、自分の振り返りを行う。

> 自分が2人側なら勝てるかもしれない！やる気が出てきた！

> 1人側でも負けない！相手の弱いところを狙おう！

> 2対1ならタスクゲームでも穴があまりない。これは点を取るのが難しいぞ。

> 攻撃側が2人だからやりやすかったぞ！

> 自分のペアはこうやって考えていたのか！1人側の振り返りも見ることができて、自分の自信にもつながっ

> でもまだ勝てないし、データを見ても相手を揺さぶっている本数が少ない。

> 　2対1を設定することで、2人側が点を取りやすいようにしている。さらに、前衛のみプッシュを解禁することで、ランク下位の生徒も点をとることができるようにする。

> 　ペアのうちランク上位の生徒が1人側となる。運動が得意な生徒も夢中になるためのしかけ。

> 　漠然と前後にゆさぶるのではなく、ゆさぶりの定義を明示し、データをとることで、ゆさぶれたかどうかの評価を自分たちで客観視できるようにする。

13 （本時）	（学習課題）相手をゆさぶり点をとるにはどうすればいいのか？

> みんなが試合している動画を観てみよう。このあと、みんななら何を打ってどこを狙う？（語り合うためのしかけ）

動画を観る
◆前回の試合動画を観て、このあとどんなショットを打てばいいか共有する。
・自分たちの試合動画を観ながら、ペアで共有する。
・インディアカスローをする。
・キャッチ＆スローを繰り返し、相手のいないところにスローし、空いたスペースを狙う。

◆2対1のゲームを行う。
ルール
・ハーフコート2対1ゲーム。
・5点先取デュースなし。
・スマッシュ禁止。前衛のみプッシュ解禁。
◆ゲーム時のデータをとる。

> 試合動画を観て、相手の位置も確認しながら打つことが分かったから、実践できたぞ！

> 相手をゆさぶり点を取ることができたぞ！

14	（学習課題）2対2で勝つには何が必要か？ ◆ダブルス戦を行う。	
15	（学習課題）ダブルスランキング戦をしよう！ ◆ランキング戦を行う。 ・多くの人とランキング戦を行うことで、今までに得た知識と技能を発揮する。	
単元 後	◆単元前に見た動画を観て、感じたことを書く。その際、授業で得た知識や見方、考え方が表れるように記述する。 ◆「駆け引き」をキーワードにして、自己に引きつけた語りを書く。	多彩なショットを駆使し、相手を前後に揺さぶって点をとっている。シャトルが速い中で一瞬で相手の動きやシャトルを判断し、ゲームを展開している。

6 本時の学習指導

（1）目標

- 点を取るためには、相手の体勢や立ち位置を見ることが必要であるということに気づく。（思考・判断・表現）
- 空いたスペースにシャトルを打つことができる。（知識・技能）

（2）学習指導過程

学習内容及び学習活動	予想される生徒の反応	○教師のかかわり
1 アナロゴン準備運動をする。（個人）	・ ドロップが打てないから打とう。	○ サーブ練習につき、サーブが入るように指導や助言を行う。
2 前回の振り返りを確認し、学習課題を確認する。	・ サーブ練習をしよう。	○ データをいくつか紹介し、学習課題に結び付ける手立てとする。

学習課題：相手をゆさぶり点をとるにはどうすればいいのか？

学習内容及び学習活動	予想される生徒の反応	○教師のかかわり
3 試合動画の例を観て次のショットを考える。（全体）		

【予想される生徒の語りの具体】

> T ：みなさんの試合動画を見せます。止めながら流します。この後何を打って、どこを狙いますか？
> S1：私は、ヘアピンをネット際に打ちます。
> T ：それはなぜですか？（感覚を言語化する質問）
> S1：こちらがハイクリアを打った後に相手は後ろからドロップを打ったので、後ろにいるままだ（根拠）からです。
> T ：では、各ペアで自分たちの動画とデータシートを観て、どういう時に何を打ってどこを狙うのか、話し合ってみよう。

> S2（上手）：S3さん、私がドロップを打つから、相手のヘアピン対策でヘアピンを構えていてほしい。動画を見るとヘアピンでやられていることが多い。
> S3（苦手）：わかった。でもヘアピンで点を決められるくらい打てないかもしれない。
> S2：大丈夫。相手が我慢できずにロブを打ってくれば私がハイクリアを打って点を取るから。

学習内容及び学習活動	予想される生徒の反応	○教師のかかわり
4 インディアカスローを行う。	・ さっきの仮説は正しいか、インディアカを使って確かめてみよう。 ・ あとはラケットを使って実践するだけだ。	○ 実際のシャトルの軌道になるように助言する。 ○ できるだけキャッチ→スローを早くし、判断を早くするように促す。
5 ゲーム①を行う。（グループ）	・ 相手がバドミントン部でも点を取れるぞ！	○ 動画撮影をしていない方がリアルタイムで助言できているか確認し、助言を促すよう伝える。
6 ゲーム①を振り返り、ゲーム②を行う。	・ データから、相手をよく揺さぶることができたぞ！ ・ 自分の打ったショットで相手をコントロールすることができたぞ！	
7 本時を振り返る。		○ 「相手を前後にゆさぶり点をとる」という視点で本時を振り返らせる。

7 見取り

- ゲーム中に相手の位置を考えてプレーを行えたかを振り返りシートで確認する。

総論

国語

社会

数学

理科

音楽

美術

保健体育

技術・家庭

外国語

学校保健

共創型探究語り合いの時間

第２学年１組　保健体育科学習指導案

指導者　　廣石　真奈美

1　日　　　　時　　令和６年６月７日（金）13：00〜13：50

2　単　元　名　　球技　ゴール型「ハンドボール」

3　学　習　空　間　　体育館

4　単元（題材）について

（1）本単元は学習指導要領保健体育編「Ｅ　球技　ア：ゴール型」に対応しており、ボール操作と空間に仲間と連携して走り込み、マークをかわしてゴール前での攻防を展開することを狙いとしている。

　　ゴール型の球技はルールが複雑で求められるボール操作の技能レベルが多様な上に、攻守の切り替えが目まぐるしいため、俊敏な変化への対応や瞬時の判断力が求められる。そのため、授業でゲームをするとなると、得意な生徒が活躍し、シュートを決め、その他の生徒はただひたすらボールが移動する方向へ走るか、その場からほとんど動かないままゲームの終了を待つだけになってしまうことが多い。その理由の多くは、「ボール操作が難しい」「ゲーム中にどう動けばよいのかわからない」といったものや「苦手な自分はチームのみんなに迷惑をかけないようにしたい」といったものである。比較的運動が得意な生徒でも、ゴール型の球技の本質である、「仲間と協力して、相手と駆け引きをしながら、守備を突破して得点する」面白さを味わうことができないことも少なくない。

　　本単元で扱う「台形ハンドボール」は、ゴールの形が台形であるため、ゴール周辺でのシュートチャンスが誇張され、誰でも容易にシュートすることができる。また、やわらかいボールで誰もが扱いやすく、攻守交代型のゲームであるため、ゲームに必要な「判断」や「ボールを持たないときの動き」を繰り返し試すことに集中できる。以上のことから、得点に関わるプレーに容易に参加でき、「仲間と協力して、相手と駆け引きをしながら、守備を突破して得点する」面白さを味わうために有効である。ゴール型球技の本質を理解したうえで楽しさを味わうという経験から、生涯の生活の中にスポーツ文化を取り入れたいと感じ、豊かなスポーツライフを実現する一助となると考える。

（2）本学級の生徒は、男子19名、女子16名、計35名の学級である。ゴール型の運動部に所属している生徒は５名で、ゴール型のスポーツ経験者を合わせても数名程度であるが、休み時間にサッカーをするなど、日常的にゴール型のスポーツに親しんでいる生徒も複数名いる。１年次には、「アルティメット」の単元において、パスやシュートなどの基本的なボール操作やパスを受けるために空いている空間に走り込む動きについて学習している。単元前のアンケート（ｎ＝35）において、「ゴール型のスポーツが好きですか」という質問に肯定的な回答をした生徒は29名であり、その理由の多くは、「試合で得点することができるとうれしい」「得点をとるためにどうすればいいか考えるのが楽しい」というものである。一方で、「パスやキャッチが難しい」「ルールが難しい」と感じている生徒もいる。生徒は、ゴール型の球技において、得点に関わることができると面白いと感じている生徒もいるが、技術的な難しさやルールの複雑さから、上手くプレーに参加できない生徒もいる。

　　以上のことから、単元前の生徒のものがたりを「ゴールできると楽しいが、自分がプレーに関わることが技術的にもルール的にも難しいスポーツ」と設定した。

（3）本単元（題材）を指導する（個の「ものがたり」をつむがせる・「情意」を働かせるにあたって、次の点に留意したい。

- 　思考する視点を「攻撃回数」と「シュート数」に限定し、適宜データを提示することによって、相手チームより得点をとるために作戦を立てる際に、根拠をもって語り合いやすくする。
- 　スキルアップを目的として、毎時間「的あて」を行うことで、ボールを操作する上で「力加減」や「距離感」を調整するための体の動かし方に考えを巡らせ続ける手立てとする。

総論

国語

社会

数学

理科

音楽

美術

保健体育

技術・家庭

外国語

学校保健

共創型探究
語り合いの時間

・　ゴールを台形にすることで、苦手な生徒でもシュートのチャンスを生み出しやすくする。

・　自己に引きつけた語りを生むために、「ゴール型の面白さ」を視点として単元の振り返りを書くように伝える。

5　本単元の目標

（1）本単元の「ものがたり」の授業構想図

『 も の が た り 』 の 授 業

★授業者のねがい（授業を通して生徒に期待する成長や変容）

「効率よく得点するための動き」を学習することで、得点に関わるプレーに参加することができる面白さを感じてほしい。

●題材（ハンドボール）に対する「ものがたり」の変容

（学習前）
ゴールできると楽しいが、自分がプレーに関わることが技術的にもルール的にも難しいスポーツ。

**探究的な学び
他者と語りあ合う**

（学習後）
どう攻撃すればよいかわかると、より多く得点できて、自分も得点に関わることができて面白いスポーツ。

≪（授業者が考えた）単元学習後の「振り返り」例≫　　＊「自己に引きつけた語り」部分

これまで、ゴール型のスポーツは得点できたり、みんなで作戦を考えて実践したりすることは楽しいけど、自分はパスやキャッチも苦手だしどうやってプレーに参加したらいいか分からないから苦手意識が強かった。

今回ハンドボールをやってみて、アナロゴン準備運動で苦手なボール操作を練習して上手になったし、自分がゴール近くでパスを受けてシュートすることができたり、ゴール前の人にパスを出してシュートをアシストできたりして、自分も得点に関わることができたことが何より嬉しかった。試合を見ていても、「今あそこにパス出したらよかったのに！」とか「ナイスアシスト！」と思うことが増えて、もどかしく感じたりより一層楽しめたりできるようになった。　また機会があったら、「台形ハンドボール」をやりたいし、他のゴール型のスポーツにも挑戦してみたいと思う。

（2）本単元で育成する資質・能力

知識 及び 技能	・　球技の特性や成り立ち、技術の名称や行い方、その運動に関連して高まる体力などを理解する。	○　歴史やルール、シュートやパスなどボール操作のポイントを理解すること。
	・　ゴール型では、ボール操作と空間に走り込むなどの動きによってゴール前での攻防をすること。	○　ゴール方向に守備者がいない位置でシュートをすること。 ○　得点しやすい空間にいる味方にパスをすること。 ○　ゴール前の空間に走り込んでパスを受けるなどの動きによって、得点につなげること。

思 考 力, 判 断 力, 表 現 力 等	・ 攻防などの自己の課題を発見し、合理的な解決に向けて運動の取り組み方を工夫するとともに、自己や仲間の考えたことを他者に伝えること。	○ ゲームにおいて、合理的な動き方と自己の動きを比較して、課題を発見して解決するための工夫を他者に伝えること。
学びに向かう力, 人間性 等	・ 球技に積極的に取り組むとともに、フェアなプレーを守ろうとすること、作戦などについての話し合いに参加しようとすること、一人一人の違いに応じたプレーなどを認めようとすること、仲間の学習を援助しようとすることなどや、健康・安全に気を配ること。	○ ハンドボールの学習に積極的に取り組もうとすること。 ○ 作戦などについての話し合いに参加しようとすること。 ○ 一人一人の違いに応じたプレーなどを認め、助言するなどして仲間の学習を援助しようとすること。

（3）単元構成（全13時間）

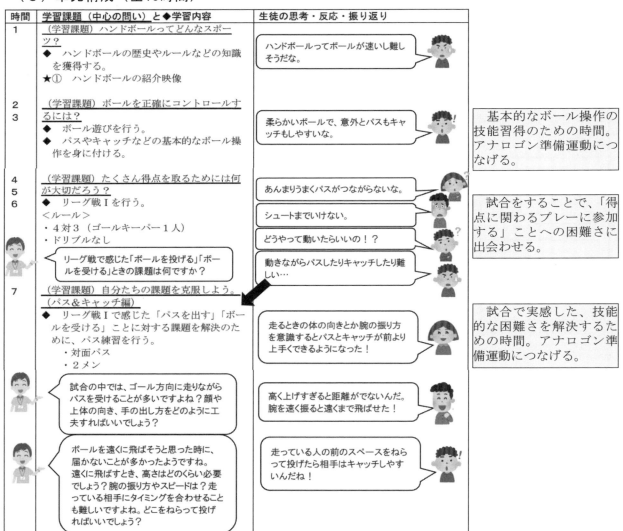

8	(学習課題) 得点を増やすためには何が必要だろう？ ◆ 1位チームと6位チームのデータを比較し、得点を増やすために必要なことを考える。 ★ データ「攻撃回数・シュート数」 1位チームと6位チームで大きく違うところは何ですか？（語り合うためのしかけ） ◆ 考えたことをもとに作戦を立て、練習試合を行う。	1位チームは攻撃回数が多いな！ 攻撃回数は変わらないけどシュート数が全然違う！ シュート決定率が変わらない！6位チームはシュート数が少ないから得点が低いのか。1回の攻撃できちんとシュートまでいけたら… シュート数は増えたけど、いまいち得点が増えないな。	たくさん得点するためには攻撃回数やシュート数を増やすことが大切だということに気づかせる。攻撃回数を増やそうとすることで、速くシュートを打ち、速くスタートに戻るという動きが必要となる。また、シュート回数を増やそうとすると、ロングシュートが増えることから、9時間目の学習につながる。
9	(学習課題) 得点を増やすためには何が必要だろう？ 攻撃回数やシュート数を増やすことはできたけど、まだ得点が伸びていないチームがありますね。どうすれば得点がさらに増えるでしょう？（語り合うためのしかけ） ★ データ「エリアごとのシュート成功率」 ★ 自分たちの試合映像 ◆ 映像を見て課題を見つけ出し、作戦を立てて、練習試合を行う。	ゴールに近いエリアほど、シュートの成功率が高い！ 回数を増やそうとして、遠からシュートを打っていたけど、ゴールの近くまでパスをつないだ方がいいね！ ゴール付近までボールをパスでつなぐことを意識してみたけど、攻撃回数が減ってしまった…	8時間のシュート数は増えたが得点が増えないというつまずきから、「シュート有効エリア」でシュートを打つことへの気づきにつながる。パスをつなぐことへ思考がシフトしたことで、シュート回数が減少することから10時間目の学習につながる。
10 本時	(学習課題) 速く確実に「シュート有効エリア」までボールをつないでシュートチャンスを作るには？ ◆ シュート成功率の高い場所でシュートをたくさん打つためにどのようにパスをつないでいけばいいのか考える。 前回まで、「攻撃・シュート回数を増やすこと」「シュート有効エリアでシュートを打つこと」が得点を増やすために大切だということに気づきましたね。「シュート有効エリア」に速くボールをつないでチャンスをつくるためのポイントをデータを比較して考えてみましょう。（ねがいに到達するためのしかけ） ★ データ「パスの回数」「シュート有効エリアでのシュートが多いチームの映像とパスの軌跡」 ◆ 自分たちのチームの動きを分析し、作戦を立てて練習試合を行う。	パスの回数が少ない！ボールを受ける人がゴール前に思い切り走ってそこにパスが出ているね。 ボールを持っていない人が、ボールを持っている人の横でパスをもらおうとしていることが多いな。もっとゴールに向かって走って、縦方向にパスをつなぐといいかも！ ゴールの右側から左側にパスが出ているよ！映像を見たら、GKが遅れて、シュートチャンスができていることがわかるよ。 ゴール付近まで走ってパスを受けたら自分にもシュートが打てたよ！	速く「シュート有効エリア」でシュートチャンスを作るために、ゴール方向へのパスの必要性がある。そのためには、ボールを持たない人のゴール方向へ走り込みが大切だということに気づかせたい。 8～10時間目の学習を通して、「得点に関わるプレー」にどのように参加すればよいか考え、実践することで、ゴール型本来の楽しさの実感へとつなげる。
11 12 13	(学習課題) パスをつないで大量得点を目指そう！ ◆ リーグ戦Ⅱを行う。 ◆ 単元前のゴール型球技へのイメージと単元後のイメージの変化について学習したことをもとに振り返る。	リーグ戦では、これまで学習したことを生かせた！作戦も立てて試行錯誤したら、前よりもたくさんの得点が取れて勝つこともできたよ！ 攻撃の仕方がわかって、得点したりアシストしたりすることができるようになったことが何より嬉しかった！これからもゴール型のスポーツをやっていきたいな。	

6 本時の学習指導

（1）目標

- ・ ボールの受け手がゴール前のスペースに走り込んだり、サイドチェンジを有効活用したりすることが大切であることに気づく。
- ・ ゴール方向に守備者がいない位置でシュートしたり、得点しやすい位置にいる味方にパスをしたりすることができる。

（2）学習指導過程

学習内容及び学習活動	予想される生徒の反応	教師のかかわり
1　アナロゴン準備運動をする。 2　課題を確認する。	・　今日はパスランシュートの練習をしてみよう。 ・　どこでシュートを打てばいいか分かったけど、そこまでどうやってパスをつなげばいいの？	

> **学習課題：速く確実に「シュート有効エリア」までボールをつないでシュートチャンスを作るには？**

3　3つの班の違いから、課題について考える。		○　考える根拠として、「パスの回数・軌跡」「試合の映像」を提示する。

> T ： 前回実際に練習試合をしてみて、シュート有効エリアでのシュート回数は増やせましたか？
> S1： シュート有効エリアで打つことはできたけど、逆に攻撃回数やシュート数が減ってしまった。
> T ： では、攻撃回数も多く、シュート有効エリアでのシュートが多いチームの「パスの回数」「パスの軌跡と映像」を見てみましょう。
> S2： パスの回数が少ない！
> T ： どうしてパスの回数が少ないんでしょう？
> S2： 結構縦のロングパスがつながっているみたい。
> T ： もう少し、具体的に説明できますか？
> S2： パスの軌跡を見ると、ゴール方向に長いパスがつながっているのがわかります。映像からも、ボールを持っていない人が思い切ってシュート有効エリアの方に走り込んでるから、そこにパスが出せたんだって分かる。
> T ： なるほど。他にはある？
> S3： ゴールを挟んで反対側へパス出すのも有効なのかな。キーパーが遅れるから前に人がいない状態でシュートしやすい！（サイドチェンジ）
> T ： では、自分たちのチームはどうなのか。映像を見ながら分析して、作戦を立てましょう。

4　話したことをもとに作戦を立てる。（チーム） 5　練習試合を行う。 6　振り返りを行う。 （個人）	・　ボールを受けたらすぐに次のパスを出せるように、他の人がゴールに向かって走り込もう。 ・　サイドチェンジをやってみよう。 ・　作戦通りにできた！ ・　ゴール前に走っていたらパスがもらえてシュートを打てた！ ・　これまで、どうやってパスを繋げばいいか、どこに動けばいいかわからなかったけど、それがわかったから自分もパスをもらってシュートを打つことができて嬉しい。	○　自分たちのゲームの様子も見ながら、どのようにパスを繋いでいけばよいか考えるよう助言する。

7 見取り

・ ボールの受け手がゴール前のスペースに走り込んだり、サイドチェンジを有効活用したりすることが大切であることに気づくことができたか振り返りで確認する。

・ ゴール方向に守備者がいない位置でシュートしたり、得点しやすい位置にいる味方にパスをしたりすることが、ゲームの中で実践することができているかゲームの様子を観察する。

技術・家庭科

大　西　昌　代　・　加　部　昌　凡

生活を見つめ、持続可能な未来へつながる実践力を育む
技術・家庭科教育
－　生活を語り合い、問題解決を実践することで生まれる「ものがたり」を通して　－

　技術・家庭科では、これまで、生活を語り合い、問題解決を実践することを通して、持続可能な社会を構築するための実践力を育むことをめざし研究を進めてきた。

　今期はこれまでの研究を継続しつつ、①生徒の当たり前を捉え、実践力へつなげる題材構成、②生活の中から問題を見いだし、語り合い、探究するための共通体験、③家庭や生活につなげる問いの設定や実践レポートの工夫、の三つを柱に研究を実践する。

研究主題について

　近年、地球温暖化をはじめとする地球規模の深刻な問題が顕在化し、持続可能な社会への転換期を迎えている。これらの問題の解決に向けた取り組みは、行政や企業だけではなく、消費者である私たち一人一人の実践力が重要となる。

　鈴木（2020）は、「経済的市民として、消費が持つ社会的・環境的な影響力を理解するとともに、倫理的市民として環境問題や社会貢献等の倫理的課題をクリティカル（批判的）に考え、社会的市民として意見表明や社会参加することが、公正で持続可能な社会を実現させる」と述べている。また、荒井（2020）は「ここで求められるのは、困難な問題に向き合い、粘り強く創造的に問題を解決するための、世界をつなぐ哲学や取り組みの手立て」であり、「状況をクリティカルに分析して探究的に思考し、協働して問題解決に取り組む実行力を持つ人をどう育てるか」をこれからの教育の課題だとしている。

　持続可能性とは、気候変動や環境保護といった環境的な側面に限らず、生物多様性、教育や社会福祉、雇用や経済成長など、幅広い側面を含んでおり、技術・家庭科のすべての分野と深い関わりがある。自分の身近な生活を、持続可能性の視点から批判的・多角的に見つめ直し、課題を見つけ、解決策を模索しながらこれからの自分の生き方を考えることで、将来にわたって持続可能な未来を構築する実践力を育成したいと考える。

　そこで、本校の技術・家庭科では「持続可能な未来へつながる実践力」を以下のように定義し、研究主題を設定した。

「持続可能な未来へつながる実践力」とは
①社会の一員としての自覚をもち、自分の生活が環境や社会に与える影響力を理解する力
②環境問題や社会問題に関心をもち、自分の生活と関連させながら批判的に思考する力
③自分の生活を見つめ直し、工夫し創造する力

技術・家庭科におけるにおける「自己に引きつけた語り」とは

自分の生活を起点とし、語り合いや生活での実践を通して、よりよい生活の実現や持続可能な未来の生活と自己の生き方を捉え直した語りのこと

研究の目的

　技術・家庭科の授業において、生活の当たり前のズレに気付いたり知識・技能を身に付けたりして、問題解決を実践することを通して、持続可能な未来へつながる実践力を育むための手立てを考えていく。

研究の内容

> （1）生徒の当たり前を捉え、実践力へつなげる題材構成
> （2）生活の中から問題を見いだし、語り合い、探究するための共通体験
> （3）家庭や生活につなげる問いの設定や実践レポートの工夫

（1）　生徒の当たり前を捉え、実践力へつなげる題材構成

　当たり前の今の生活の中から課題を見つけ、空間軸（自分↔地域↔日本↔世界）や時間軸（これまで↔現在↔近い未来↔未来）の視点を広げながら課題と向き合い、最後には自分の生活に戻り、これからの自分の生活や生き方を考えることができるように題材を構成していく。自分や身の回りの生活の当たり前の中から疑問や問題を見つけ、それらを批判的・多角的に考え、自分なりの方法で解決を目指すことで、主体的な実践力へとつなげていきたい。

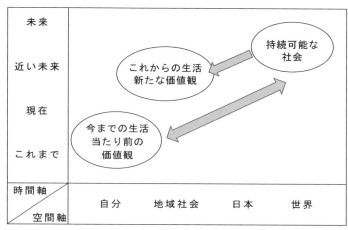

　例えば、「衣服や家具、家電製品を購入したり廃棄したりするときの基準」「自分で取り換えや修理をするか、新しいものを買ったり、業者に依頼したりするかの基準」「DIY するか既製品を購入するかの基準」などを自分の生活や経験から振り返らせ、他者と語り合う中でズレを生み出したり、疑問を持たせたりする。また、現代の生活では当たり前になっている事象も取り上げ、その原因や、自分の行動が社会や環境に及ぼす影響など、広い視点から問題に向き合うことで、物事を客観的に考える力を身に付けさせたい。そして、自分の生活に戻すことで当たり前の生活に葛藤を生み出し、自分の生き方を考え直すきっかけにしていく。

　一方で、持続可能性を考える視点は多岐にわたり、一つの題材で多くの視点を扱うことは時数の関係で困難である。そのため、題材ごとの関連性を考えながら、3年間を見通した題材配列も工夫していく。

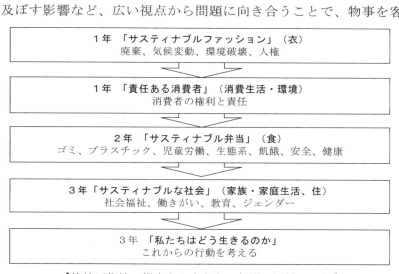

【持続可能性の視点をふまえた3年間の題材配列例】

（2）　生活の中から問題を見いだし、語り合い、探究するための共通体験

　技術・家庭科における探究とは、自分の身の回りから課題を見つけ、知識や技術を習得しながら、実際に活用・実践したり、創造（製作）したりしたことを、分析・評価し、改善することだと考える。そのために、実践や改善したり、全員が語り合ったりできる題材を選ぶことが重要である。

しかし、同じ題材であっても、生活経験や考える視点が異なる場合、同じ土俵で語り合うことは難しい。そのため、全員が実践や経験をし、視点を与えて問題を見つけさせる場面を設定する。そうすることで、授業の中で全員が自分の意見をもって語り合ったり、他者と比較したりしやすくなり、より深い探究につながると考える。

　例えば、生物育成では、管理をせずに育てた作物を調査し、経済・安全・環境等の視点から問題を見いだしていく。食生活では、全員が弁当づくりを経験することで、購入や調理の視点から健康・文化・環境等の問題を見いだすことができる。また、省エネルギー、修復・修繕等の活動では、身の回りや自分の生活について視点を与えて調査させ、その結果について他者と語り合う中で問題を見つけていく活動が考えられる。

（3）　家庭や生活につなげる問いの設定や実践レポートの工夫

　愛情のこもった弁当やお気に入りの衣服、愛着のある椅子、生産者や利用者の思い、家族のための工夫など、技術・家庭科は自分の家庭や生活、そして人々の思いと密接に関連している教科である。題材を自分の生活に引き込む問いを設定することで、自分や周りの人々の思いと交錯させながら語り合うのではないかと考える。そして、理想と現実との間で葛藤することで、生徒の心に印象強く残り、題材終了後の実践力につながっていくのではないかと考える。

　また、題材の最後には、家庭での実践を行ったり、身の回りを調査したりするレポート作成を行う。そして、家庭での実践やレポートをもとに、評価・分析し、改善方法を考えることで、学んだこ

【家庭や生活につなげる問いの設定】

とが実感を伴って身に付いていくと考える。また、題材終了後も定期的に生徒が自ら進んで実践したこと調査したり、３年間を通して経年変化の考察をしたりと、長期的な視点で生徒の変容を見取ることで、生徒の実態把握を行い、授業改善へとつなげていきたい。

成果（○）と課題（●）

研究内容（1）生徒の当たり前を捉え、実践力へつなげる題材構成

○　ものづくりに「長く使う」という縛りを作ることで、生徒のやらされている感が減り、製作そのものを積極的に楽しみ工夫する姿が多く見られた。また、今年度は細い板を素材に選んだことにより、工夫の幅が広がったように思う。（技術）

○　和服は生徒にとって身近なものではなかったが、和服や和の文化に興味を持つところからスタートし、浴衣体験を行うことで、遠い存在として認識していた「和服」をより身近に感じることができていたようであった。（家庭）

●　題材構成が製作に上手くつながらなかった。本題材では素材の特徴から始まり、設計製図などものづくりに必要な内容を一通り実践してみたが、それ故こだわってほしい強度と構造に関する内容が薄く、また橋という身近ではないものを例に使ったことにより、自分の作っている作品と結びつけることが難しかったと思われる。（技術）

●　生徒の思考の流れを意識できておらず、教員の願いに沿った題材構成になっていた。生徒の思考に沿った題材構成を考えていきたい。（家庭）

研究内容（2）生活の中から問題を見いだし、語り合い、探究するための共通体験

○　作ったものを長く使うという視点のもと、題材構成の中で、同じ土俵で語り合うことができきるよう「強度」という視点を与えた。一番活用されていた場面は模型作成である。各々が製作予定の作品の模型を用意し、班で語り合う時間を設けた。構造の欠陥や、使用用途から考えられる問題など、強度から考える構造について語り合うことができていた。（技術）

○　事後アンケートから、題材の始めに浴衣着方教室を行い、全員が和服を着用するという共通体験を行ったことは、その後の探究や語り合いに有効であったと考えられる。（家庭）

●　実際に作るという体験を行ったわけではないので、語り合う内容が模型から見える簡単な構造上の意見に留まった。また、強度に関しても、授業内で扱った内容がトラス構造のみだったため、三角形の強さを重視したものが多かった。共通体験として、実際に全員が作るという共通土台を持てる時間を確保する必要があると感じている。（技術）

研究内容（3）家庭や生活につなげる問いの設定や実践レポートの工夫

○　事後アンケートから、「和服を普段着にすることに賛成か」という問いは、葛藤を生み出すのに有効であったと考えられる。（家庭）

●　3月末に完成まで至ることができなかった。次学年で作品が完成後、作品を持ち帰り、使用し、自分の作品を評価・分析して改善する作業を実施する予定である。（技術）

●　家庭での和服調査は、和服に対する家族の思いが表出するため、語り合う上で有効であるが、自分の生活につなげる工夫が足りないと感じた。生徒自らが家庭の和服について調べたくなるように、生徒の題材への関心が高い浴衣体験前後に調査を促すとともに、家庭への情報発信を行うことで自分の生活とつなげていきたい。（家庭）

引用・参考文献

荒井紀子、高木幸子、石島恵美子、鈴木真由子、小高さほみ、平田京子（2020）『SDGs と家庭科カリキュラム・デザイン―探究的で深い学びを暮らしの場からつくる』教育図書、pp.8、pp62

大西昌代・加部昌凡(2022)『研究紀要』香川大学教育学部附属坂出中学校、2022

近藤てるみ・渡邉広規(2014)『研究紀要』香川大学教育学部附属坂出中学校

中学校　技術・家庭（技術分野）［令和 2 年度　教育課程研究指定校授業研究協議会］
https://youtu.be/BnVa25ivcQw

文部科学省（2018）『中学校学習指導要領解説　技術・家庭編』

渡邉広規・池下香(2016)『研究紀要』香川大学教育学部附属坂出中学校

渡邉広規・池下香(2018)『研究紀要』香川大学教育学部附属坂出中学校

渡邉広規・大西昌代(2020)『研究紀要』香川大学教育学部附属坂出中学校

第1学年1組 技術・家庭科学習指導案

指導者　　大西　昌代

1　日　　　　時　　令和6年6月7日（金）11：20〜12：10
2　題　材　名　　サスティナブル和文化
3　学　習　空　間　　被服室
4　題材について

（1）猛暑が続いた昨夏、世界の平均気温は最高を更新した。2022年のIPCC第6次評価報告書では、ついに人間の影響が地球を温暖化の原因であるとはっきりと断定された。ここ100年ですでに1℃以上地球の気温は上昇しており、極端な気候現象など、私達自身も実感するところまで影響は広がっている。

　世界の気温の調査は、観測が始まった1850〜1900年の気温を基準としており、温暖化に人間の影響がほとんどない時代だと明記されている。このころの日本は江戸時代末期〜明治時代であるが、江戸時代は温暖化への影響なく250年以上続いており、サスティナブルな循環型社会であったと言われている。人々は自然をうまく利用し、知恵と技術によって、限られた資源を循環させ、廃棄物さえも活用する社会を創り出していた。人々が生活で使うものは、自然の素材を用い、必要な分だけ丁寧に手作業で製作された。新しいものを買うより壊れたものを直して使い続けることが良いとされ、金継ぎのように修理をして長く使い続ける「ものを大切にする」精神や文化が当たり前であった。

　しかし、高度経済成長に伴い、大量生産・大量消費・大量廃棄が普及し、現代では多くの物を消費することが当たり前の世の中になっている。自然との共生よりも、人間社会を優先する考え方により、資源は枯渇し、地球環境の劣化は加速している。現在、「持続可能性」や「ものを大切にする」ことに注目が集まっているが、ＳＤＧｓが設定される遥か前から、日本には現代にも活きる大切な価値観が存在していたのである。

　本題材では、和服を通して、現代の自分たちの消費の在り方を問い直す機会としたい。和服は、製作過程で余分な端切れは全く出ず、衣服の役割を終えても、資源として使い切るための知恵や技能が凝縮されており、洋服とは正反対の構造をしている。和服の構造や利用方法を学びながら、その裏側にある先人たちの考え方を想像することで、日本人として自分たちの文化を誇りに思う気持ちを育てるとともに、自分たちの生活に合わせて価値観を取り入れていく柔軟さを身に付けさせたいと考える。

（2）本学級の生徒は、男子18名、女子17名の合計35名である。入学してからこれまで、衣服の素材や製作工程、ファストファッションや環境汚染等の問題について学習している。

　事前アンケートによると、日本の和の文化に対して30名（85％）が興味が「とてもある」「少しある」と肯定的に答えており、理由は「自分の国だから」「和食がおいしい」「日本の文化が好き」「独特の文化だから」など様々であった。一方で、和服（着物や浴衣）に対して興味があると肯定的に答えた生徒は22名（63％）と半数は超えているが、日本の文化よりも関心は低い。着物は七五三やお祭り等で30名（85％）が着用経験があるが、和服に対して「着るのが大変」「暑い」「重そう」といった否定的な印象がある生徒は13名（37％）に上っている。

（3）本題材を指導する（個の「ものがたり」をつむがせる）にあたって、次の点に留意したい。

- ・　生徒のこれまでの和服との関わりは一人一人異なるため、題材の始めに浴衣を自分で着るという体験の場を設定し、和服の着方、和服を着た時の動きや感覚などを全員に共通して経験させる。また、体験前には視点を与えておくことで、自分の意見をもって語ったり、他者と比較しながら語ったりできるようにする。

- ・　題材全体を通して衣服や消費の持続可能性を考えさせるために、「江戸時代はなぜサスティナブルなのか」という題材を貫く問いを設定し、これまで学んだ現代のファストファッションの問題と比較させながら、問いに立ち返らせる機会を設ける。

・　ものを大切にするのが当たり前であるという先人たちの価値観や日本古来の文化に誇りや敬意を感じられるように、和服の構成だけでなく、循環型社会を形成していた江戸時代の人々の考え方に目を向けさせる。そして、現代の消費に対する考え方と比較して葛藤する場面を生み出すことで、自分の生活を見つめ直す機会としたい。

5　本題材の目標

（1）本題材の「ものがたりの授業」構想図

『 も の が た り の 授 業 』

★授業者のねがい（授業を通して生徒に期待する成長や変容）
　日本人の物を大切にする心を受け継ぎ、行動しようとする意識を持たせたい。

●題材（　サスティナブル和文化　）に対する「ものがたり」の変容

（学習前）
　日本の文化に興味はある。浴衣も着るのは楽しいけれど、普段着ることはない。

探究的な学び
他者と語り合う

（学習後）
　日本人の精神はSDGsのさらに上をいっている。現代の方が技術も発展して便利だけれど、過去に学ぶことは多いし、自分もその精神を受け継いでいきたい。

≪（授業者が考えた）題材学習後の「振り返り」の例≫　＊「自己に引きつけた語り」部分
　私は、和服に興味がなく、着るのも大変そうなので、着物なんて着たいとは全く思わなかった。でも、浴衣教室で着てみて、少し動きにくいけれど、着てみると楽しかったし、たまには着物もいいなと思った。
　なにより、江戸時代の和服がこんなにもサスティナブルなものなんて知らなくてとても驚いた。現代の洋服は、大量に廃棄されていたり、リサイクルが難しかったり、環境にかなり悪いけれど、江戸時代の着物は洋服よりもずっと長持ちするし、着物として着られなくなっても、リメイクしやすかったり、灰になっても役に立つし、すごいことだらけだった。それに、もともと日本人は、「もったいない」精神で、何でも最後まで使い切るのが当たり前だと思っていたから、ゴミという考えすらなかったのかもしれない。そんなすごい文化を持っていたのに、今の私達を振り返ると真逆の事しかしていない。最近になってSDGsをやりましょうと言われているけれど、江戸時代の日本人はそんなこといわれなくても究極のSDGsを実行していたと思う。便利さとか、安さとかも大事だけれど、着物や日本の文化がなくなってしまうのは悲しいし、何より、日本人としてこの文化を残していかなければいけないと思う。これから私達は、昔に逆戻りして着物を毎日着ることは無理かもしれないけれど、夏祭りや行事でチャンスがあれば着物を着たいと思う。でも、和服を着る機会がなくても、江戸時代の「もったいない」精神は、生活の中のどこでも活用できると思う。買い物するときは、長く使えるものを選ぶことや、使い終わった後に他のものに利用するとか。日本には他にも素晴らしい文化がたくさんあるから、もっと知って、積極的に関わっていきたいと思う。

（2）本題材で育成する資質・能力

知識及び技能	・衣服と社会生活との関わりが分かり、目的に応じた着用及び衣服の適切な選択について理解している。 ・自分や家族の消費行動が環境や社会に与える影響を理解している。	○和服と洋服の構成や着方の違いを理解する。 ○衣服に関する消費行動について、持続可能性の視点から見直し、環境や社会に与える影響を理解する。
思考力,判断力,表現力等	・自分や家族の消費生活の中から問題を見いだして課題を設定し、解決策を構想し、実践を評価・改善し、考察したことを論理的に表現するなどして課題を解決する力を身に付けている。	○江戸と現代の消費に対する考え方の違いに気付き、先人たちの価値観から自分の生活を見直すことができる。 ○身に付けた知識を活用し、持続可能性の視点から、自立した消費者としての責任ある消費行動を考え、工夫することができる。

学びに向かう力，人間性　等	・国際社会に生きる日本人としての自覚と誇りをもち、自国の文化を継承しようとしている。 ・よりよい生活の実践に向けて、衣服の選択について、課題の解決に主体的に取り組んだり、振り返って改善したりして、生活を工夫し創造し、実践しようとしている。	○和服の学習を通して、日本の文化や先人たちに対する敬意と誇りをもち、自国の文化を尊重し、継承しようとしている。 ○自分の消費生活について課題を見つけ、持続可能性の視点から生活を改善するために工夫しようとしている。

（3）題材構成（全7時間）

時間	学習課題（中心の問い）と◆学習内容	生徒の思考・反応・振り返り	
1	（学習課題）身の回りの和服は？ ○江戸時代の普段着である和服は本当にサスティナブル？洋服と和服はどこが違う？ ○現代でも和服を着る場面は？和服を来た経験はある？	洋服は大量廃棄されていて大変な問題があったな。和服はどうなんだろう お祭りや七五三で着たけれど、着るのがめんどくさい。自分で着れない。	和服への関心を高めるために、身の回りの和服や和の文化について考えさせる。
2・3	（学習課題）江戸時代の普段着を着てみるとどんな気持ちになるのか？ ◆浴衣着方教室で自分で浴衣を着る。 ○浴衣を着てみて、その特徴を洋服と比較しながら体験してみましょう。 ◆自分の家庭の和服について調べる。 ○自分の家に受け継がれている和服はある？	帯を結ぶのが大変。でも、着るのは楽しかった。たまに着るのはいいかも。 私の家は祖母の着物を母が受け継いでいる。洋服は受け継がれているのはあ	全員が浴衣を着用する経験をさせることで、より和服への関心を高める。
4	（学習課題）和服と洋服の違いは？ ◆和服と洋服の構成の違いを知る。 ○なぜ衣服と違って、和服は何世代も受け継がれているのでしょうか？	和服はうごきにくいけれど、着る人合わせて調整できるところがすごい。 反物からできている和服は、無駄な端切れが一切でない。和服は生産する時からサスティナブルなのかもしれない。	和服の構成を知ることで、和服のサスティナブルさを実感させる。
5	（学習課題）和服は本当にサスティナブルなのか？ ◆江戸の循環型の消費生活について知る。 ○和服が日常着だった江戸時代はどのような和服を生産消費廃棄していたのでしょうか。	着物を燃やした灰も肥料として利用し木綿を育てる。和服は循環していてすごい。廃棄ゼロだ。 自然素材からできているから環境にやさしい 着物何代にも受け継がれ100年もつ。現代は江戸時代の人を見習うべき。	
6 （本時）	（学習課題）和服を普段着にすることに賛成か？反対か？ ◆自然の恵みや他者へ感謝するという昔からの日本人の価値観を知る。 ○こんなに素晴らしい日本人の考えが詰まった和服をなくしていいのですか？	和服のすごさはわかったけれど、それはちょっと無理。便利さに慣れてしまっている。 和服を普段着ることはできないけれど、日本人の価値観は忘れたくない。もったいないの精神だけでもうけついでいきたい。	自分の生活に引き戻す問いを投げかけることで、葛藤場面を生み出す。
7	（学習課題）住生活や食生活ではどんなところに和の精神が受け継がれているのか？ ◆住居や食の伝統文化、サスティナブルについて知る。 ◆ものがたりを書く。	文様や色にも自然への敬意が込められていたなんて。 ふろしきも畳も箸もいろいろな使い方ができるようにして作られている。日本人の知恵ってすごい。	

総論　国語　社会　数学　理科　音楽　美術　保健体育　技術・家庭　外国語　学校保健　共創型探究　語り合いの時間

6　本時の学習指導

（1）目標

　　江戸時代の消費に対する考え方は現代とは大きく違うことに気付き、これからの自分の消費生活について考え直すことができる。

（2）学習指導過程

学習内容及び学習活動	予想される生徒の反応	○教師のかかわり
1　和服のサスティナブルな面を振り返る。	・　自然素材でできているから環境にやさしい。 ・布に無駄がないので端切れがでない。 ・仕立て直しや染め直しができる。 ・親子何代もわたって受け継がれ100年以上もつ。	○　和服の持続可能性について振り返るために、前時の発表資料を提示する。

和服を普段着にすることに賛成か？反対か？

学習内容及び学習活動	予想される生徒の反応	○教師のかかわり
2　和服を普段着にすることに賛成か考える。		○　自分事として考えさせるために、和服を普段着にすることを提案する。

> T1：和服を普段着にするのはどうですか。家に帰ったら浴衣を着る。
> S1：お祭りならいいけど、普段はちょっと無理かも。
> 　　動きにくいし。自分で着られない。
> T1：袴なら走れますよ。着るのは毎日着ていれば慣れます。
> S2：便利な生活からぬけだせない。洗濯が大変。着物より洋服がいい。
> T1：じゃあ、このサスティナブルな和服の考え方を捨てるということですね。
> 　　これからも大量にゴミを出し続けるのですね。
> S3：現代の人がみんな和服を着るようになると、結局大量生産したり、捨ててしまったりして江戸時代のような暮らしはできないと思う。
> T1：和服でも洋服でも関係ないということ？なぜ、現代では和服でも洋服でも循環型の消費生活ができないの？
> S4：便利さや安さを重視しているから。
> T1：みんなも便利さや安さを重視しているということ？和服でも洋服でも循環型の生活ができないのなら地球の未来は真っ暗ですね。
> S5：洋服を着るけれど、大事に着る。過去に戻って和服を普段着ることはできないけれど、江戸のような人たちの考え方は忘れないことが大事。

学習内容及び学習活動	予想される生徒の反応	○教師のかかわり
3　江戸時代は和服だからサスティナブルなのか考える。	・　和服がサスティナブルなのではなくて、江戸の考え方がサスティナブル。和服も洋服も使う人の気持ち次第。 ・　「自然を大切に」と言う人がいるということは、現代は自然を大切にしていないということ。江戸の人にとって、自然や物を大事にすることは当たり前すぎることだった。 ・　洋服も、生産者や消費者が意識すればサスティナブルになる。	○　消費の仕方は、関わる人々の価値観が影響していることに気付かせるために、現代の和服がサスティナブルか問いかける。
4　これからの自分の消費生活について考える。	・　和服は「もったいない」の心そのもの。着物はたまにしか着ないかもしれないけれど、和の心は受け継いでいきたい。 ・　できることはたくさんあるから、今の自分の生活に合わせたサスティナブルな生活を実践していきたい。	○　自分事として振り返りながら、これからの消費生活について具体的に考えるよう助言する。

7　見取り

・　江戸時代の消費に対する考え方は現代とは大きく違うことに気付き、これからの消費生活について、自分の生活を振り返って考え直すことができたか。

第1学年3組 技術・家庭科学習指導案

指導者　　加部　昌凡

1　日　　　　　時　　令和6年6月7日（金）13：00〜13：50
2　題　材　　名　　構造と強度
3　学　習　空　間　　技術室
4　題材について

（1）本題材は材料と加工の技術に関する内容Aに位置する。材料と加工に関する技術の見方・考え方には多様な視点がある。いくつか例を挙げると、社会からの要求、生産、使用・廃棄までの安全性、耐久性や機能性、生産効率、環境への負荷、資源の有限性、経済性などがある。本単元の中で、技術の重要な役割である持続可能な社会の構築に関する視点として、安全性と耐久性が考えられる。近年、大量生産大量消費の時代は過ぎ去り、社会の持続可能性についての取り組みが続けられている。しかし我々の生活はものづくり無しには成り立たない。ものづくりの中で、重要なのは使用者の安全性、そして長く使える（＝耐久性）、ということである。安全に長く使えるものを選ぶことは、持続可能な社会への貢献にもなると考えられる。その視点から製作物の構造と耐久性（強度）の関係について捉え直していく。本時では、構造と強度について焦点化し、同じ材料を使用した製作においても、工夫次第で生徒の想定以上の強度を実現させることが可能であることを実感させたい。このような、素材の強度を高める工夫は、単なる技術的な問題にとどまらず、人間の創造性と探究心を育む重要な役割を果たしており、生徒が身の回りの構造物に目を向け、その強さの秘密を探究することは、将来的な社会とものづくりの発展につながる可能性を秘めていると考えている。

（2）本学級の生徒は男子18名、女子17名の合計35名である。授業以外でものづくりに取り組んだことがことがある生徒は71%であり、多くの生徒がいす、筆置き、はしなどのものづくりの経験がある。本題材で取り扱う、ものづくりに関しては67%の生徒が興味を持っているが、実際に身の回りのものと強度の関係に対して関心を持っている生徒は48%に留まった。技術の授業に興味を持っている生徒が多く、題材の初めで木材の強度について学んだあと、帰ったあとに家の柱や木製の個所を確認してみたという趣旨の振り返りを書いている生徒が50%を超えていた。

（3）本題材を指導する（個の「ものがたり」をつむがせる）にあたって、次の点に留意したい。
- 　構造と強度の関係について実感させるためにペーパーブリッジを作成させる。
- 　語り合い、探究するための共通体験として、ペーパーブリッジ製作を本時で2回行う。
- 　常によりよいものを工夫し創造する姿勢を育成するために、三角形が強度に大きく関わっている理由を想像したあと、さらに強度を高める方法を模索させる。
- 　本時の学びの振り返りを授業を経て発生した感情とともに振り返らせる。

5 本題材の目標

（1）本題材の「ものがたり」の授業構想図

```
『 も の が た り 』 の 授 業
```

★授業者のねがい（授業を通して生徒に期待する成長や変容）
　限られた材料で最適な耐久性を得るために工夫されてきた技術に気づき、身の回りの構造の仕組みや伝統の技術に興味を持ち、技術的な視点で探究し続ける姿勢を持たせたい。

●題材（　構造と強度　）に対する「ものがたり」の変容

（学習前）	探究的な学び 他者と語り合う	（学習後）
長く安全使いたければ頑丈に作れば良い。材料をたくさん使えば頑丈でいいものができる。		限られた材料でも工夫すれば想像以上の成果を得られる。身の回りのものにもそういった工夫が多く使われている。

≪（授業者が考えた）題材学習後の「振り返り」例≫　　＊「自己に引きつけた語り」部分
　構造を工夫するで、強度がこんなに上がるとは思わなかった。思い出すと自転車置き場の屋根や瀬戸大橋には三角形の形が使われている。気づかなかっただけで、身の回りには強度を高める工夫を取り入れているものがたくさんあることに驚いた。もっと身の回りのものの強度に対する工夫を調べてみたいと思った。構造を何も知らず同じだけの強度を得ようと思うと材料がたくさん必要になり環境などにもよくないと分かった。こういった工夫は持続可能な社会へ貢献していると思う。これから木材を使ってものづくりを行っていくようなので、今回学んだ知識を使い、安全に長く使える工夫を込めた作品を作っていきたいと思う。

（2）本題材で育成する資質・能力

知 識 及 び 技 能	・　材料や加工の特性等の原理・法則と、材料の製造・加工方法等の基礎的な技術の仕組みについて理解する。 ・　技術に込められた問題解決の工夫について考える。	・　なぜ三角形の形が構造として強度が強いのか自分の言葉で説明することができる。
思 考 力, 判 断 力, 表 現 力 等	・　問題を見いだして課題を設定し、材料の選択や成形の方法等を構想して設計を具体化するとともに、製作の過程や結果の評価、改善及び修正について考える力を身につける。	・　三角形の構造が強度に大きく関係していることを踏まえ、さらに強度を挙げるための工夫を探究することができる。

学びに向かう力， 人間性　等	・　これからの社会の発展と材料と加工の技術の在り方を考える活動などを通して、生活や社会、環境との関わりを踏まえて、技術の概念を理解し、その技術を評価し、適切な選択と管理・運用の在り方や、新たな発想に基づく改良と応用について考える力を身につける。	・　限られた材料で最適な結果を出せる工夫が、持続可能な社会へ貢献してきたことに気づき、身の回りの構造と強度の関係に興味・関心をもつことができる。

（3）題材構成（全6時間）

1

◆机や家の骨組みなど、身の回りで木材が多く使われていることを意識する。木目の向きによって強度がまったく異なることに気づく。

(学習課題) 木材の特徴にはどんなものがあるのだろうか？

 身近な材料といえば何を思い浮かべますか？

木材、プラスチック、金属…

その中で木材の強度は強いと思いますか？

木材は軽くて折れやすいから弱い！

でも僕の家の柱は木材でできているよ。

では、この木材Aを折ってみてください。

固い！軽いのに折れない！

では、この木材Bはどうですか？

折れた！そんなに力もいれてないのに…。

これらは、まったく同じ木材から切り出されたものです。強度が全く違うのはなぜだと思いますか？

想像よりも木材の強度が強いことに気がつき、木目の向きによってその強度が大きく異なってくることを理解する。同時に、身の回りの木工製品の木目の向きには計算（工夫）された意図があることを知る。

よく見ると木目の向きが違う！でもそれだけでこんなに強さが変わるものなの？

◆限りある資源を大切にするため、破砕された木材を再利用した木質ボード知り、身の回りの木材の利用方法の視点を広げる。

2

(学習課題) 木材の種類によって活用方法はどのように変わるのだろうか？

 木材A、B、Cがあります。どこが違うかわかりますか？

Aは普通の木材に見える。Bは破片のようなものが集まっているのかな。Cは木目もないし、本当に木材なのかな？

 これは合板、パーティクルボード、ファイバーボードと言い、すべて木材を再利用するために考えられた材料なのです。

木質ボードの存在を理解させることで、限りある資源を有効的に使おうとする工夫が生活にあふれていることを知る。同時に木質ボードを使ったものづくりの視点を与え、十分に使える強度にするには環境に配慮した最低限の資源だけでは不十分である、という葛藤を生み出したい。

薄い板を組み合わせたり、破片を使って一枚の板を作ったりしているの…

環境のことを考えているんだね。

さて、これらの素材を使って棚を作るとしたら、どの部分にどの材料を使うのがベストでしょうか。強度、資源、経済面から考えてみましょう。

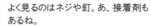

全部一枚の木材で作りたいけど、それだと資源をたくさん使うしお金もかかってしまう。

一番安いのはたぶんファイバーボード。でも壊れずに使えるのかな？

◆接合でよく使われるネジと釘の違いを考え、それぞれのメリット・デメリットを学び、適切な個所に使用することの重要性を知る。

3 　(学習課題) 棚を接合するにはネジとクギどちらが最適だろうか？

材質を適切に選ぶのが大事だということが前時で分かりました。今日は接合です。ものづくりに接合は欠かせません。接合で使われる部品といえばどんなものがありますか？

よく見るのはネジや釘。あ、接着剤もあるね。

3段式の本棚を作るとしましょう。この2段目を接合する時、ネジとクギ、どちらが最適な選択だと思いますか？

ネジをよく見かけるしネジじゃないかな？

支えられればいいから、どちらでもいいんじゃないの？

さて、実験の結果、今回の場合では釘がよさそうですね。しかし、身の回りではネジもよく見かけます。2つにはどんな違いがあるのでしょうか。

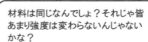

教室のパイプはネジで固定されている。吊り下がっているものにネジが多い気がするね。

◆10年使えるものづくりについて身の回りからヒントを得て考える。

4 　(学習課題) 素材の強度をあげる工夫にはどのようなものがるだろうか？

内容Aでは、皆さんに、1つ木工作品を作ってもらいます。課題は「10年使える」ということです。生活の中で使えるものなら何を作っても大丈夫です。でも、材料は全員同じです。長く使えるものをつくるために必要なことは何でしょう。

やっぱり頑丈さかなあ。使ってて壊れたら危ないし。頑丈なら長く使えそう。だから強度かな。

材料は同じなんでしょ？それじゃ皆あまり強度は変わらないんじゃないかな？

接合の中でも、身近なネジと釘に注目させ、使用されている場所の違いに気づかせる。同じ接合するための部品でも用途によって使い分ける必要があることを実感させ、ものづくりに向け、最適な選択ができる力を育成する。

身の回りにも材料をあまり使わず強度をあげる工夫がありますよ。例えば、これは金属バケツです。さて、この取っ手がかかっている部分、折り返していますよね。なぜだか分かりますか？

厚い方が取っ手をつけやすいからです。これと強度が関係するのかな？

プラスチックのバケツと比べてみましょう。どうでしょうか。

比べると結構形が違っている。プラスチックは全体的に丸みが多い気がする。

世の中には壊れにくいように、限られた資源で強度を上げる工夫がたくさん存在しています。例えば、プラスチックのトレー、段ボール、自転車置き場の屋根 etc.

◆設計に入る前に構造の大切さを学ぶ。同じ材料でも構造を工夫することで、強度を変えられることを知る。

5 (学習課題) 10年家で使えるものを設計するには？

10年使えるものを作るとしたら、どんなものを作りますか？

10年使うものってなんだろう。本棚、ペン立て、ティッシュを入れる箱もいいかな。あと椅子、とか。

強度は大事ですよね。どんな形にすればいいか、イメージ図を描いてみましょう。

10年使うなら、やっぱり頑丈じゃなきゃいけないよな。

◆設計に入る前に構造の大切さを学ぶ。同じ材料でも構造を工夫することで、強度を変えられることを知る。

6 (本時) (学習課題) 強度を最大限に得られる構造とは？

前時では強度をあげるためにどんな形にすればいいか、悩んでいましたね。今日は構造と強度の関係を知るために、ペーパーブリッジに挑戦してもらいます。ルールをよく聞いていてください。

紙で橋を作るの？なんだか弱そう。

どんな形にしたらいいのだろうか。前時で習った中に使えそうなのがないかな？

さて、安定して結果をだしている橋の形には特徴があるようですね。三角形に近い形になっているものが多いようです。なぜ三角形の形が強いのでしょうか？

段ボールも似たような構造だったよね

構造が変わればこんなに強度が変わるのか…。

10年使える、という縛りを作ることで、強度と構造の関係について着目させたい。

具体的な強度の根拠としてトラス構造について説明する。

6　本時の学習指導

（1）目標

- 限られた材料を使い、最適な強度を持った橋を作ることができる。
- 同じ材質、同じ量の材料でも構造を工夫することで自分が想像した以上の強度をもたせることができることに気づく。

（2）学習指導過程

学習内容及び学習活動	予想される生徒の反応	○教師のかかわり
1　ペーパーブリッジのルールを確認する。（個人）		○　スライドを使い短時間での理解を図る。
学習課題：強度を最大限に得られる構造とは？		
2　前時までの学びを思い出し、最も強度が高い班の形を考え共有する。（四人班）	・　単純に厚く折り曲げた橋では強度は十分ではないはず。 ・　自転車置き場の屋根や段ボールの例をもとに考えるのがいいと思う。	○　前時までに学んだ身の回りの強度を上げる工夫を伝える。
3　ペーパーブリッジを作成し、成果を全体で共有する。三角形を利用した橋が強度的に優れていることを知る。		
T　：なぜ三角形のものだけこんなに強度が強いのでしょう。 S1：駐輪場の屋根もこの形だし、三角形は強い形なのかも。 T　：立体だから強いのだろうか。でも四角形はあまり強くなかった。 S2：三角形を反対にしても強くはならなかった。三角形の頂点に対する力に強くなっている。 T　：なるほど、力がかかる箇所がポイントなんですね。力のかかる向きはどうですか。 S2：真上から下に向かって力がかかる。 S3：斜めの辺にヒントがあるのではないかな。		
4　三角形の構造に対する発想を元にさらに強度を上げる方法を調べたり、話し合ったりして共有し、各班で製作する。（四人班）	・　三角形を増やしたらいいのではないか。 ・　三角形を二重に重ねたらいいのではないか。 ・　三角形の角度にコツがあるのではないか。	○　班で一番良かったペーパーブリッジを記録しておくよう伝え、最後に共有する。
5　一番強度の強い橋を作った班の構造を共有し、本時の振り返りを行う。	・　想像力と工夫次第で、限られた素材だけでもかなりの強度をもったものを作れるのだな。 ・　使う素材の量を増やせば同等の強度を得られるが経済的ではないな。	○　限られた素材で工夫し最適な強度を得ることは持続可能な社会の実現にもつながることに気づかせる。 ○　気付きや不思議に感じたことを感情を含めて振り返りに記述させる。

7　見取り

- 振り返りの記述から、学ぶ前後で、ものづくりと強度の関係への意識の変化を見取る。

外国語科

石 田 吏 沙 ・ 高 木 将 志

コミュニケーションの喜びを実感する英語授業の創造
－ 自分の考えや気持ちを伝えるための試行錯誤を通して －

　本校外国語科では、コミュニケーション意欲の向上をめざして研究を進めてきた。前回大会では「コミュニケーションの喜び・感動を味わう英語授業の創造」を研究主題とし、「探究的な学びにつながる単元構成の工夫」「即興で話す力を育む教師の支援の在り方」「英語でのコミュニケーションに対する新たなものがたりが生まれる振り返りの工夫」について実践と分析を行った。

　今期はこれまでの研究を引継ぎつつ、「カリキュラム設計」「単元構成」「振り返り」に焦点を当てて研究を進める。問題解決のために必要なコミュニケーション能力を段階的に獲得し、様々な試行錯誤を通して自分の考えや気持ちなどが伝わるという喜びを実感することで、生徒のコミュニケーションに対する意欲をより一層高めたいと考える。

研究主題について

　リクルート進学総研（2023）によると、世界で最も話されている言語は英語で、非ネイティブスピーカーを含めて約 15 億人が英語を使っている。ウェブサイト上で最も使用されている言語も英語で、全体の 55.0％が英語による発信である。また、日本国内における在留外国人の数は年々増加しており、2022 年には 300 万人を突破した。このようにグローバル化や情報化が急速に発展する社会において、異なる言語や文化、価値観を乗り越えて関係を構築していくためには、英語によるコミュニケーション能力が必要不可欠だと言える。

　本校外国語科では、主体的にコミュニケーションを図ろうとする態度の育成に重点を置いて研究を進めている。前回研究では「コミュニケーションの喜び・感動を味わう英語授業の創造」を研究主題とし、「探究的な学びにつながる単元構成の工夫」を軸として実践を重ねた。単元の中に「伝えたいことをうまく伝えられない」という困難を意図的に設定することで、既有の知識や経験を生かしながら自分の考えや気持ちなどを一生懸命に伝えようとする生徒の姿勢を育むことができた。しかしながら、実際のコミュニケーションにおいて活用できる技能や外国語の背景にある文化に対する理解が十分でなかったために、自力で問題を解決するまでには至らず、自分の考えや気持ちが伝わるという喜びを十分に味わうことができなかった生徒もいた。

　そこでまず、本校外国語科における 3 年間のカリキュラムを再整理し、問題解決のために必要なコミュニケーション能力の段階的かつ確実な獲得をめざすこととした。獲得したコミュニケーション能力をどのように活用していくか試行錯誤する過程を、単元構成や振り返りなどに効果的に取り入れる。様々な試行錯誤を通して自分の考えや気持ちなどが伝わるという喜びを実感することで、生徒のコミュニケーションに対する意欲をより一層高めたいと考え、本研究主題を設定した。

── 外国語科における「自己に引きつけた語り」とは ──

　実際のコミュニケーションを通して得た新たな見方・考え方をもとに、コミュニケーションに対する自己の考え方を捉え直した語りのこと

研究の目的

　実際のコミュニケーションにおいて、自分の考えや気持ちなどが伝わるという喜びを実感することで、コミュニケーションに対する意欲は高まると考える。その手立てとして、
　①コミュニケーション能力を段階的に獲得するためのカリキュラム設計
　②試行錯誤しながら自分の考えや気持ちなどを伝えるための単元構成の工夫
　③学びをつなぐための振り返りの工夫
が必要であると考えた。その具体的方法と有効性について研究する。

研究の内容

　（1）　コミュニケーション能力を段階的に獲得するためのカリキュラム設計
　（2）　試行錯誤しながら自分の考えや気持ちなどを伝えるための単元構成の工夫
　（3）　学びをつなぐための振り返りの工夫

総論
国語
社会
数学
理科
音楽
美術
保健体育
技術・家庭
外国語
学校保健
共創型探究
語り合いの時間

（1）　コミュニケーション能力を段階的に獲得するためのカリキュラム設計

　Canale & Swain（1980）は、コミュニケーション能力を文法能力（grammatical competence）、社会言語能力（sociolinguistic competence）、方略能力（strategic competence）の３つに分類した。Canale（1983）は、社会言語能力から談話能力（discourse competence）を独立させ、４つの構成要素からなるとした。英語教育用語辞典第３版（2019）によると、これらの能力は次のように説明されている。文法能力は言語の規則体系についての知識とそれらの知識を使いこなす能力、社会言語能力はある言語が話されている社会の社会的・文化的ルールに従ってその言語を適切に使用する能力、方略能力はコミュニケーションをより円滑に行うためのコミュニケーション・ストラテジーを効果的に使う能力、談話能力は文と文を結びつけてまとまりのある文章を構成する能力である。応用言語学事典（2015）によると、Stern（1983）はコミュニケーション・ストラテジー（communication strategy：以下、CS）を「十分に習得していない第２言語で意思疎通する時に起こる種々のトラブルに対処する技術」と定義した。

　コミュニケーション能力を構成する４つの能力に基づいて、本校外国語科における３年間のカリキュラムを整理したものが、以下の表である。なお、文法能力については各学年で取り扱う文法事項のみの記載に留めている。また、各学年で重視するCSについては、Sato・Yujobo・Okada・Ogane（2019）がまとめたCS一覧を参考に作成した。

	文法能力	社会言語能力	談話能力	方略能力／CS
1年次	a　代名詞（人称、指示） b　接続詞（because） c　助動詞（can） d　前置詞 e　動詞の時制及び相など（現在形、現在進行形、過去形、過去進行形）	○言語の働き ・命令、質問、申し出、依頼（please, can等） ○丁寧さの度合い ・敬称（Mr. / Ms.） ・pleaseの使用	・情報や内容を整理する ・話を組み立てる（導入、展開、まとめ） ・つなぎことば（first, second, third等）	・Mime（ジェスチャーなどの非言語手段で伝える） ・Literal translation（知らない語句の代わりに、他言語から直訳して表現する） ・Listener support（相槌を打つ） ・Asking for repetition（対話者に繰り返しを依頼する）
2年次	b　接続詞（when, if, that） c　助動詞（will, must） d　前置詞 e　動詞の時制及び相など（未来表現、現在完了形、現在完了進行形） f　比較表現　g　to不定詞 h　動名詞　　j　受け身	○言語の働き ・申し出、依頼（could, may, will, would等） ○丁寧さの度合い ・can, couldの使い分け ・will, wouldの使い分け	・情報や内容を関連づける ・事実と自分の考え、気持ちを区別する ・つなぎことば（besides, next, in fact, though等）	・Over-explicitness（通常求められるよりも多くの語を用いる） ・Self-rephrasing（情報を補足して言い換える） ・Echoing/ Represent（対話者の発話を繰り返す） ・Asking for clarification（対話者の発話内容の明確化を求める）
3年次	a　代名詞（疑問、関係代名詞） b　接続詞（that） d　前置詞 g　to不定詞 i　現在分詞や過去分詞の形容詞としての用法 k　仮定法	○言語の働き ・指示、助言（might等） ○丁寧さの度合い ・may, mightの使い分け	・内容の概要や要点を捉える ・つなぎことば（then, on the other hand, however, so, for example, in other words等）	・Response rephrase（対話者が理解できない語句を言い換える） ・Comprehension check（自分の発話内容が相手に理解されたかを確認する） ・Asking for confirmation（自分が相手の発話内容を理解できているかを確認する）

本校外国語科では、文部科学省検定済教科書である SUNSHINE ENGLISH COURSE（開隆堂）を使用している。本書には、表現に必要な技能を身に付けるための"Steps"や、それらを活用するパフォーマンス活動"Our Project"が配置されている。"Steps"や"Our Project"を活用して、ALT や留学生等に自分の考えや気持ちなどを伝える場を設定する。そして、言語材料や技能を実際に活用することで、コミュニケーション能力の向上を図りたいと考える。以下の表には、各学年における学習内容や活動内容、生徒に身につけさせたい能力（談話能力などを中心に）を示す。

【1年次】

	Steps における学習内容	身につけさせたい能力	Our Project における活動内容
自分の考えや気持ちなどを伝え合う	Steps1 英語でやりとりしよう①	・相手とのやりとりにおいて、すばやく質問に答える力	Our Project 1　あなたの知らない私 ・自分のことについて、マッピングを使って話す内容を広げる。 ・内容を整理して、まとまりのよいスピーチをする。 ・聞き手からの質問に答える。
	Steps2 考えを整理し、表現しよう	・発想を広げる力 ・自分の考えや気持ちなどを整理し、まとまりのある内容を話す力	
	Steps3 話の組み立て方を考えよう	・わかりやすい話の構成を考える力 ・自分の考えや気持ちなどを整理し、まとまりのある内容を話す力	Our Project 2　この人を知っていますか ・紹介したい人について、マッピングを使って話す内容を広げ、整理する。 ・話す順序をよく考えて、わかりやすいスピーチをする。 ・聞き手からの質問に答える。
	Steps4 英語でやりとりしよう②	・相手とのやりとりにおいて、すばやく質問に答える力	
	Steps5 絵や写真を英語で表現しよう	・絵や写真の特徴を説明する力	Our Project 3　私が選んだ1枚 ・自分が選んだ絵や写真について、メモやマッピングをもとにスピーチをする。 ・スピーチの型を活用して、わかりやすいスピーチをする。 ・聞き手からのコメントや質問に積極的に対応する。
	Steps6 文の内容を整理し、表現しよう	・図や表を使って、読んだ内容について情報を整理し、説明する力	
	Steps7 英語でやりとりしよう③	・相手とのやりとりにおいて、すばやく質問に答える力	

【2年次】

	Steps における学習内容	身につけさせたい能力	Our Project における活動内容
自分の考えや気持ちなどを伝え合い、理解し合う	Steps1 情報をつなげながらメモをとろう①	・内容の全体像と関連する情報をわかりやすくまとめる力 ・情報を整理しながら、聞き取ったり伝え合ったりする力	Our Project 4　「夢の旅行」を企画しよう ・「夢の旅行」を企画し、プレゼンテーションをする。 ・写真や地図を使って、聞き手にわかりやすく伝える。 ・メモをとりながらプレゼンテーションを聞き、積極的にやりとりをする。
	Steps2 文章の構成を考えよう	・よりわかりやすい構成を考える力 ・つなぎことばを使って、わかりやすく伝える力	

	Steps3 会話をつなげ、深めよう	・あいづちを使って、リズムよく会話を続ける力 ・疑問詞等を使った疑問文を使って、話の内容を深める力	Our Project 5　こんな人になりたい ・憧れの人物について、読み手にわかりやすいポスター記事を書く。 ・ポスターを読んで、感想や質問を伝える。
	Steps4 相手にわかりやすい説明をしよう	・相手が知らないものや人についてわかりやすく説明する力	Our Project 6　この1年で得た「宝もの」 ・1年間の自分の思いが聞き手に伝わるようにスピーチをする。 ・スピーチを聞いて、感想や共感できる点を伝えたり書いたりする。
	Steps5　説得力のある主張をしよう	・自分の考え（主張）を伝える力 ・客観的な事実や具体的な理由を用いて、相手を納得させる力	

【3年次】

	Steps における学習内容	身につけさせたい能力	Our Project における活動内容
自分の考えや気持ちなどを伝え合って正しく理解し、折り合いをつける	Steps1 ディベートをしよう	・自分の考えや事実などを整理し、伝え合う力 ・自分とは異なった考え（主張）を理解し、議論する力	
	Steps2 メモのとり方を学ぼう	・話の要点を聞き取ったり書いたりする力	Our Project 7　記者会見を開こう ・目的に沿って、わかりやすいスピーチをする。 ・要点を聞き取って、質問したり答えたりする。
	Steps3 かんたんな表現で言いかえよう	・自分や相手の知っている簡単な表現で言いかえ、相手に伝える力	Our Project 8　あなたの町を世界にPRしよう ・地元のものを外国の人にPRする台本を考え、魅力的に演じる。 ・ディスカッションで、自分の考えや理由を積極的に述べる。
	Steps4 わかりやすい文章を考えよう	・つなぎことばを使って、話の流れをわかりやすく伝える力 ・概要や要点を捉える力	
	Steps5 ディスカッションをしよう	・自分の考えや事実などを整理し、伝え合う力 ・相手との議論を通して、折り合いをつける力	

（2）　試行錯誤しながら自分の考えや気持ちなどを伝えるための単元構成の工夫

　外国語科の授業において、生徒がコミュニケーション場面で出会った困難（伝えたいことをうまく伝えられない）を乗り越えようと能動的に活動する姿を生み出すためには、どのような手立てが有効なのだろうか。今井・野島（2005）は、「外国語学習は（特に日本人が英語を学習する場合のように母語と学習しようとする外国語が大きく構造的に異なっている場合）概念変化を必要とする

総論
国語
社会
数学
理科
音楽
美術
保健体育
技術・家庭
外国語
学校保健
共創型探究
語り合いの時間

学習なのである。」と述べる。人は母語の語についての意味知識や語彙の構造についてのメタ知識を無意識のうちに外国語の学習に適応している。しかし、この知識は暗黙裡に持っている知識であるため、多くの人はその存在自体に気づいていない。外国語についての概念変化を起こすには、「意識的に母語と外国語における潜在的な構造やパターンを分析・比較していき、母語と外国語の構造のどこが同じでどこが違うのか、特に相違点について何がどう違うのかを自分で発見し、納得するしかない。」としている。

　このことから、単元の中に「既有の知識（語彙や文法等）を用いても相手に伝わらない」という困難を意図的に設定することで、生徒の試行錯誤や概念変化を促すことができると考える。アンケートや表出物等から、生徒が当たり前だと考えていることや足りないコミュニケーション能力を分析、把握することで、困難の設定に役立てたい。その際、困難の程度やコミュニケーションが成立しない原因を限定し、問題（なぜ伝わらないのか）を焦点化できるようにする。生徒自身が自力で問題を解決できるようにするために、必要なコミュニケーション能力を段階的に獲得し、コミュニケーション場面の困難において、それらを実際に活用しながら試行錯誤する単元構成が必要である。また、生徒に「伝えたい！」という思いを持たせるために、伝える材としては「自分自身のこと（好きなもの・人、学校、地域等）」を主に取り扱う。ALTや留学生等を伝える相手とすることで、コミュニケーションを行う目的や場面、状況を意識して必然性のある言語活動を設定したい。

（3）　学びをつなぐための振り返りの工夫
　授業において、そのときの気持ちや理由、気付きや学び等を記録する振り返りシートを活用し、気持ちや考えを絵や数字、文字等で表出させる。毎時間の振り返りをもとにして、単元末にコミュニケーションに対する自己の考えを書くことで、生徒が自分自身の変容や獲得したコミュニケーション能力の価値に気づくための手がかりとする。また、教師は振り返りシートの見取りを通して生徒の思考の流れやつまずきを把握し、単元構成や設定する困難の内容、程度の修正に生かす。単元末の表出物の見取りを通して、生徒の考えの変容の有無やその理由を分析することで、コミュニケーションに対する意欲を高めるために必要な要素について研究する。

【気持ちや理由、気付きや学び等を記録する振り返りシート（例）】

日付（曜日）	学習内容	今日の気持ち 伝えたい！度（0〜100％）	理由	気付きや学び、疑問など
6/13（火）	「丸亀城の魅力」を伝えよう！	（70）％	分からない単語がありすぎて、まだよくできていなくて、伝わるか不安だから。	アピールポイントになる、「天守」か「重要文化財」の言い方をよく考えることが大切だなと思った。自分も丸亀城についてあまり知らなかったから、いろいろ知れて嬉しかった。
6/14（水）	相手が知らないものを伝えるためには？	（70）％	やっぱり、分からない単語を説明するのは難しくて、分からなくなってしまったから、どう伝えたい。	今までは「天守」を「Castle Tower」としていたけど、まず「tenshu」と言ってから「It is ...」で説明する方が分かりやすくなりそうだと思った。相手に伝えるためには、シンプルにしようとして、知っている単語をフルに使うことが大切だと思う。
7/6（木）	「丸亀城の魅力」を伝えよう！	（90）％	伝えたいけど、英文を考えるのが難しかったから。英文が長くなりすぎて、伝わるか不安だから。	平岡さんが細かい、おかしい所を直してくれて、正しい英文になったって嬉しかった。簡単にしたいけど、長くなってしまったから、次はもっと分かりやすくするためにいろんな単語を思い出したい。
7/11（火）	「丸亀城の魅力」を伝えよう！	（90）％	伝えたい気持ちはそのままだけど、たくさん自分たちでも気づかなかった間違いがあって不安になったし、少し悲しくなったから。	たくさん修正があって、大変だったけど、決めなければいけないことは決めることができた。長い文は接続詞などでつないで2文にすると分かりやすくなることが分かって嬉しかった。今まで習ったいろいろな接続詞が生かせた。
7/12（水）	相手により分かりやすく伝えるためには？	（100）％	発表したら、自分でも問題がよく分かって、そこを改善してもう一度伝えたいと思ったから。	大きな声で言ったり、1つ1つのまとまりの間に間を入れることが他の班の発表をきいて大切だなと思った。私はできていなかったから、直したい。実習生の先生から「発音が日本語っぽい」と言われたからどうしたらいいか考えたい。

成果（○）と課題（●）

研究内容（１）コミュニケーション能力を段階的に獲得するためのカリキュラム設計

○　３年間のカリキュラムを整理することによって、各学年で獲得をめざすコミュニーケーション能力やそれぞれのつながりを明確にすることができた。

○　コミュニケーション・ストラテジー（以下、CS）を明記することで、問題解決のために必要な方略能力を生徒と共有することができた。また、実際のコミュニケーションにおいて CS を積極的に活用しようとする生徒の姿が見られた。特に、Mime（ジェスチャーなどの非言語手段）やListener support（相槌）、Asking for repetition（繰り返しの依頼）は、どの学年においても使用されていた。

●　日頃の授業実践（教師の発話や ALT とのやり取り、1-minute talk 等）において CS を取り入れたが、生徒が実際のコミュニケーションにおいて十分活用できるレベルまで引き上げることが難しいものもあった。特に、Self-rephrasing（情報を補足しての言い換え）や Response rephrase（対話者が理解できない語句の言い換え）、Asking for confirmation（自分が発話内容を理解できているかの確認）が難しく、単独の CS トレーニングが必要であると感じた。

研究内容（２）試行錯誤しながら自分の考えや気持ちなどを伝えるための単元構成の工夫

○　伝える相手を ALT や留学生等に設定することで、英語を使う必要性を感じながらやり取りをすることができた。

○　単元の中に「既有の知識（語彙や文法等）を用いても相手に伝わらない」という困難を意図的に設定することで、生徒の試行錯誤を促すことができた。自分の考えや気持ちなどを伝えるために必要な言語材料を活用するのはもちろんのこと、コミュニケーションを成立させるために必要なコミュニケーション能力または自分に足りないコミュニケーション能力について、生徒一人一人が考えることができた。

●　伝える内容について、自分なりのこだわりをもたなければ「伝えたい！」という気持ちを強くもつことはできない。伝える内容について深く調べたり理解したりするために、さらなる時間の確保が必要である。

●　令和５年度は、コロラド大学からの留学生との交流を一度しかもつことができなかった。継続的な交流ができるよう、交流相手の確保や年間を通した交流計画が求められる。

研究内容（３）学びをつなぐための振り返りの工夫

○　毎時間の振り返りにおいて書く視点を与えることで、生徒の気持ちの変化や思考の流れ、つまずきを見取ることができた。また、単元の前後でコミュニケーションに関する同じ問いを投げかけることで、コミュニケーションに対する生徒の考えの変容や意欲の変化を見取ることができた。

●　振り返りシートに書かれている気持ちや数値が同じでも、その理由は生徒によって様々である。単元構成や設定する困難の内容、程度を修正する際に、一部の生徒の文脈に偏ってしまうことがあった。生徒一人一人の文脈に寄り添えるよう、丁寧な見取りと単元構成や困難の調整が必要である。

総論

国語

社会

数学

理科

音楽

美術

保健体育

技術・家庭

外国語

学校保健

共創型探究
語り合いの時間

引用・参考文献

明田典浩・伊賀梨恵（2014）『研究紀要』香川大学教育学部附属坂出中学校、pp149-164

明田典浩・伊賀梨恵（2016）『研究紀要』香川大学教育学部附属坂出中学校、pp169-186

明田典浩・伊賀梨恵（2018）『研究紀要』香川大学教育学部附属坂出中学校、pp201-220

今井むつみ・野島久雄（2005）『人が学ぶということ』北樹出版、pp116-143

今井むつみ（2020）『英語独習法』岩波新書

卯城祐司・中嶋洋一・西垣知佳子・深澤清治・ほか53名（2021）『SUNSHINE ENGLISH COURSE 1・2・3』開隆堂出版株式会社

Canale, M.（1983）「From Communicative Competence to Communicative Language Pedagogy」

Canale, M., & Swain, M.（1980）「Theoretical bases of communicative approaches to second language teaching and testing」

樺山敏郎（2022）『個別最適な学び・協働的な学びを実現する「学びの文脈」学級・授業・学校づくりの実践プラン』明治図書

黒田健太・伊瀬吏沙（2022）『研究紀要』香川大学教育学部附属坂出中学校、pp286-319

小池生夫（2015）『応用言語学辞典』研究社

Sato, T., Yujobo, J. Y., Okada, T & Ogane, E.（2019）「Communication strategies employed by low-proficiency users：Possibilities for ELF-informed pedagogy」

サラ・マーサー・ゾルタン・ドルニェイ（2023）『外国語学習者エンゲージメント－主体的学びを引き出す英語授業－』アルク

サンドラ・サヴィニョン（2016）『コミュニケーション能力－外国語教育の理論と実践－』法政大学出版局

柴田美紀・仲潔・藤原康弘（2020）『英語教育のための国際英語論－英語の多様性と国際共通語の視点から－』大修館書店

白畑知彦・冨田祐一・村野井仁・若林茂則（2019）『英語教育用語辞典　第3版』大修館書店

鳥飼久美子（2016）『本物の英語力』講談社現代新書

西田理恵子（2022）『動機づけ研究に基づく英語指導』大修館書店

眞鍋容子・黒田健太（2020）『研究紀要』香川大学教育学部附属坂出中学校、pp267-282

文部科学省（2017）『中学校学習指導要領解説外国語編』

リクルート進学総研（2023）「データで見る言語の「今」」

第３学年２組 外国語科学習指導案

指導者　高木　将志

1　日　　　　時　　令和６年６月７日（金）11：20〜12：10
2　単　　元　　名　　記者会見を開こう −聞き取った情報を伝達しよう−
3　学　習　空　間　　２年２組教室
4　単元（題材）について

（１）本単元は、学習指導要領解説外国語編「２内容（３）① エ 話すこと［やり取り］（イ）日常的な話題について、伝えようとする内容を整理し、自分で作成したメモなどを活用しながら相手と口頭で伝え合う活動。」に対応している。

　　　日頃の外国語科の授業におけるコミュニケーション活動を通して、生徒は話す・聞く力を少しずつ培ってきた。しかし、中学校においては、話す内容がより具体的になる。内容の難易度が上がるため、伝えることで精一杯になってしまい、相手に言えたことで満足している生徒が少なくない。また、本当の意味での「聞くこと」が疎かになっており、相手のことを深く理解できていないという現状がある。

　　　本単元では「記者会見」の場面を設定している。話し手として自分の考えをまとめて発表するだけでなく、聞き手（記者）として、話し手の思いに寄り添いながら内容を聞き取り、第三者に報告する活動を行う。聞き取った内容を報告するという活動を設定することで、聞き手はより集中して話し手の発表内容を聞き取るようになると考える。また、発表内容の確認をしたり質問をしたりすることで、話し手に対するより深い理解につなげたい。発表の内容や使われている単語が難しいから諦めるのではなく、どうにかして理解しようと試行錯誤し、本当の意味で相手を深く理解できたときに、「相手のことをもっと伝えたい」という気持ちがわくのではないかと考える。

（２）本学級の生徒35名は、毎時間のコミュニケーション活動に意欲的に参加している。留学生と交流をした際も、アンケート（N=101）において「相手に香川の良さを伝えられた。」「既習表現を用いて相手の質問に答えることができた。」など、90％の生徒が話すことに対して肯定的な回答をした。しかし、「相手が何を言っているか分からない。」「リスニング力を上げたい。」など、68％の生徒は聞くことに対して苦手意識をもっていることがわかった。そこで、聞くことに対する苦手意識を克服し、自ら積極的に聞こうとする姿勢を養うことで、生徒のコミュニケーションに対する意欲を高めたいと考えている。

（３）本単元（題材）を指導する（個の「ものがたり」をつむがせる）にあたって、次の点に留意したい。

・　実際に体験（経験）したことをもとに単元を構成することで、生徒自らが問題意識をもち、課題解決に自ら進んで取り組めるようにする。

・　課題に対する解決方法に関しては、生徒たちが考えた案を積極的に取り上げて実践する。
　　【単元構成の工夫】

・　学びを促進するために、実際に生徒自身が考え、選択し、実践するなど、試行錯誤できる場面を設定する。

・　生徒が自分の成長を見取りやすくするために、毎時間の振り返りを行い、自分の心情や考えの変化が分かりやすいようにする。また、単元の前後で同じアンケートを実施し、自身の変容を見取りやすくする。

5　本単元の目標

（1）本単元の「ものがたり」の授業構想図

```
『 も の が た り 』 の 授 業
```

★授業者のねがい（授業を通して生徒に期待する成長や変容）
　話し手の話をただ聞くのではなく、相手を深く理解しようと試行錯誤し、聞き取った情報を自分なりの表現で他者に伝えることの充実感を感じてほしい。

●題材（英語を聞くこと）に対する「ものがたり」の変容

（学習前）
　他者の発表は、難しい単語もあるので聞き取れない。内容を理解することが難しい。

探究的な学び
他者と語り合う

（学習後）
　相手に質問をして得た情報をまとめることで、内容を理解することができる。また、その内容を自分なりの表現で他者に伝えることで充実感を得る。

≪（授業者が考えた）単元学習後の「振り返り」例≫　　＊「自己に引きつけた語り」部分
　これまでスピーチの活動を行ったときは、相手が話していることをなんとなく聞いて、あまり理解していないにも関わらず、リアクションをして分かったふりをすることが多かった。先日、留学生やALTと話をしたときも、相手の話す英語が速かったり、難しい単語が多かったりして、自分には理解できない部分が多かったので、途中で諦め理解したふりをしてしまった。
　今回、記者として報告する活動をしたときに、質問したり難しい単語の意味を確認したりして、発表内容を深く理解しようとした。そうすることで、相手のことをより深く理解することができるとわかった。聞き取った内容をまとめて自分なりの表現で相手に伝えることができたとき、達成感があった。聞き手として、話し手の気持ちに寄り添いながら話を聞くことの大切さを感じた。
　これまでの学習を通して、話す・聞く力がついてきた。外国の方と会ったときに、話すことを諦めたり恐れたりするのではなく、相手の話をしっかりと聞きたい。分からないことはそのままにせず、相手に質問したり内容の確認をしたりして、相手のことを理解する姿勢を大切にしたいと思った。

（2）本単元で育成する資質・能力

知 識 及 び 技 能	・コミュニケーションを行う際に、相手の話した考えや気持ちなどの内容を聞き取り、正確に理解する技能を身につける。	・「メモ」「聞き返し」「質問」「例を出す」など、相手を深く理解するための方法を知り、身につけることで相手の考えや気持ちなどを正確に理解することができる。
思 考 力， 判 断 力， 表 現 力 等	・相手が話した内容に関して、自分の理解度によって、相手を深く理解するための適切なスキルを使い分け、使用する力を養う。	・相手の話に応じて、どのように内容を理解できるかを考えたり、適切なスキルを使ったりして、相手のことを深く理解することができる。

学びに向かう力, 人間性　等	・話している相手のことをよりよく知 ろうとする態度を養う。 ・仲間と共に、問題解決を図ろうと協力 する姿勢を育む。	・相手を深く理解するための方法を自 ら積極的に試そうとしたり、問題解決 を図るために、仲間と協力しようとし たりすることができる。

（3）単元構成（全5時間）

時間	学習課題（中心の問い）と◆学習内容	生徒の思考・反応・振り返り

時間1

◆モデルスピーチを見せ、これまで学習してきた表現を使って、経験豊かな人やあこがれの人になりきってスピーチを行うことを伝える。
(学習課題) <u>なりきり記者会見の内容を確認しよう。</u>

Hello, everyone. I am ○○. I am from Shizuoka. Today I would like to tell you about me. I love soccer very much. I have been playing it for more than fifty years. …

◆教科書のモデル文を確認する。

自分で選んだ人物になりきって記者会をしてもらいます。まずは記者会見の表現について確認しましょう。

◆なりきり記者会見の概要を説明する。
・5人1組で行う。
・発表者(話し手)が話した後、聞き手(記者)は聞いたことに基に、別の班に新情報を加えて報告する。

発表者1名

記者2名(A新聞社)　記者2名(B新聞社)

ローテーションする

分からない単語もあるけど、だいたいどんな人かわかる。

誰になりきって記者会見をしようかな
英語でどう伝えようか。しっかり準備をして言えるようにしよう！

「新情報に加えて」ってどういうことだろう。

そうか、質問しなければ新情報を得るためには質問しなければいけないんだ。

自分たちで課題を解決しようと試行錯誤する場面をつくる。

時間2

◆選択した人物について調べ、スピーチ原稿を作成する。
(学習課題) 記者会見の原稿を用意しよう。

用意した情報やモデル文を参考に記者会見の原稿を作成しましょう。作成したら原稿を見ず発表できるように準備しましょう。

学習した表現を使って言いやすいように英文を用意しよう。

この人物の情報をもっと調べたい。タブレットを活用しよう。

翻訳機能を使っても難しい単語や表現ばかりだ。

班で協働的に試行錯誤し、解決に向かうようにしかける。

総論
国語
社会
数学
理科
音楽
美術
保健体育
技術・家庭
外国語
学校保健
共創型探究　語り合いの時間

難しい単語や表現をどうしたら相手に伝えられるだろう。聞き手の立場で考えてみるのもいいですね。聞いてすぐ分かるようにするためにはどうしたらいいでしょう。

難しい表現を覚えて言うのって大変じゃない？

3　◆準備した原稿をもとに、模擬記者会見に挑戦する。原稿を言うだけや聞くだけになっていないか確認する。
(学習課題)模擬記者会見をやってみよう。
・途中で活動の振り返りを行う。

後で聞いたことを伝えるなら、集中して聞き取らないと情報を手に入れられない。

実際にやってみてどうでしたか？聞き手の情報を正確に得るためにどうしたらいいでしょうか。

そうだ！メモを取って、情報を整理することも大切だ。先生、メモを取ってもいいですか？

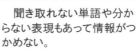
メモを活用しましょう。キーワードを基に質問ができるようにしましょう。

聞き取れない単語や分からない表現もあって情報がつかめない。

2年生の時に、ALTに質問する授業でどんなことをして情報を集めましたか？思い出してみてください。
(聞き取れない単語は聞き返す)
(具体的な内容をたずねる)

情報は聞き取れたけど、それを基に、質問するのは大変だ。

聞き手から情報を引き出すために何が大切ですか？

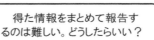
どうやって質問しようか。どんなことをポイントに聞き取っているか友達に聞いてみよ

◆模擬記者会見を再度行う。

4
本時　◆即興で質疑応答する難しさに対して、対応策を考えながら、活動を行う。
(学習課題)聞き取ったことを分かりやすく伝えるためにはどうしたらいいのだろう。

得た情報をまとめて報告するのは難しい。どうしたらいい？

今日は2回目の記者会見の日です。
発表時のポイントを確認し、発表者の人は選んだ人物になり切って伝えてください。
記者(聞き手)の人は情報をしっかり聞き取って、あとで伝えてください。

得た情報をもとに、自分で言いやすい表現で紹介できるといいなぁ。

◆前回と班を変えて行う。
◆途中で効果的な質問のやり取りを紹介する。

疑問詞を使うとより情報を聞き出せるので使ってみよう。

△さんと▲さんのやりとりのような、
○Where do you want to play in the future?
●I want to play in Europe.
など、過去だけではなく、未来に向けた質問もいいですね。

事実だけでなく、気持ちの面も聞いてみようかな。

－220－

今日は質問がどんどん行われていました。聞き手の人が聞き取った情報を頑張って伝えている姿勢もとても良かったです。次回はALTとパフォーマンステストです。

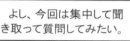

話し手も、聞き手も相手のことを意識することで、コミュニケーションが丁寧に行われた気がした。聞き取った情報で相手に説明できると達成感があった。

◆ALTを相手に記者会見を行う。

ではこの単元のはじめにやったようにALTになりきり記者会見をしてみましょう。皆さんは記者です。あとで聞き取った情報を報告してください。

よし、今回は集中して聞き取って質問してみたい。

話題に出ていないことを質問するよりも、相手が話していることを深く知るために質問ができるといいですね。

あらかじめ考えておいた質問をしている人もいるけど、それでいいのかな。

5

文脈に合わない質問をするのはやはり違和感があるな。

◆事前に知らせてある評価規準を確認し、順番にテストを行う。
(学習課題)なりきり記者会見（パフォーマンステスト）と振り返りをしよう

ALTを相手に記者会見を行ってもらいます。

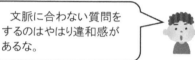

聞き取ったことでALTのことを表現できた。

聞くことの大切さを改めて感じられる単元でした。
　今までは話す（聞く）前準備をしていましたが、みなさんは準備なしで英語での会話を続けられますか？
　普段の授業でも聞き取った（読み取った）ことを相手に伝えるという意識をもつことで得られるものも多くあります。

聞いたことを伝える活動を通して、聞くことに意識をもった取り組みができた。普段の授業でも「誰かに伝える」という意識をもって臨みたい。

取り組んできたことに達成感を持たせる。

学びのつながりを意識するための問いかけを行う。

総論

国語

社会

数学

理科

音楽

美術

保健体育

技術・家庭

外国語

学校保健

共創型探究
語り合いの時間

6 本時の学習指導

（1）目標
- 選んだ人物の情報を調べ、相手を意識して発表することができる。
- 話し手の考えを聞き取り、聞き取った情報をまとめて他者に伝えることができる。

（1）学習指導過程

学習内容及び学習活動	予想される生徒の反応	○教師のかかわり
1．本時の学習課題とコミュニケーション活動のポイントを確認する。	・ 聞く姿勢を大切にしよう。	○ これまでの学習を振り返り、本時の授業で達成すべきゴールを共有する。

学習課題：聞き取ったことを分かりやすく伝えるためにはどうしたらいいのだろう？

学習内容及び学習活動	予想される生徒の反応	○教師のかかわり
2．班ごとに活動を開始する。 （1）スピーチ （2）インタビュー （3）記者の報告A新聞社 （4）記者の報告B新聞社	・ 私は○○になりきって、堂々と発表しよう。 ・ 私は記者役だからキーワードを聞き取って伝えられるようにしよう。 ・ 「どのくらい○○をやっているか質問しよう」 ・ 即興で質問するのは難しいなぁ。 ・ 聞き取った情報をまとめるのが難しいなぁ。 ・ ○○ってどう表現したらいいのかなぁ。	○ 質問が停滞している班には疑問詞を使って質問を考えるように助言する。 ○ 効果的な質問をしている班を見つけて賞賛する。 ○ 生徒の発言を基に、板書を活用し、苦戦している班に質問案や表現方法のアドバイスをする。

> T ： Let's start the press conferences.
> S1：まずはなりきって考えを発表しよう。
> S1：Good morning, everyone. I'm Umeko Tsuda. I was born in Tokyo. …
> T ： Speaker, please stop. Now it is interview time. Reporters, please interview to the speakers.
> S2：How long were you in America?
> S1：I was in America for about ten years. …
> T ： Reporters, please stop the interview. Now please get ready for the report. You have two minutes. You can work with your partners.
> S2：名前は津田梅子で、東京出身らしいよ。"She is from Tokyo."でいけるね。
> S3：アメリカで英語の勉強をしたみたいだ。
> S2：そうだよ。だから "She went to America to study English.
> T ： Now reporters, please report about the speakers.
> S2：We will report about Umeko Tsuda. She is from Tokyo.
> S4：She went to America to study English. She stayed there for about ten years.…。

学習内容及び学習活動	予想される生徒の反応	○教師のかかわり
3．ALTに記者会見をする。	・ 今回は質問してみたい。 ・ 聞き取った情報について伝えることができた。	○ ALTを相手に質問したり、報告したりしたことを賞賛する。 ○ 工夫した質問や、聞き取った情報をもとに、自分なりの表現で紹介している部分を全体で共有する。
4．振り返りを行う。	・ 最初は、質問できてもまとめて伝えることが難しかったけど、できるようになった。 ・ 即興で質問したり、考えたりするのは大変だけど、できたときの達成感は大きかった。	○ 単元前と後で比較させ、自己の成長を実感させる。 ○ ただ一方的なスピーチではなく、相手の存在を意識することでやり取りが充実することを実感させる。

7 見取り
- 記者として質問するときに、発表者の発表内容にそった質問ができているか。（活動）
- 相手意識をもって話したり、聞いたりすることで成長を実感できているか。（振り返り）

第２学年２組　外国語科学習指導案

指導者　　石田　吏沙

1　日　　　　　時　　令和６年６月７日（金）13：00～13：50
2　単　元　名　　FSJツアーズ −Plan a trip in Kagawa!−
3　学　習　空　間　　２年２組教室
4　単元（題材）について
（１）本単元では、留学生のために「香川県旅行プラン」を企画し、プレゼンテーションを
行う。学習指導要領の（４）話すこと［発表］「ア　関心のある事柄について、簡単な語
句や文を用いて即興で話すことができるようにする。」「イ　日常的な話題について、事
実や自分の考え、気持ちなどを整理し、簡単な語句や文を用いてまとまりのある内容を
話すことができるようにする。」に基づき、設定したものである。事実や自分の考え、
気持ちなどを「整理」するとは、話し手として伝えたい内容や順序、聞き手に分かりや
すい展開や構成などを考えたり、事実と考えを分けて整理したりするなど、話す内容を
大まかな流れにしてコミュニケーションの見通しを立てることを意味している。
　　　英語によるコミュニケーションにおいて、中学生は限られた語彙や文法でコミュニ
ケーションを行わざるを得ない。「伝えたいことをうまく伝えられない」という困難に
出会った際、「なぜ伝わらないのか」を考え、「どうすれば伝わるか」試行錯誤しなが
ら自分の考えや気持ちなどを伝えようとする姿勢は、コミュニケーションを図る資質・
能力に欠かせないと考える。他者とのやり取りや様々な試行錯誤を通して、失敗（どう
しても伝わらない、分かってもらえない）や成功（なんとか伝わった、分かってもらえ
た）を体験することで、コミュニケーションの喜びの実感につなげたい。本単元を通し
て、香川県の魅力を再発見するとともに、生徒のコミュニケーションに対する意欲とコ
ミュニケーション能力をより一層高めたいと考える。
（２）本学級の生徒35名は、対話的な活動を通して互いに学び合う場を大切にしている。ペア・
グループ活動において、自分の考えを積極的に伝えたり、他者の意見に耳を傾けたりするこ
とができる生徒が多い。一人一人の反応やつぶやきを拾い上げ、それぞれを比較したりつな
いだりすることで、生徒の考えをさらに広げ深めたいと考える。
　　　外国語学習に関するアンケートを33名に実施したところ、「英語を話すことが好きです
か」という問いに対して肯定的に答えた生徒は13名、否定的に答えた生徒は20名であった。
25名は「英語を話すのは恥ずかしかったり緊張したりする」という心理的な不安を抱えてい
る。英語を話すときに困ることとしては、「単語がわからない」「文法を習っていない」が
最も多く挙げられた。多くの生徒が「既習事項だけでは、自分が伝えたいことを伝えること
ができない」と考えている。伝えたいことをうまく伝えられないときの行動として、「ジェ
スチャーを使う」と答えた生徒は17名、「知っている単語で言い換える」が３名、「その他」
が７名、「だまる・諦める」が６名であった。本単元を通して、自分の考えや気持ちなどが伝
わるという喜びを実感することで、既習事項やコミュニケーション・ストラテジーを、生徒
にとって本当に価値あるものにしたいと考える。
（３）本単元（題材）を指導する（個の「ものがたり」をつむがせる）にあたって、次の点
に留意したい。
・　香川県の食べ物や観光地等に関する事前学習を通して、「伝える材」に対する自分なり
のこだわりを持たせる。
・　ALTや留学生を聞き手の一人として設定し、「伝える相手」と「伝える目的」を明確
にする。実際のやり取りを通して「伝えたいことがうまく伝わらない」という困難を
意図的に仕組むことで、「なぜ伝わらないのか」「どうすれば伝わるか」など、生徒
自身が思考を巡らせ、試行錯誤する場面を生み出す。
・　プレゼンテーションを録画し、表現の変容を可視化する。振り返りシートの記入や
単元前後の自己の考えの比較を通して、自身の変容や成長に気付かせる。

5　本単元の目標

（1）本単元の「ものがたり」の授業構想図

『 も の が た り 』 の 授 業

★授業者のねがい（授業を通して生徒に期待する成長や変容）
　既習事項を活用し、試行錯誤しながら自分の考えや気持ちなどが伝わるという喜びを実感することで、生徒のコミュニケーションに対する意欲を高めたい。

●題材（英語を話すこと）に対する「ものがたり」の変容

（学習前）		（学習後）
既習事項だけでは、自分が伝えたいことを伝えることはできない。	探究的な学び他者と語り合う	既習事項を活用する（簡単な単語や表現で言い換える、具体例を示す等）ことで、自分が伝えたいことを伝えることができる。

≪（授業者が考えた）単元学習後の「振り返り」例≫　＊「自己に引きつけた語り」部分
　私は、英語で話すことが好きではなかった。言いたいことをなかなか英語にすることができないからだ。知っている単語も少ないし、今までに習った文法だけで言いたいことを伝えるなんて無理だと思っていた。しかしこの単元を通して、今までに学んできたことを使ってなんとか伝えられるかもしれないと思った。
　始めは、留学生に〇〇（自分が選んだ香川県の食べ物や観光地）がうまく伝わらず苦戦した。日本特有のものだし、英語では表現できないと思った。まさか●●（既習事項）で伝わるなんて思わなくて、びっくりした。自分が伝えたいことが留学生に伝わったときは、本当にうれしかった。●●は〇〇を説明するときにも使えそうだ。簡単な単語や表現で言い換える、具体例を示す、ジェスチャーをつけるなど、相手に伝えるための工夫はたくさんある。これからは途中で諦めずに、自分の言いたいことをどんどん伝えていきたい。

（2）本単元で育成する資質・能力

知　識 及　び 技　能	・外国語の音声や語彙、表現、文法、言語の働きなどを理解するとともに、これらの知識を、聞くこと、読むこと、話すこと、書くことによる実際のコミュニケーションにおいて活用できる技能を身に付ける。	・語彙や表現についての知識を用いて、相手が伝えたいことを理解することができる。 ・語彙や表現についての知識を用いて、自分が伝えたいことを書いたり話したりすることができる。
思　考　力， 判　断　力， 表　現　力　等	・コミュニケーションを行う目的や場面、状況などに応じて、日常的な話題や社会的な話題について、外国語で簡単な情報や考えなどを理解したり、これらを活用して表現したり伝え合ったりすることができる力を養う。	・事実や自分の考え、気持ちなどを整理し、簡単な語句や文を用いて、まとまりのある内容を書いたり話したりすることができる。
学びに向かう力， 人間性　等	・外国語の背景にある文化に対する理解を深め聞き手、読み手、話し手、書き手に配慮しながら、主体的に外国語を用いてコミュニケーションを図ろうとする態度を養う。	・聞き手に配慮しながら、主体的に外国語を用いてコミュニケーションをとることができる。

（３）単元構成（全１０時間）

時間	学習課題（中心の問い）と◆学習内容	生徒の思考・反応・振り返り	
0 学習前	◆歩く日（本校の学校行事）にて、丸亀城へ行く。	丸亀城って、こんなに小さいの!?	全員に共通体験をさせる。
	◆アンケートを実施し、生徒の実態を把握する。 英語を話すことは好き？それはなぜ？英語を話していて困るのはどんなとき？	あまり好きではない。知っている単語や文法が少ないから、言いたいことを表現できないよ。 単語が出てこないときに、とても困る。難しい単語は分からない。	英語を話すためには多くの単語や文法が必要である、という自身が当たり前に持っている考えに気付く。
	◆交流相手の留学生について知る。（自己紹介カード、ビデオメッセージ等） 附坂中にコロラド大学から留学生がやって来るよ。香川県の食べ物や観光地を紹介しよう！	私のペアは○○さん。〜に興味があるのか…それなら、香川県の〜を紹介してみよう！ うまく話せるかな。心配…	伝える相手と目的を明確にすることで「伝えたい！」という気持ちを高める。
1 2	◆動画を見て、留学生が知りたいことを理解する。 留学生たちは何と言っているかな？ （学習課題）留学生に、Our best udon を紹介しよう！ ◆最もおすすめしたいうどんを決定し、紹介のために必要な情報を集める。 ◆グループごとに、プレゼンテーション（以下、プレゼン）を作成する。 「かけうどん」や「ざるうどん」を英語にすることはできる？ ◆うどんについてのプレゼン動画を撮影する。	udon, school…うどん学校でうどんを作った。おすすめのうどんを教えてほしいと言っているよ。 私は「かけうどん」が一番好き！安いし、美味しい。天ぷらなど、好きなトッピングも乗せられる。 私は「ざるうどん」を紹介したい！これからの暑い季節にぴったり。 「かけ」は「かける」で、put on？ 「ざる」なんて単語分からないよ。	同じうどんをおすすめしたい仲間とグループを組み、調べを進めることでこだわりをさらに強くする。 単語のみで表現することの難しさに気付く。
3	◆おすすめのうどんについて、留学生にプレゼンする。 うまく伝わるかな？ （学習課題）どうすれば、留学生に Our best udon を伝えられるだろう？ 「かけ」や「ざる」を英語にするのは難しいね。他の言葉や表現で言い換えることはできる？「かけうどん」「ざるうどん」は、どんなうどんなの？ ◆留学生とのやり取りを通して、おすすめのうどんについて再度説明する。	put on udon じゃ伝わらなかった。どうして？ やっぱり zaru-udon じゃ分かってもらえないよ。どうしよう… What do you put on? と聞かれたよ。hot soup が伝えるためのキーワードになるかも！ ざるうどんは冷たいうどんだから…cold udon？	実際のやり取りを通して伝わらないという経験をすることで、自身の表現を考え直すきっかけとする。 自分が知っている簡単な単語や表現での言い換えを促す。

総論
国語
社会
数学
理科
音楽
美術
保健体育
技術・家庭
外国語
学校保健
共創型探究 語り合いの時間

◆相手が知らないものを伝えるためにどうすればよいか、何が大切かを考える。

留学生との交流を通して、感じたこと・考えたことを振り返りシートにまとめよう。相手に伝えるために大切なことは何？

→ うまく伝わらなかった。悔しい…なぜ伝わらなかったんだろう？

まず、どんなうどんかを大まかに説明すればいい。hot か cold か、soup があるかどうか、具材の説明も必要だと思う。

◆留学生が知りたいことを理解する。

今度、留学生のみんなで観光に行くみたい。どこに行くのかな？

Marugame Castle…丸亀城に行くの!?うどんより説明が難しそう。

本単元を貫く問い「相手に伝えるために大切なことは何か」を考えることで、表現の際に必要な発想の転換や言語材料、相手意識に気付く。

4
5

◆丸亀城について調べ、紹介のために必要な情報を集める。

丸亀城のどこをおすすめする？

(学習課題) 留学生のために、丸亀城の散策プランを立てよう！

◆最もおすすめしたいところを決定し、それを中心に散策プランを考える。

◆グループごとにプレゼンを作成する。

どうすれば留学生に伝えられるかな？

◆丸亀城についてのプレゼン動画を撮影する。

あんなにも小さいお城のどこをおすすめすればいいんだろう？

丸亀城に3つの日本一（高い石垣、小さい天守、深い井戸）があるなんて、知らなかったよ。

「石垣」は stone wall で伝わると思う。けど、「総高」はどうやって表現すればいいの？

「天守」なんて英語にできない。

調べ学習を通して新たな発見をすることで、「伝えたい！」という気持ちを高める。

単語のみで表現することの難しさに気付く。

6
本時

◆クイズを通して、丸亀城のおすすめポイントを確認する。

◆ALT とのやり取りを通して、伝えたいことが伝わるかどうかを確認する。

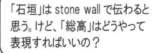
(学習課題) どうすれば、丸亀城について John に伝えられるだろう？

「天守」って一体何？何のために使われていたの？

◆伝えたいことを伝えるために、ALT と再度やり取りをする。

◆グループごとにプレゼンを練り直す。

◆相手が知らないものを伝えるためにどうすればよいか、何が大切かを考える。

今日の授業を通して、感じたこと・考えたことを振り返りシートにまとめよう。相手に伝えるために大切なことは何？

丸亀城は高い石垣で有名。総高は 60m 以上あるよ。

石垣は stone wall で伝わったよ。やっぱり、天守は heaven protect では伝わらないよね。

城の象徴だから、symbol？

防衛施設としても使われていたよ。to 不定詞を使えば、何のために使われていたかを説明できそうだ。

ただ単語を組み合わせるだけでは、相手にうまく伝わらない。

この説明なら、留学生たちにも分かってもらえそう！

実際のやり取りを通して伝わらないという経験をすることで、自身の表現を考え直すきっかけとする。

目的等を問うことで、既習事項を引き出す。

本単元を貫く問い「相手に伝えるために大切なことは何か」を考えることで、表現の際に必要な発想の転換や言語材料、相手意識に気付く。

7	◆丸亀城の散策プランについて、留学生にプレゼンする。 （学習課題）どうすれば、丸亀城について留学生に伝えられるだろう？	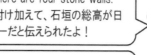 "There are four stone walls." と付け加えて、石垣の総高が日本一だと伝えられたよ！	直接的な単語が分からずとも、既習事項を使って自分の伝えたいことを伝えられることに気付く。

 うまく伝わるかな？どのグループの説明がより分かりやすいだろう？

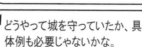 "People used it to protect the castle." と付け加えて、天守の役割を伝えることができた！

◆相手が知らないものを伝えるためにどうすればよいか、何が大切かを考える。

どうやって城を守っていたか、具体例も必要じゃないかな。

他グループと比較し自身に足りないものを自覚することで、内容をよりよいものにする。

留学生との交流を通して、感じたこと・考えたことを振り返りシートにまとめよう。相手に伝えるために大切なことは何？

今までに習った単語や表現を使って伝えられたよ。うまく組み合わせればなんとかできそう！

本単元を貫く問い「相手に伝えるために大切なことは何か」を考えることで、表現の際に必要な発想の転換や言語材料、相手意識に気付く。

8 9	◆最もおすすめしたい食べ物と観光地を決定し、それぞれを紹介するために必要な情報を集める。	私が大好きな「骨付鳥」を紹介したい！美味しいから〇〇さんにも気に入ってもらえるはず。	

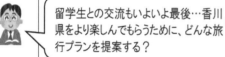 留学生との交流もいよいよ最後…香川県をより楽しんでもらうために、どんな旅行プランを提案する？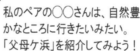

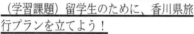（学習課題）留学生のために、香川県旅行プランを立てよう！

私のペアの〇〇さんは、自然豊かなところに行きたいみたい。「父母ケ浜」を紹介してみよう！

 ◆グループごとにプレゼンを作成する。

 どうすれば留学生に伝えられるかな？

父母ケ浜が「天空の鏡」と言われていることを伝えたい。どう表現すれば伝わるだろう？

◆香川県旅行プランについてのプレゼン動画を撮影する。

自分が本当に伝えたいものを伝える材にすることで、こだわりが生まれる。

10	◆香川県旅行プランについて、留学生にプレゼンする。 （学習課題）どうすれば、留学生に香川県の魅力を伝えられるだろう？	骨付鳥の味や食べ方は伝えることができた。食べに行くなら、値段も伝えた方がいいね。 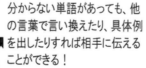	

 うまく伝わるかな？どのグループの説明がより分かりやすいだろう？

「夕方、海が鏡のようになる」と言えばいいかも！きれいな写真が撮れることも伝えよう。

他グループと比較し自身に足りないものを自覚することで、内容をよりよいものにする。

◆相手が知らないものを伝えるためにどうすればよいか、何が大切かを考える。

分からない単語があっても、他の言葉で言い換えたり、具体例を出したりすれば相手に伝えることができる！

 留学生との交流を通して、感じたこと・考えたことを振り返りシートにまとめよう。相手に伝えるために大切なことは何？

私の伝えたいことが、〇〇さんにちゃんと伝わった。嬉しい！

本単元を貫く問い「相手に伝えるために大切なことは何か」を考えることで、表現の際に必要な発想の転換や言語材料、相手意識に気付く。

総論

国語

社会

数学

理科

音楽

美術

保健体育

技術・家庭

外国語

学校保健

共創型探究語り合いの時間

6　本時の学習指導

（1）目標
- ・　ALTや級友とのやり取りを通して、相手に伝えるために大切なこと（簡単な単語や表現を使って言い換える、具体例を示す等）に気付き、自身のプレゼンテーションの練り直しに生かすことができる。

（2）学習指導過程

学習内容及び学習活動	予想される生徒の反応	○教師のかかわり
1　丸亀城のおすすめポイントを確認する。　（全体）	・　丸亀城は高い石垣で有名。総高は60m以上。 ・　丸亀城の天守は日本一小さい。	○　クイズを通して、キーワードを押さえる。 ○　丸亀城の写真やキーワードを提示する。
2　ALTとのやり取りを通して、伝えたいことが伝わるかどうかを確認する。　（全体）	・　「石垣」はstone wallで伝わりそうだ。 ・　「天守」はどう言えばいい？heaven protectでは、伝わらないぞ。	○　生徒が伝えたいものや、うまく伝わらなかったものを取り上げる。

学習課題：どうすれば、丸亀城について John に伝えられるだろう？

3　伝えたいことを伝えるために、ALTと再度やり取りをする。 　（全体・グループ）	・　「総高」はどうすれば表現できるだろう？ ・　「天守」とは城の象徴。昔は、見張りや最終防御施設、倉庫などにも使われていた。	○　わかりにくい言葉や表現について問い返す。 ○　様々な質問をすることで、説明に必要な既習事項を引き出す。

S1　：heaven protect では伝わらなかった。「天守」なんて単語、分からないよ。
T　　：「天守」をそのまま英語にするのは難しいね。天守って一体何？何のために使われていたの？
S1　：城の象徴だから…symbol？天守は、城を守るためにも使われていたよ。
S2　：to protect と言えば、目的を伝えられるんじゃないかな。「見張り」は英語でどう言おう？
T　　：「見張り」をもっと簡単な日本語で表現できない？
S3　：「よく見る」はどう？look や see、watch なら簡単だよ。
S2　：see より watch の方がいい。注意深く見ている感じがより伝わると思うよ。
S3　：いいね！carefully も一緒に使ってみたらどうかな。

4　プレゼンを練り直す。 　（グループ）	・　もっと簡単な表現で言えないだろうか。 ・　どちらの言葉を使う方がより分かりやすいかな。	○　わかりにくい言葉や表現について問い返す。 ○　様々な質問をすることで、説明に必要な既習事項を引き出す。
5　本時の学びを振り返る。 　（個人）	・　ただ単語を組み合わせるだけではうまく伝わらない。 ・　単語がわからないときは、簡単な単語や表現で言い換えることが大切。	○　本時の気持ちやその理由、新たな気付きや学びについて、個人で振り返りシートに記入させる。

7　見取り
- ・　相手に伝えるために大切なこと（簡単な単語や表現を使って言い換える、具体例を示す等）を意識して、主体的に外国語を用いてコミュニケーションをとることができる。
【プレゼンテーション・レポート】

学校保健

高橋　妹子

「チーム学校」として取り組む教育相談
― 羅生門的アプローチを援用した教育相談体制と継続的な支援 ―

　本校では支援のために、教育相談委員会を月1回のペースで開催している。管理職、学年主任、（該当生徒）担任、養護教諭、SC、SSW をメンバーとし、気になるケースの情報や目標を共有・検討する場としてきた。その結果、普段の学校生活とカウンセリングをどう繋ぐかといった具体的な支援方法をメンバー間で共有した教育相談体制を築くことができた。一方で、生徒自身の抱えている困難や背景が複雑なケースも多く、連携・協働を丁寧に進める必要があるという課題があった。

　そこで、本研究では、羅生門的アプローチを援用することでナラティヴ・アプローチを重視した教育相談体制の充実を図り、今後の教育相談のあり方と教育相談委員会の役割について考察することにした。

総論　国語　社会　数学　理科　音楽　美術　保健体育　技術・家庭　外国語　学校保健　共創型探究　語り合いの時間

研究主題について

近年、子どもたちの抱える問題やその背景が複雑化・多様化しており、不登校児童生徒や校内暴力件数の増加なども社会的な問題となっている。令和4年12月に改訂された生徒指導提要においても、個別の重要課題を取り巻く環境の変化に伴い、性的マイノリティ・多様な背景をもつ児童生徒への生徒指導（発達障害・精神疾患・健康課題・支援を要する家庭状況）について新たに提示されている。教育相談の分野では「チーム学校」として校内の教員、スクールカウンセラー（以下、SC）、スクールソーシャルワーカー（以下、SSW）が協働し、さらには関係機関との連携を強化していくことがより一層求められるようになった。

これまで、本校では、様々な課題を抱える生徒を包括的に支援するために教育相談委員会を月1回のペースで開催している。管理職、学年主任、（該当生徒）担任、養護教諭、SC、SSWをメンバーとし、気になるケースの情報や目標を共有・検討する場としてきた。委員会では、担任（または学年主任、養護教諭）が該当生徒の事案を報告し、メンバーがそれぞれの専門性の立場から見立てや支援計画を出して話し合った。また、それ以前の委員会で話し合ったケースについて、その後の経過を報告し、継続的な支援方法を話し合うことも行った。その結果、ケースの短期的な目標・長期的な目標や、授業や部活といった標準的な学校場面でどのように関わるか、当該生徒やその保護者との個別的な関わりをどうするか、普段の学校生活とカウンセリングをどう繋ぐかといった具体的な支援方法をメンバー間で共有した教育相談体制を築くことができた。

一方で、本校の教育相談委員会で検討するケースでは、生徒自身の抱えている困難感・ニーズ、保護者の問題意識・ニーズ、学校側の立場から考える見立てや目標設定にズレの大きいケースが多く、保護者と学校が協働して生徒本人が主体的に自分の問題に取り組むことを支える体制、すなわち生徒・保護者・学校が協働する体制をつくることに苦心するという課題があった。よりよい協働の関係をつくるためには、関係者それぞれが各自の主観的な物語（ナラティヴ）を表現しあって、課題に取り組む必要がある。

そこで、見る立場によってストーリーが変わることを重視する「羅生門的アプローチ」を援用することでナラティヴ・アプローチを重視した教育相談体制の充実を図り、今後の教育相談のあり方と教育相談委員会の役割について考察することにした。

学校保健における「自己に引きつけた語り」とは

生徒が、自分の心身の健康状態や周囲の人との関係をさまざまな角度から見つめ直すことを通して生まれる新しい自分の可能性に気づき、健康増進を実践するための語りのこと

研究の目的

教育相談委員会を中心とする教育相談場面に羅生門的アプローチを導入することにより、教職員・SC・SSW・生徒本人・保護者が、生徒の教育相談上の課題に、継続的かつ主体的に関与できるような教育相談体制を構築することを目的とする。

研究の内容

（1）　羅生門的アプローチとは（羅生門的アプローチを援用した教育相談体制）

（2）　教育相談の入り口としてのチェックリストの導入

（3）　継続的な支援のためのケース検討と記録の工夫

（1）　羅生門的アプローチとは（羅生門的アプローチを援用した教育相談体制）

　羅生門的アプローチとは、黒澤明監督の映画「羅生門」に由来し、「立場や視点によって事実の認識は相対的である」ことを前提として、これまで主流であった「計画―実行―評価」に主眼を置く工学的アプローチと対比される形で提唱された授業の手法である。この手法では、教師の経験と技術、技能を生かした「創造的な教授活動」、「即興的な働きかけや活動の重視」、多様な視点からの「目標にとらわれない評価」が重視される。授業における羅生門的アプローチでは、教師が子どもに意識を向けて授業計画を効果的に変化させていくことや、目標に拘束されず授業の中で生ずる新たな可能性を見出そうとする教師の鑑識眼を培うこと、子どもが主体的に学ぶことを促進する新たなカリキュラム開発に可能性を広げるといった効果があるという。

　教育相談において羅生門的アプローチを導入する意義は次のように理解できる。第一に「立場や視点によって事実の認識は相対的である」という前提は、教職員・SC・SSW がそれぞれの専門性に加えて、各自の個人的経験、価値観、感情をお互いに認め合うことにつながる。さらに言えば、生徒自身や保護者が目の前の教育相談上の課題をどのように経験しているか、どんな価値観や感情をもっているかも受容しながら支援を進めることも含むことができる。第二に「目標にとらわれない評価」は、問題の改善や変化といった一般的な目標の達成を目指すのではなく、そのケースに関して共有できる情報が増えることや新しい目標が見えてくることをめざして継続的なケース検討や対応・支援を行うこととつながる。第三に、「創造的な教授活動」、「即興的な働きかけや活動の重視」は、すでに行っている対応・支援や生徒・保護者の言動の中の肯定的な要素を探求し、ケース検討や対応・支援の中で生徒や保護者や教職員の新しい可能性を発見することを通して、その発見に応じて即興的に新しい対応を案出することと置き換えることができる。これら羅生門的アプローチの要素を教育相談体制に応用した場合、本校におけるナラティヴ・アプローチを重視した教育相談体制のさらなる充実を図ることができると考えられる。具体的には、教職員・SC・SSW のもつ、生徒の教育相談上の課題をめぐるナラティヴがより肯定的なものに変化し、各自が主体的・創造的に対応・支援に取り組むようになることが期待できる。また、その取り組みによって、生徒や保護者のもつ課題に関するナラティヴも変化し、彼ら彼女らの主体的な取り組みも促進できると考えられる。

【ナラティヴ・アプローチとは】

　ナラティヴ（語り、物語）という概念を手がかりにして何らかの現象に迫る方法。（野口裕二『ナラティヴ・アプローチ』勁草書房、2009）「語り」も「物語」も単なる出来事だけでできあがっているのではなく、その時の「思い」や「感情」なども語られるが、「思い」や「感情」だけでは物語は成立せず、出来事があってはじめてその時の「思い」や「感情」が意味をもつ。複数の出来事の連鎖、すなわち複数の出来事を時間軸上に並べてその順序関係を示すことがナラティヴの基本的な特徴である。

本研究では、羅生門的アプローチを援用した教育相談体制を構築するため、教育相談委員会を次の通り工夫して実施し、その変化のプロセスを報告することとする。具体的には、まず、教育相談委員会で取り上げる気になる生徒についてのチェックリストを導入する。さらに、教育相談委員会での協議を中心として継続的な支援を行うため、委員会内でのケース検討のやり方および記録の取り方を工夫する。

（２）教育相談の入り口としてのチェックリスト導入

　チェックリストを導入する目的は、まず、教育相談委員会のケース検討で取り上げる必要性の高い生徒を選ぶためである。毎月１回のペースで開催している教育相談委員会では、時間的制約から扱う生徒の数が限られる。そこで、「スクール・ソーシャルワーク活用講座 in SGU 2019 資料集[テキスト]」の「生徒支援のためのリスクアセスメント・チェックリスト」を改変したチェックリストを導入した（図1）。改変にあたっては、担任が日々の生徒とのやり取りの中から直感的に確認しやすい項目にするよう留意した。さらに、チェックリストの導入によって、担任自身にとって生徒の状況を把握するための着眼点が分かりやすくなり、生徒への理解が深まり、重大事案の発生や担任一人による抱え込みを防止することも期待できる。そのことで、課題を抱えた生徒対応における負担軽減にもつながると考えられる。

気になる生徒のチェックリスト		
《チェックリスト作成のねらい》		
気になる生徒を、まず教育相談の場面につなげることが目的です。早めに困難を抱える生徒を発見・対応して、生徒が安心して健やかに学校生活を送るための支援に役立てます。		
環境要因		
生徒自身について	家庭／家族について	地域について
□ 生活リズムが乱れている	□ 子どもや学校への関心が低い	□ 長期休暇中
□ 急に痩せた/太った	□ 保護者の過干渉を感じる	□ 長期休暇明け
□ 遅刻や欠席（授業・行事参加）が増えた	□ 家が片付いていないよう	
□ 成績が急に/大きく下がった	□ 必要経費の滞納や未納がある	
□ 提出物が遅れている	□ 家が子どものたまり場になっている	
□ 部活動を休むようになった	□ 保護者があまり家にいないよう	
□ 一人でいることが多い	□ 低所得状況、就学支援利用がありそう	
□ 保健室によく行くようになった	□ 保護者に精神疾患、精神障害がありそう	
□ LGBT、障害、慢性疾患、場面緘黙	□ 保護者の離婚あるいは再婚がありそう	
□ 過去に教育相談をうけていた	□ ひとり親、祖父母による養育である	
□ 場にそぐわない言動が目立つ	□ 保護者が里親である	
□ すごく自信がなさそう	□ きょうだい・家族が長期入院中	
□ 欠席が目立ってきた	□ 生徒の衣服が洗濯されていないよう	□ これまで行っていなかった商業施設や場所に出入りしている
□ 教室に入れない・入らない	□ 生徒の衣服のサイズが合っていない	□ 引っ越しした
□ 友だちとのトラブルが増えた	□ 生徒が入浴していないよう	□ よく外泊している
□ 教室や授業で空気が読めない	□ 生徒がきょうだい・親の世話をしている	□ 夜中に出歩いている
□ 生徒指導で名前があがっている	□ 保護者が学校へ頻繁に連絡してくる	□ 地域からの見守り情報あり
□ 元気がない、体調不良の日が多い		
□ 自傷行為の気配がある		
□発達障害（　　　　　） □起立性調節障害 □いじめ □（　　　　　　　）	□（　　　　　　　）	《作成》 コード番号（　　　）氏名 生徒との関係　　　担任 作成日　R5年　　月　　日

【図１　チェックリスト】

（３）継続的な支援のためのケース検討と記録の工夫

　次に、ケース検討で取り上げた生徒のアセスメントシートを導入する。アセスメントシート

の内容は附属高松中学校で使用されているものを参考に作成した。本研究では、本人の願いと保護者の願いに加えて学校の願いを記載する欄を加え、小学校時代からの支援の経過を記入する欄を設けた。このアセスメントシートは、ケース検討を経て、養護教諭、担任、SC、SSW が協力して継続的に加筆・修正するものとした（図2）。

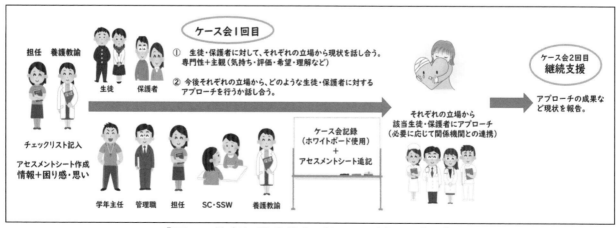

【図2　アセスメントシート】

　ケース検討の進め方は次の通り工夫する。まず、メンバーがそれぞれの立場から現状を話し合う場とする。各自の専門的な視点については、バイオサイコソーシャルモデルに加え、授業中の様子、学力など学校教員から見た現状を話してもらうことを重視する。加えて、メンバーがそれぞれ生徒や保護者との関係をどのように体験しているかの主観的体験も話し合える場とする。さらに、ケース検討の最後には、今後の方向性として、直近の目標と、“誰が”、“何をするか”を具体的にするよう努める（図3）。

【図3　教育相談委員会（ケース会）の流れ】

最後に、ケース検討の記録は、検討中に記入したホワイトボードの写真とし、検討中の話の展開を直感的に理解できて、かつ記録作成の労力が少なくなるようにする。図4はホワイトボードの写真の例である。

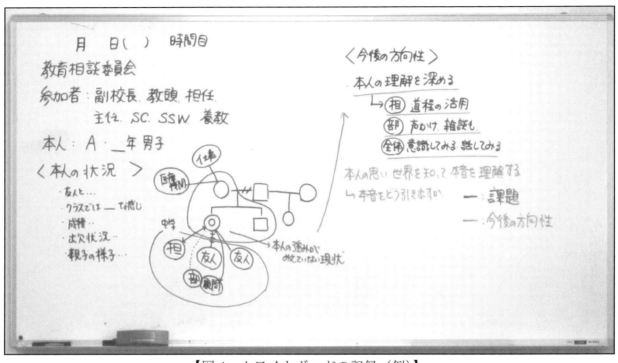

【図4　ホワイトボードの記録（例）】

研究の分析

成果（○）と課題（●）

研究内容（1）

○　「立場や視点によって事実の認識は相対的である」という前提でケース検討を進めることで、参加した教職員がそれぞれの専門性（保健、教育、心理、福祉）の立場と、教職員自身の価値観や感情といった個人的経験を自由に率直に語ることができた。その結果、生徒や保護者の現状を多角的に捉えることができた。

○　教職員が互いの経験を率直に語り、それに肯定的なフィードバックが得られることによって、生徒や保護者との関わりの際に安心感・自信をもって対応を継続することができていた。また、教職員同士の支え合いや統一感といった感覚も高まり、体制として教育相談活動を行うことが可能となっていた。

●　ナラティヴを重視する土壌づくりや教育相談委員会の立ち上げから始める場合には、教育相談コーディネーターのさらに高いマネジメント力が求められる。どのようにマネジメントするかの観点を整理して検討する必要がある。

研究内容（2）

- ○ チェックリストの項目を生徒に関わっている教員にとって直感的に確認しやすい項目にしたことで、チェックしやすい形式になり、担任への負担が軽減された。
- ○ 具体的なチェック項目によって、ケース検討において、項目に関連する情報が出てきやすくなった。生徒の状況を把握・共有するきっかけの資料となった。
- ● ケース検討に取り上げる必要性の高い生徒を選ぶために行ったが、チェックリストにチェックが入らなくても支援の必要な生徒がいる。チェックリストにとらわれすぎず、支援の必要な生徒を見逃さないための工夫が必要である。

研究内容（3）

- ○ アセスメントシートを導入することで、生徒自身の現在の状況に加えて、小学校からの情報や相談履歴も一つのシートで確認することができた。また、本人・保護者・学校の願いの項目があることで、ニーズが可視化されて、支援の方法について考えやすかった。今後、小学校との連携でも活用することが期待できる。
- ○ ホワイトボードをケース検討の記録とすることで、記録を保存・参照する労力が大幅に減った。また、各回の検討の流れがそのまま記録に反映されているため、ケース検討の場におけるナラティヴを後から確認しやすかった。
- ● アセスメントシートに担任、SC、SSWが情報を加筆したり修正したりすることが困難であった。個人情報をどの程度具体的に記載するかの基準を明確にすることや、シートの記載を随時更新する負担をいかに軽減するかが課題であった。

参考文献

- ・ 文部科学省『生徒指導提要』、2022
- ・ 園部友里恵「カリキュラム開発における即興性— K. Sawyer の論考を手がかりに —」『三重大学教育学部研究紀要 第 68 巻』 教育科学 pp. 197- 204、2017
- ・ 川田英之「中学校教師の授業力向上に関する考察 —羅生門的アプローチによる討議を通した授業観の変容—」『香川大学実践総合研究第 47 号』、2023
- ・ 四国学院大学『スクールソーシャルワーク活用講座資料集［テキスト］』、2019
- ・ 大竹直子『とじ込み式 自己表現ワークシート』図書文化、2005

「共創型探究学習　ＣＡＮ・シャトル」
「語り合いの時間」

共創型探究学習ＣＡＮの実践事例及びその分析

① 重点項目とアンケート結果

ア 仮説の精度

【各事例の関わり方について共通理解】

　探究深化シートは、課題設定の重要なツールであり、教師は５つの
ステップで生徒に関わってきた。その中で特に課題が見られたのが、
ＳＴＥＰ４の「仮説」である。そこで、過去の事例を洗い出し、教員
間で関わり方を共通理解していきながら、特にＣＡＮ2022、2023で
は「仮説に根拠があるかどうか」に重点を置いてきた。

・当たり前を引き出す
・一般化する
・焦点化する
・根拠を問う

5	なぜK−POPに対する批判があるのか	K−POPの魅力が伝わっていないからではないのか 根拠あいまい
	→どんな批判？誰が批判？日本の話？J−POPとの違いは？	
	まずSTEP2 →ファンが増えればゴール？	
	今までの先行研究と何が違うの？どう調べるの？	
6	なぜ計画的に虹を見ることはできないのか STEP4	虹が出る条件（場所・日時・天候など）を把握することで、確実に虹を撮影することができるのではないか 根拠×
	→虹は滅多に見れないと思うんやね？それは何でやろう？	
	（当たり前を引き出す関わり）	
	→条件がいろいろとそろわないといけないから→どんな条件？	
7	どうして除菌すると手が荒れるのか STEP4	ウイルスを殺す効果のあるものが、回数を重ねることによって、手を荒れさせているのでは？
	→どの除菌スプレーでも同じ結果になる？（一般化する関わり）	
	→ウイルスを殺す効果のあるものって何？（焦点化する関わり）	
8	どうしてみかんを甘くするには時間がかかるのか STEP4	みかんを冷やす、みかんを揉む、みかんをお湯につけると甘くなるのではないか 根拠×
	時間がかかる原因は温度に関係するってこと？	
	温度を変化させれば、早く甘くなるの？（根拠を問う関わり）	

　次の逐語録は、教師による関わり方である。

問い「なぜ植物は光合成を活発に行うのが難しいのか」
ゴール「最も効率の良い光合成の方法を見つける」
　Ｔ　：「効率が良いってどういうイメージ？」
　Ｓ２：「えっと、太陽の光よりも活発に光合成を行うって感じです。」
　Ｔ　：「なるほど、太陽の光での光合成は不十分って思っているわけや
　　　　ね。どうして活発に行わせたいの？」
　Ｓ１：「地球温暖化が問題になっているからです。環境問題を解決した
　　　　いと思っています。」
　Ｔ　：「すごい、提案性がある探究やね。じゃあどうやったら活発に光
　　　　合成を行うと考えているの？」
　Ｓ１：「えーと、太陽とはちがう光かなと思っています。」
　Ｔ　：「どんな光？」
　Ｓ１：「太陽より強い光を当てたり、色を変えたりすると、活発に行う
　　　　かな。」
　Ｔ　：「なるほど、それがみんなの仮説なんやね。どんな光とか、そこ
　　　　に根拠はあるの？」
　Ｓ１：「いやー、まだ調べられていません。」
　Ｔ　：「じゃあ、まず何色が良いとかを調べないといけないね。あと、
　　　　この光はどうやって生み出そうとしているの？」

このような根拠を問う関わりを繰り返す中で、生徒は探究深化シートを修正しながら、検証すべき要因や変数を見いだすことができていた。右図は、探究仮説を設定したことが、探究に役立ったかどうかを、Ｒ２年からＲ５年まで比較したものである。この結果から、生徒側も探究仮説が探究を方向づける重要な位置づけであるという意識が高まっていると考えられる。

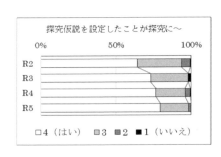

探究仮説を設定したことが探究に～

□4（はい）　■3　■2　■1（いいえ）

イ　自己目標評価シートと探究振り返りシートによる自己評価

ＣＡＮの探究活動が始まる前の３月、生徒は自己目標評価シートを使って、各学年で身に付けてほしい資質・能力[1]に対して自己評価を行った。右図は３年生用の自己目標評価シートである。生徒はそれぞれの項目について４段階の自己評価を行う。そして11月にＣＡＮが終了した時点で、再び同じ項目の自己評価を行うことで、自身の変容に気づきやすくなるのではないかと考えている。

ＣＡＮが始まる３月とＣＡＮが終わる11月に、生徒は下の項目について４段階で自己評価（４…はい、１…いいえ）を行った。

1　３年生（師匠）は下資料の通り。
　２年生（弟子）は、サブリーダーとして、自分の意見をまとめ相手に伝えたり、任された仕事に対して下級生と協力してものごとを進めたりする能力を身につけてほしい。
　１年生（見習い）は、先輩の探究（仕事）を手伝う中で、チームの中での自分の役割を見つけ、自分なりに考えをもって動く力を身につけてほしい。

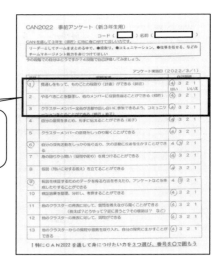

> ＣＡＮを通して３年生（師匠）に身に付けてほしい力（段取り、コミュニケーション、仕事を任せるなどチームマネジメント能力）を明記している

項目①　見通しをもって、ものごとの段取り（計画）ができる
　　　　　　　　　　　　　　　　　　　　　　　（師匠）
項目②　やるべきことを整理し、他のメンバーに役割を振ることができる
　　　　　　　　　　　　　　　　　　　　　　　（師匠）
項目③　クラスターメンバー全員が活動や話し合いに参加できるよう、コミュニケーションをとることができる　（師匠）
項目④　自分の意見をまとめ、相手に伝えることができる
項目⑤　クラスターメンバーの意見をしっかり聞くことができる
項目⑥　自分の探究活動をしっかり振り返り、次の活動に反省を生かすことができる
項目⑦　身の回りから疑問や困りを見つけることができる
　　　　　　　　　　　　　　　　　　（以下　省略）

右図は、特に師匠として求められる資質・能力（上記項目①）が身についているかどうかについて、３年生が自己評価した結果である。

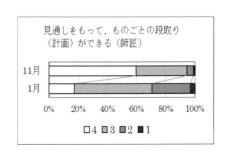

見通しをもって、ものごとの段取り（計画）ができる（師匠）

□4　□3　■2　■1

項目②や③についても、１年間クラスターリーダーを経験する中で、力が付いたことを実感している生徒の割合が増えていることが分かる。このように、ＣＡＮの前段階で一度自己評価をさせることは、自分の学年が発揮すべき資質・能力を見習い、弟子、師匠それぞれの姿として意識させることにもつながったと考える。

一方、探究振り返りシートには、ＣＡＮが始まる前に個人目標を、ＣＡＮ終了後に探究に必要な資質・能力の自己評価および振り返りの記述をさせる。この記述からも、個人目標をもとに自己の活動を強く内省し、自己をより良く変革したいという姿勢が現れていた。

（３年生　Ｓ男）

【探究振り返りシート】

◆振り返り

今回の探究を行う前、自分の中で理想のCANクラスターの3年生がいたのですが、その人にはまだ遠くおよばない3年生だなぁと感じるばかりでした。後輩に出す指示がたまに無かったり満足に1,2年に探究をさせてあげられなかった場面もありました。しかし、それでも、このクラスターが最後の日まで探究し続けることができた1番の理由は、後輩達が全力でサポートをしてくれたり、自分の意見を言ってくれたからです。後輩達よありがとう！

このように数値で表れない、その子の学びを見取るため、抽出生徒の見取りを３年間継続して行ってきた。教室担当が、生徒の毎時間の様子や発言を１冊のノートに記録し、適宜その変容を共有してきた。これにより、全体だけでなく個の変容や成長が見取りやすくなり、各学年で身に付けてほしい資質・能力が備わったかどうかを見取ろうと考えた。右は、それらのことを担当教員に意識してもらうために、個の見取りをスタートした際に共有した視点[2]である。

ＣＡＮ2020 から始めている個の見取りも、３年目を迎えたため、当時１年生だった抽出生徒の３年間の継続的な見取りができた。以下は、抽出生徒（Ｉ男）の見取りの記録（抜粋）である。

2　ＣＡＮの活動を通して、以下の①〜⑤の内容について個に焦点をあて記録していくことで教師が見取る。
視　点
①ＣＡＮの探究を通して、生徒にはどのような力が育成されたのか。
②どのように教師が関わり、その結果生徒がどのように変容したか（しなかったか）。
③学年によって成長にどのような違いがあるのか。
④生徒は探究の中でどのような困難や葛藤にぶつかり、どのように乗り越えたのか。
⑤探究する中で教科での学びはどう活かされているのか。

課題追究期 I （4月～CAN の日 I まで）

・「CANをするために入学した」と断言するほど探究活動に期待していた。本クラスターに入ることも希望通りであり、テーマの面白さに惹かれたようだった。先輩たちは探究の経験者であり、これから本格的な探究活動に没頭できると大きな期待を寄せていた。

・7/3　データの取り方について、メンバーと言い合いになっているところを発見。声を荒げ、かなり激しく3年生に言い寄っていた。テーマ、問い、検証方法に批判があるようだった。

・どうやって探究課題を設定していったのか。探究深化シートをどうやって記入していったのか。

・課題設定期を通してどのような力が育まれたのか。（教師から見て、今後どんな力が必要だと感じたか）

・7/15　CANの日 I　リーダーのN男と香川大学の先生とのzoom。設定した仮説の検証には「大学教授レベルの物理学がないと知りたい数値は出せない」ことがわかった。しかしかなり専門的（多分）なこと会話ができて満足げな様子。

・7/22　CANの日 I のレポートを提出。章立てになっていなく、クラスターへの不満を1ページに渡って書いてきた。章立てにして、書き方にしたがって書くように指導。しかしその必要性を理解しない。どういう目的で、何をして、どんな結果だったか、それから何を得られたか（考察）を記録することが重要であると繰り返し厳しく指導。何度も書き直しになりこの日は終わる。

・7/31　一人おむすびの模型をボール紙で作っていた。以前より、一人で机で作業する様子を目にする。分業できないかということを本人と3年N男に話すと、「ひとつひとつサイズが違うので、説明しているより1人で作った方が早い」そう。また、大学の先生とのやり取りで、探究に生かせそうなものはないかと聞いたところ、「大学教授レベルの物理が必要ってことがわかったから無理」と。「そうではなくて、考え方や用語や視点で活かせそうなものはないか」と聞いても「大学レベルが・・」の話になり、理解しない。

・CANの日 I までで、想像していたほど先輩たちは探究について理解していないと感じるようになってきており、それが本人の不満となり、メンバーとのやりとりやCANLOGでそれを爆発させることがあった。そんな中で、話を聞いてくれるリーダーのN男や、本気で議論した（相手してくれた）担当には次第に信頼を寄せるようになっていた。しかし、（本人の思い込みから一方的に）幻滅した探究活動の中で、自分に何ができるか、という視点は見られなかった。

　このような現状から、1年次のI男の特性として、「自分のやりたいことの実現のために周囲がいる」と考えており、自分のやりたいことはあるが、そのためには周囲に理解してもらう必要があることを理解していないことがわかる。また、頭の回転が速く、興味も深いが、回転が速すぎて周囲には理解できない。自分の頭の中では筋道だっているため、飛躍していることに気づけないようすである。自分の考えに固執するところがあり、周囲の意見を聞いたり、別の視点で見たりすることが苦手である。

以下は２年次のＩ男の見取りである。

・発表方法や、分担については３年生がしっかり分担していた。発表がはじまると、難しい言葉で説明。聞き手の生徒は困惑していた。質問では、３年生よりもはやく答えようとするが、受け答えになっていないものも多い。（ずれた解答が多かった）実験方法や、実験のデータについての質問には積極的に答えようとするが、「この探究のゴールはなんですか？」と聞かれると、言葉に詰まっていた。何を目的に、なんのために、ということをあまり考えていない様子。他のクラスターの発表は熱心に聞いていたが、難しい言葉を並べて、相手が答えられないような質問をしていた。それについて逆に質問される（どういう意味ですか？とか、○○ということですか？）と聞き返されると、答えられていなかったり、また別の難しい聞き方をしたりしていた。同じ教室内の他クラスターにはしっかりした３年生が多くおり、聞き返される場面も多かった。自身の発表や質問が矛盾していることやずれていることには気づいた様子。振り返りには、発表方法を工夫したいという旨の記述があった

> 思う。今までの出来として、学校内、少なくとも同教室中のクラスターの中では、一番質が良く、実験データも多く、次の見通しも立っていると思っている。今後の課題として、データ量はもちろん、分かりやすく発表、説明することが大事だと思った。相手に、自分の意図した伝わり方ができるよう練習して本番に臨みたいと思う。

・中間発表後からだいぶ煮詰まっている様子。CAN の日Ⅲの計画がなかなか立てられない。３年生が前回の実験のデータをグラフにまとめている間、１年生と一緒に質問に来た。「チョークで困っていることはありますか？」ということだった。困る、の種類にもいろいろあるので、具体的にいうとどういうことか尋ねる。「折れやすい、などチョークを使っているときの困り感を知りたい」とのこと。前回の実験で、黒板の消し方についてある程度のデータが得られたので、次にまた新たな探究をはじめようとしていた。「チョークの困りというと先生方それぞれ、私は手荒れで困ったこともある」と伝えると、「手荒れ」という問題にかなり興味がある様子。突然 CAN の日Ⅲでチョークの手荒れに関する探究を始めようとし、外部とコンタクトを取りたいと言い出す。外部の専門家にどういうことを尋ねたいのか聞くと答えられない。まずは今やっている探究が、データは集めているもののそこから結論や考察がまだ出ていないので、それについて３人で協力してすすめるように助言。それでもまだ CAN の日Ⅲまでに今の探究を終わらせ、手荒れのことをしようとしていたので、年間計画を見せ、残りの CAN の時間を伝える。CAN の日Ⅲから文化祭まで見通しをもって考えることができていないようだった。１年生は常に隣でうなずいている。「残りの回数を考えて、できることをもう一度練り直します」とのことだった。
・CAN の日Ⅲでは、今後の見通し（回数、時間）を踏まえて、「消し方」に関する実験を行うことになった。３年生と１年生が話をしており、Ｉ男は「もっと他のことができるのでは・・・」とあまり納得していない様子。ただ、３年生にデータの処理や、黒板に残ったチョークの跡の撮影など、仕事を任されると、それについては意欲的に行っていた。

１・３年生と協力して取り組もうとする面もみられるが、基本的に

自分がしたいことをするという感じ。2年時に身につけたいサブリ

ーダーとしての力は身についていないのではないかという印象であ

る。

　以下は、3年次におけるⅠ男の見取りである。

○2022CANへの抱負
　事前のアンケートでは、身につけたい力として「見通しをもって、ものごとの段取りができる力」「やるべきことを整理し、他のメンバーに役割を振る力」「メンバー全員が活動や話し合いに参加できるよう、コミュニケーションをとる力」の3つを挙げていた。探究が始まる前は、「会話が学年の差を超えて常に存在し、クラスター内での関係が非常に良い」ことを目標に立てている。（Ⅰ男のCAN物語より）

○クラスター編成と探究深化シートの作成
　2年でのクラスター編成で、異性とのペアになる。やりたい探究について熱く語り、仮説を立てる際の根拠を見つけるため、すぐに先行研究を調べたがっている。上級生として下級生をリードし、探究深化シート作りや新入生へのプレゼン作りに励んでいた。

○1年生を迎えてからのCAN
　教室編成後、他のクラスターの探究にも興味をもち、いろいろなクラスターに顔を出すなど、自分のクラスターをほったらかし、自分勝手な行動も多くみられるが、1・2年生はⅠ男のことをとても頼っており、教員が基本的にかかわらなくても自分達で計画を立てたり、活動を行ったりできる。
・4月28日…CANの日Ⅰの計画を立てる際のインタビューにて
S：「CANの日で帰着する時間が遅れるのは構いませんか？」
T：「遅れることありきで計画を立てるのはダメやろ。でも、外部とのつながり方によっては仕方ないこともあるかもね。」
S：「香大の医学部の先生とどうしても話したくて…。間に合うことを優先すると、1時間もその場におれない。聞きたいことが多くて、1時間は絶対欲しい。」

　　見とり生徒のこのような思いは、1・2年生にいいところを見せたいという思いからで、その姿を見ている1・2年生のメンバーは、見とり生徒をとても頼っている。結局ZOOMで話を聞けることになった。

・6月13日…中間発表の準備（山下先生の見とりより）
ボードづくりを分担しながら進めている。
1年に指示を明確に出し、作業を与える。
　　（何をやるのかということと、時間設定）
2年にボードを書いてもらっているが、どこに何をどう書くかは見とり生徒が細かく指示。
1・2年に発表練習を促され、しぶしぶやる。

細かい指示を的確に出すようになり、1・2年生から信頼されている。
自分勝手なことをしていると、1・2年から注意される。自分がいなければ探究やまとめが進まないということを実感しているようだ。当初の目標である、「会話が学年の差を超えて常に存在し、クラスター内での関係が非常に良い」という目標は、達成されたと本人も感じている。（I男のCAN物語より）

・6月24日…CANの日IIの計画を立てつつ、CANの日Iで作成した培養の確認を行っていた。その際のインタビューにて
T：「今日はCANの日IIに向けてどんなことを確認していくの？」
S：「次の実験に向けて先行研究を調べておきたいんですけど…」
T：「けど？」
S：「今日は他の2人がいるので先行研究は家で調べてきます。2人と計画など
　　をたてます。」

　3年生になり（他メンバーをほっとけないという思いもあり）、
自分がしたいことよりも、クラスター内で決めることを優先していることから、
チームマネジメントの力が身についたのではないかと考えた。

○I男のCANの振り返り(CAN物語より一部抜粋)
　「仲」というのは勿論一人では成立しない。今年の僕の、僕らのクラスターは、最高のメンバーだったと思う。社会の大西先生はじめ多くの人に言われたが、「これぞ異学年交流」とか、「なんか親子みたい」とか、「全員キャラが濃くて面白い」とか。最後の言葉について、僕のキャラが濃いと言われたことは、甚だ疑問であるが、最上のメンバーで探究ができたと思う。星雲賞、CAN賞は取れなかったが、3年生最後のCANとしてこの他でもない、このメンバーで探究できたことに、僕は満足している。

　最後の記述は、まさに異学年集団で学ぶCANの価値である。3年間の、見習い→弟子→師匠としてのクラスターメンバーとの関わりの中でI男が成長したことがうかがえる。

　以下は、重点項目イ、ウについての教員のコメントである。

イについて（生徒は、各学年で身に付けつけるべき力を意識して活動していましたか）
　・今までは、身につけてほしい力を教員のみとりの視点として示してくださっていましたが、今年は適宜、生徒たちにも示してくださったおかげで、生徒への意識づけができたと思います。生徒のCAN物語にも「見習いとして」など、自身の立ち位置や、やるべきことを意識したような記述がみられました。
ウについて（それらの力は、CANによって身についたと感じますか）
　・異学年と探究活動を行うことで、身についた力も多いと思う。しかし、CANのみでその力がついたのかどうか、判断が難しい。
　・異学年でああでもない、こうでもないと試行錯誤している姿をみると、CANによって成長している力は必ずあると思いました。
　・個人によるところが大きいため一概には言えませんが、自己評価の機会ごとに、意識づけを図ることはできたと思います。

I男の担当教員より
　個の成長は、教師側からの指導や関わりももちろん大切であると思うが、何より大切なのがクラスター内のメンバーであると実感した。今回みとった生徒は、1・2年生時には自分勝手な行動が多く見られていたようだ。しかし、今回のクラスター編成では、I男に頼らざるを得ない後輩が来たこと、そして、自分の思い通りにしてくれない後輩だったことから、教師側から関わることをあまりしなくても、生徒が自分で考え、行動している様子が見られ、成長していることが実感できた。教師には何ができるのかということを考えると、生徒が探究に真剣に取り組めるような場を設定していくことが重要であると思った。

次に示すのは、23〜27頁に示したCANLOGを書いた生徒（S

女）が3年間のCANを総括したCAN物語であり、CANでの経験

を自分の学びとして意味付け、価値付けていることが分かる。

8　3年間のCANの総括・後輩へのメッセージ

3年間のCANの経験を振り返ると、やはりCANの「異学年合同」という特性が自分に大きく影響を与えたのだと感じる。1年生の時は先輩方の雰囲気が自分に合っていなかったが、その中で「自分だけの学び」をつくろうとする姿勢が自然に生まれた。当時はマイナスにしかCANを捉えられなかったが、今振り返ってみると「それも大切な経験だった」と断言できる。2年生の時のクラスターはメンバーに恵まれていた。1年生の時に体験できなかったCANのよさ、面白さに気付けたことはもちろん、同級生でないからこその距離感による意見のブラッシュアップができたことは自分の中に複数の視点を持つ方法を知るのに繋がった。先輩、同級生、後輩の揃ったクラスターだったことも、困難の中で多くの発見ができた要因だった。そして今年は自分がクラスターの舵取りをする番。1・2年生で「自分で問題から学ぶ方法」は学んでいたが「自分以外の学びに気を配る方法」は知らなかったため、3年生・クラスターリーダーという立場に立つのはとても苦手だった（何なら今も、そこが人並みに出来るようになったとは思わない）。そんな中で私が学んだのは「向いていないことに全力に取り組むと副産物が多い」ということである。文字にすると何だかしょぼい感じがするが、これを実感したことは私にとってのCANの締めくくりにぴったりだと思う。というのも、今まで私は「苦手なことを避けて」生きてこられた。勉強も運動も楽しんで行えるし、器用な家族や友人が私の苦手な役割を引き受けてくれていたからだ。今回のCAN2022では自分の苦手なことが役割になり、今まで挑戦していなかった「チームの舵を取る」ことに長期間向き合えた。やってみて初めて気付いたことや学んだこと、わかった他者の気持ちも多かったし、何より苦手なことに自分なりに取り組んだ結果の産物がよい評価を受けたことが嬉しい。この探究を一緒にしてくれた3人の後輩に一番伝えたいのは、そのようにリーダーシップのなかった私を信じてくれたことへの感謝である。他にも感謝を伝えたい点はたくさんあるが、彼らが私を信頼してくれなければCANの学びも楽しさも得られなかった。本当によいメンバーと一緒に探究できたと思っている。逆に、私から彼らにはあまり大切なことを伝えられなかったと後悔している。意識していてもワンマン運転になってしまった私の行動が、どれほどメンバーに迷惑を掛けてしまったか！「彼らが各々で学びを見つけていてくれたら」という考えも他力本願に過ぎないが、個人的には切実な願いである。口頭で伝えるかわりにここに一つ残したいのは「CANの3年は後輩の能力を引き出せるように努力することが大切」ということだ。これは私がCANを通して考えたことのため、万人にあてはまる訳ではないと思う。それに私自身も2年生の末からずっと方法を模索している側で、これをとても難しいと感じている。ではなぜこれを伝えたいと思ったかというと、私には誰も教えてくれなかったからだ。解決の方法も割り切り方も人によって違うし、それは自分で模索すべきだと思うが、「3年生が完璧であろうとする必要はない」という心持ちだけは全員が共通して持っていてもよいものである。CANの「異学年合同クラスター」の醍醐味はとにかく「多視点」にあるので（これは賛否両論あるかもしれない）、クラスターメンバーを頼ることが必須。探究に必死になってしまっても「結果だけが学びではない」ことと「クラスターメンバーを信じられるなら自分は完璧でなくてよい」ことを忘れないよう、これからCANで学ぶ後輩たちにはお願いしたい。

「結果だけが学びではない。」「完璧でなくてよい。」

　この結論は、この生徒が３年間の探究の中で多くの困難や葛藤に出会い、それを乗り越える過程を通して自ら獲得したものである。このような学びこそ、深い学びであり、学びに向かう力へとつながるものだと考える。また、振り返りの視点を与えても全員がこのようにＣＡＮを意味付けたり、価値付けたりできるわけではない。自分の本当にやりたこと、知りたいことを考え、探究する価値のある問いを設定し、多様な他者と関わり、困難や葛藤に出会い、自分と向き合うからこそ生まれるものである。

②　今後の課題と方向性

ア　探究深化シートの形式

　右図は、「探究深化シートは探究を深めるのに役立ったかどうか」について、Ｒ２年からＲ５年まで比較したものである。Ｒ３年以降、役立った（項目の４・３）と答えた生徒の割合が減少している。また、教師アンケートでも、探究深化シートに書かれる問いは大きな問いである場合が多く、大きな問いに対する仮説を立てただけでは探究の方向性が見いだせないのではないかという意見があがった。そこで、ＣＡＮ2024 からは、右図のような新たな探究深化シートを使用している。ゴール、問い、仮説については今までと変わらないが、仮説以下は探究方法を書くのではなく、大きな問いをさらに細分化した小さな問いを複数書けるようにしている。探究深化シートの上半分を見ながら教師が関わったことも参考にして、問いを下へ下へとより焦点化していくことで、検証すべき変数や要因に気付くことができたり、仮説をより妥当なものに更新できたりするのではないかと考えている。

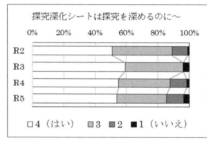

イ　発表方法

　ナラティヴ・アプローチの理論を取り入れ、ＣＡＮＬＯＧなどの記述によって自己を内省することについては、先に述べたとおりであり、ＣＡＮを通して自分がどのような学びをして、どのように成長・変容してきたかを表現する枠組みは形になっていると考えている。しかし、探究そのものの内容を聞き手を意識して伝えるということについては、その表現力や場の設定もふくめて課題が残るところである。

　例年６月に中間発表会、10月にプレ発表会、11月に最終発表会を行っており、発表のもち時間は異なるが、共通することは、発表後に質問の時間を設けていることである。令和４年度はシャトル講座「質問力」を共通講座として実施し、質問するためのスキルを学んでいるが、発表の内容が聞き手に伝わっていない場合、質問力以前の問題になってくる。

　１人１台のタブレット端末は、発表に欠かせないツールになってきており、視覚的な表現の幅は広がったとはいえ、使いこなせているとは言えない。また、視覚的な表現物に頼ってしまう傾向もあるため、タイトなスケジュールではあるが、共創型探究学習シャトルとも連携しながら、聞き手を意識した発表の場をつくっていきたい。

「語り合いの時間」の実践事例

1　令和５年度の実施テーマの一部

> ・働かなくてはいけないのか？　・「ふつう」ってなに？　・人数が多い方が正しいのか？
>
> ・「無駄」な事ってある？　・「結果」と「過程」はどっちが大事？　・「自由」とは？
>
> ・かっこいいってどんな人？　・「常識」とは？　・高い物の方が価値があるのか？

　実施テーマは、１回目は、各学年団で検討して決定してたが、２回目以降は、複数のテーマを提示し各学級で生徒に選択させるなど、テーマの決定に生徒が関わるような工夫を行った。

以下は生徒の振り返りの一部である。

テーマ「人数が多い方が正しいのか？」〈１年生の振り返りより〉

私は、人数が多い方が正しいこともあるし、少ない方が正しいこともあることもあると思いました。□□さんの、多い方が正しくないと思っている人が周りに教えていき、納得すれば大きい意見となる、という発言が印象に残っています。話し合いの中で、多い方が正しいという人の意見が聞けて、たしかに！と思ったけど、少なくても正しいこともあるという意見を自分で言えて、話し合いができました。違うと思っても受け入れないといけないことも、あるなと思いました。この時間は、私にとって、自分の意見に自信をもって、発言できる良いきかいなので、しっかり意見を伝えようと思いました。

テーマ「『常識』とは？」〈２年生の振り返りより〉

「常識」というのは時によって形が変わっていって定まらないからルールとは別なものだと思います。常識、当たり前、ルール、マナー、そして空気を読むなど似たようなものがたくさんあり、違いはなんなのかははっきりとは分かりませんでした。常識もメリットデメリットがあって固定概念があるからこそ、日本という国全体が今平和に過ごせているというのもあるし、逆に多数派に流されることで自分の個性がかくれてしまい多様性がなく新たな気づきや発展が見つからないこともあります。いつもなに気なく課にしているものほど全て理解できているものではないのだなと語り合いを通じて思いました。

テーマ「『ふつう』ってなに？」〈３年生の振り返りより〉

自分の思っていた普通と他の人が思っていた普通の基準が違っていたり、それに対する考え方が人それぞれだったし、「普通」を言いきれるものがなくて考えてみたら無いような気がしてどんどん分からなくなった。日常生活や感情、感覚なども人によって異うし、小さい頃からを比べるとどんどん変わってきてて固定できる普通という考え方はそもそもないのかもしれないと感じた。このことから客易に普通でしばったりするのはよくないと思ったし、人それぞれの普通を持ってるから尊重していくのが大事だと思う。また考えるきっかけがあったらどういうことを普通をしていくか、またいつも通りすごせている普通に感謝してほしていきたい。

【「語り合いの時間」の様子】

2　令和5年度の取り組みにおける成果と課題

以下は、令和5年度の「語り合いの時間」を終えた生徒の振り返りの記述である。

僕は、普段から答えのない問いについて考えることが好きで、暇さえあれば一人で考え込んでいた。そのため、中学校に入り「語り合いの時間」ができたことはとても嬉しく、今まであまり人に話したことのなかった自分の考えを語ることができたのはとても良い経験になった。自分一人で考えていては気づくこともなかったであろう新しい視点で友達の意見を捉えることができたため、物事を多角的に考えるきっかけにもなり自分の成長にもつながった。テーマについても、結論の出ない永遠の課題ともいえる興味深い物ばかりで、いつまでも語り合えそうだった。みんなと語り合うことで、自分の考えを改めたり、逆に自信をもったり、更に自分の成長にもつながる良い時間となった。

生活をしている中で、語り合いのテーマのように正解はないけれど、問いに対していろいろな想像をしながら話し合うことは、人生の中でもあまりないので、不思議に思った。自由に考えたり、発言をする時は、話をよく聞いたりできるので、不安がない時間だったなと感じた。初めは決まったテーマで語り合っていたけれど、だんだん自由に決めていけるようになって、同じテーマを選んだ人と語り合いをすると、乗り気じゃないことを考えるよりも楽しかった。「語り合いの時間」は私にとって、毎日の生活の中で当たり前と思っていることに対して、深く考える時間だと思うし、授業などで発表するときに、「語り合いの時間」は友達の話をよく聞くことを身につけられる場だと思った。

　「語り合いの時間」は、生徒にとって、日常生活の中で当たり前に思っていたことや、今まで考えたこともなかったようなことに真剣に向き合い、じっくり考えることができる場となっている。また、「語り合いの時間」を通して、生徒はさまざまなことに疑問をもつようになったり、物の見方や感じ方が変化したりと、問う力や考える力が身についてきていると感じている生徒が多い。「答えがない問いについて語り合うことは新鮮だった」「語り合いの時間でしか体験できないこと」など、答えのない問いについて考え、語ることは、多くの生徒にとって貴重な経験になっている一方、生徒一人ひとりが自らの生活の中で問い、考えることは、まだまだ定着しているとは言い難い。

　令和6年度は、これまでの取り組みで得た成果を生かしつつ、新たに、実施回数やテーマの選び方を見直し、生徒が身の周りの様々なことを問い、考え、語っていけるような手立てを考え、実践を重ねていきたい。

シンポジウム

【シンポジウム・講演】

- □　シンポジウムテーマ・・・・「授業づくりを語る～子どもとともに主体的な学びの場を創る～」
- □　慶應義塾大学　教職課程センター　教授　鹿毛雅治　先生
- □　プロフィール

慶應義塾大学教職課程センター教授。神奈川県生まれ。横浜国立大学教育学部心理学専攻卒業。慶應義塾大学大学院社会学研究科教育学専攻修士課程修了、同博士課程単位取得退学。日本学術振興会特別研究員、慶應義塾大学教職課程センター助手、専任講師、助教授、スタンフォード大学心理学部客員研究員、東京大学大学院教育学研究科客員教授等を経て現職。95年「内発的動機づけに及ぼす教育評価の効果」で博士（教育学）。専門は教育心理学（特に、学習意欲論、授業論）。主な著書に『学習意欲の理論』（金子書房）、『授業という営み』（教育出版）など

- □　本校の研究に寄せて

「主体的、協働的に学ぶ」とはどういうことなのか―それを知りたいのであれば、ぜひ香川大学教育学部附属坂出中学校を訪れるべきだろう。一人ひとりの生徒が活き活きと学びに向かう姿とそれを支える教育環境の在り方にその答えが見出せるはずである。これこそ近未来の中学校の姿なのだ。

MEMO

あ と が き

　テーマや条件を指示するだけで、自然な文章や物語、絵画等を作成してくれる生成ＡＩの登場に、私たち教育関係者は、少なからず衝撃を受けました。膨大なデータを学習しているＡＩに対し、人間にしかできないこと、人間だからこそできることは何か？

　今、改めて、知識とは何か？授業とは何か？学校とは何か？学ぶとは？生きるとは？……等が問われているのではないかと思います。

　「教育」という言葉で私たちが通常イメージするのは、学校や教室という場所で、１時間目から６時間目という時間的な限定のもと、教える側の教師が教えられる側の子どもに、主として教科内容を教えていく、というものではないかと思います。しかし、平成22年度から開発を始めた共創型探究学習ＣＡＮにおいて、私たちは、子どもたちの学びに没頭する姿、生き生きとした自己の探究の語り、３年間を通して大きく成長する姿、を見てきました。では、ＣＡＮでは、いつどこで誰が何を教えたのかを考えると、探究の過程全ての時間において、校内外における様々な場所で、教師、先輩、地域の人々等それぞれが教え役になり学び役になり、教科の知識だけでなく、対人関係の難しさ、粘り強く取り組む姿勢、苦難に立ち向かう意味など、多様な教育環境の中で時を選ばず場所を選ばず、子どもたちは学んでいたことが分かります。こうした子どもたちの姿を、教科の学習でも……という思いから、特に子どもの情意面に着目し、学習環境も含めて、教師がどうかかわることが、子どもたちの豊かな自己の学びの物語を紡ぐことにつながるのかを追究したのが、本研究になります。

　他者との多様な出会いの中で、自己の意味世界を広げていく経験を積み重ねることで、生涯にわたって学び続ける生徒を育てる。不登校の子どもが約30万人と言われる中、本来は分離され得ないはずの「学ぶことと生きること」について問い直す、「ものがたり」としての学びのカリキュラムについて提案させていただきます。もちろん、未熟な私たちが、どれだけ子どもたちの自己物語の生成に伴走できたか、また子どもたちは真に「学び続ける」の姿であったのか等、今後の研究の発展に向けて厳しくご批判いただければ幸いです。

　また研究授業の公開だけでなく、シンポジウムでは、授業づくりにおける教師の葛藤やもがきの姿を、授業後討議会のビデオ公開では、子どもを見取る鑑識眼を高め合う教師の学び合う姿を公開させていただきます。教師の大量退職、大量採用の今、教師力をいかに向上させるかが課題とされていることから、あえて「授業づくりの裏側」を公開させていただきました。参観の皆様のご参考となれば幸甚です。

　慶應義塾大学教職課程センターの鹿毛雅治先生には、研究の過程で、多くのご示唆をいただきました。本日も、シンポジウム・講演にて、「授業づくりを語る〜子どもとともに主体的な学びの場を創る〜」と題してお話をいただきます。今後の授業づくりに向けて多くの気づきが得られると期待しております。

　最後になりましたが、本研究を進めるにあたり、ご指導・ご助言をいただきました関係各位、機関の先生方に心より感謝の意を表したいと存じます。

令和６年６月７日　　副校長　　川田　英之

編 集 委 員

大 西 正 芳	島 根 雅 史	逸 見 翔 大	松 添 啓 子
加 部 昌 凡	髙 木 千 夏	廣 石 真奈美	井 上 真 衣
山 﨑 　 大	宮 崎 浩 行		

令 和 6 年 5 月 27 日　　　印 刷
令 和 6 年 6 月 7 日　　　発 行

編集　　香川大学教育学部附属坂出中学校
　　　　〒 762-0037　　坂出市青葉町 1 番 7 号
　　　　TEL　　0877 － 46 － 2695
　　　　FAX　　0877 － 46 － 4428
印刷
発行　　株式会社 美 巧 社